教育部人文社会科学研究青年基金项目"中学地理教育走向'田野'：意义、方法与保障"成果（项目号：11YJC880161）

ZHONGXUE DILI JIAOYU ZOUXIANG TIANYE
YIYI FANGFA YU BAOZHANG

中学地理教育走向"田野"

意义、方法与保障

张建珍 / 著

ZHEJIANG UNIVERSITY PRESS
浙江大学出版社

图书在版编目(CIP)数据

中学地理教育走向"田野"：意义、方法与保障 / 张建珍著.
—杭州：浙江大学出版社，2017.5
ISBN 978-7-308-16999-8

Ⅰ.①中… Ⅱ.①张… Ⅲ.①中学地理课—教学研究
Ⅳ.①G633.552

中国版本图书馆 CIP 数据核字(2017)第 114519 号

中学地理教育走向"田野"：意义、方法与保障

张建珍　著

策划编辑	吴伟伟 weiweiwu@zju.edu.cn
责任编辑	丁沛岚
责任校对	陈　园　牟杨茜
封面设计	春天书装
出版发行	浙江大学出版社
	（杭州市天目山路 148 号　邮政编码 310007）
	（网址：http://www.zjupress.com）
排　　版	浙江时代出版服务有限公司
印　　刷	杭州日报报业集团盛元印务有限公司
开　　本	710mm×1000mm　1/16
印　　张	20
字　　数	338 千
版 印 次	2017 年 5 月第 1 版　2017 年 5 月第 1 次印刷
书　　号	ISBN 978-7-308-16999-8
定　　价	48.00 元

序

进入 21 世纪以来，国际地理教育界愈发呈现出合作、互鉴的态势。2016 年，新的《地理教育国际宪章》颁布，国际地理教育合作成为其中最重要的内容之一，东西方各种地理教育的研究与思潮不断地交融与碰撞。在与西方地理教育界交流、合作的过程中，我们发现各国地理教育的传统与发展、侧重与主张，既有相同之处也有截然不同之处，这给了地理教育国际交流与合作更有力的理由。

在东西方地理教育研究中，有许多共同的声音。例如，东西方近年来都不约而同地将地理核心素养或地理可行能力的培养作为地理教育改革的重要主题。由英国伦敦大学教育科学研究院的 David Lambert 教授和美国地理学家协会的 Michael Solem 教授等联合发起的 Geocapibility 项目吸引了全球 20 多个国家 100 多名学者参与其中，着重对地理学科如何培养学生终身发展所需的潜在能力进行研究，这与中国等国家在课程改革中掀起的核心素养的培养研究遥相呼应，形成了全球地理教育研究的共同话题。

当然，东西方的地理教育由于传统、体制不同也存在许多重大差异。例如，"田野"教育是培养学生地理核心素养的重要途径之一，也是最能体现地理学科特色、最具实践活力的教育方式之一。能否真正认可与推崇这一方式，恰恰是东西方地理教育的主要差异所在。英国、美国、澳大利亚等国，长期以来坚持地理"田野"教育，并形成了制度化、理论性成果。而在我国，这种地理教育的有效方式却没有得到很好的实施。

张建珍博士早在华东师范大学攻读博士学位期间，就将地理"田野"教育作为自己的研究方向，并于 2011 年获得教育部人文社科基金资助，对其进行了长达 5 年的研究。其间,她不仅对国内地理"田野"教育的现状进行了调查,而且分析了其难以有效展开的深层次原因;2014 年,她受国家留学基金管理委员会资助赴英国伦敦大学教育科学研究院访学,与世界地理教育研究著名学者 David Lambert 教授、Clare Brooks 博士、Michael Solem 教授等合作,对英国、美国、澳大利亚等国的地理"田野"教育进行了深入的考察;数年间,在借鉴国外地理教育经验的基础上,与十余所实验中学的一线教师一道,着力建构我国地理"田野"教育的体系。

当这本即将付梓的《中学地理教育走向"田野"：意义、方法与保障》文稿呈现在我面前时,我深深感受到作者对这本专著所倾注的心血和努力。可以说,这是我国地理教育研究界第一本系统研究中学地理"田野"教育的著作。地理"田野"教育是培养学生地理学科素养不可或缺的载体。然而,在我国由于各种原因,地理"田野"教育并未在课程体系中占据重要地位,在课程实施过程中更是大打折扣,这其中除了教育体制的问题,最重要的原因是缺乏理论的指导和实践的探索。张建珍博士的专著很好地填补了这方面研究的空白。

该专著通过对国内外地理"田野"教育理论的梳理,对我国地理"田野"教育研究和实践的现状调查,以及对中、英、美、澳等国家的地理"田野"教育的比较,反思我国当前地理"田野"教育存在的问题,并基于这些问题对我国中学地理"田野"教育的价值、主题开发方法、教学方法、典型教学模式的建构、学习评价等进行了详细深入的阐述,对促进中学生地理学科素养的形成尤其是地理实践力的培养具有重要的理论和实践价值。从研究方法上看,作者综合运用了文献法、调查法、比较研究法、行动研究法等,使得该项目成果不仅具有理论价值而且具有较强的应用推广价值。文稿中涉及大量案例素材,这些案例或来自实验学校的行动研究成果,或来自国外的成功案例,不仅对我国中学地理"田野"教育具有重要的参考价值,对其他学科如科学、生物的户外教学亦有一定的参考价值。

在当前我国地理学科素养的培养强力推进、地理教育价值日益凸显的背景下,这本作为我国地理"田野"教育研究的代表性著作,将在我国地理教育深入发展中发挥率先引领作用。

华东师范大学教授、博士生导师　夏志芳

2016 年 12 月 28 日

前　言

　　地理学是一门实践性和综合性很强的学科,而野外考察一直是地理学的研究传统。地理学科离开"田野"就像化学学科离开实验室一样,"田野"对地理学科研究和学习的重要性不言而喻。在国际上,无论是国际地理联合会 1992 年颁布的《地理教育国际宪章》,还是 2016 年新颁布的《2016 地理教育国际宪章》,都强调了地理"田野"学习对培养地理素养的重要性;世界各国如英、美、澳等国家都将地理"田野"学习写入课程标准,并在教学实践中加以落实。同时,我国中学地理教育长期以来局限于室内学习的情况引起了专家、学者和有识之士的关注,并呼吁让中学地理教育走向"田野"。中学地理教育只有走向"田野",广大中学生才能在地理原理、概念等理论知识与真实的世界之间建立良好的联系;中学地理教育只有走向"田野",广大中学生才能利用自然环境进行真实的探究,从而激发他们对自然界的探索欲望;中学地理教育只有走向"田野",广大中学生才能用眼观察自然、用耳倾听自然、用心感悟自然,真正达到可持续发展教育的目标;中学地理教育只有走向"田野",广大中学生才能避免"自然缺失症",身心健康地成长;中学地理教育只有走向"田野",中学地理课堂才会生机盎然。

　　尽管在历次课程改革中一再强调中学的"田野"教育,此次新课程改革中又在地理核心素养部分着重强调了"地理实践力",然而在我国,中学地理课堂依然局限于教室狭小的空间内。这其中有一个很重要的原因,即我国中学地理"田野"教育既缺乏系统的理论指引,又缺乏富有创造力的实践探索。

　　自 2011 年本项目获批成为教育部人文社科青年基金项目以来，笔者带领研究团队进行了长达 5 年的理论和实践研究。研究团队既对已有的国内外文献进行了系统梳理，形成了理论研究框架；又对我国中学地理"田野"教育现状进行了调查，找到了研究起点。在此基础上，本研究团队通过纵向的历史研究、现状的调查研究，横向的比较研究、实践的行动研究，在十余所实验学校进行了理论与实践的互证研究，基本形成了中学地理"田野"教育的系统理论，并在研究过程中产生了大量鲜活的实践教学案例。这部专著凝结着全体项目组研究人员的心血，研究分工如下：负责人张建珍，负责整个研究框架的制定和整体研究的推进。第一章由张建珍、汤瑷宾完成；第二章由张建珍、汤瑷宾、郭家俊、吴麟完成；第三章由张建珍、钟细厚、王悦、王俊姣完成；第四章由张建珍、吴麟、梅培茹、王聪聪、许佳禄完成；第五章由张建珍、张冰颜完成；第六章由张建珍、程锋完成。王玲玲对全书的成稿、编排付出了大量的心血。

　　在推动中学地理教育走向"田野"的道路上，我们并肩走过了 5 年，取得了预期的成果。同时，我们也意识到，道路还很漫长，我们仍需继续努力！

张建珍

2016 年 9 月 5 日

目　　录

引　论

第一节　研究缘起

长期以来,我国地理教育更注重理论学习,缺乏地理实践力培育的问题一直是各方关注的重点。因此,当前的中学地理课程改革中,将地理实践力被列为地理核心素养的重要组成部分,并成为地理课程改革的关注热点。而地理"田野"教育作为地理实践力培养的重要载体,一直是地理学科教学的重要特色和传统。但现实的情况不容乐观,与国际上地理"田野"教育开展得如火如荼截然不同的是,我国当前中学地理教育大多局限于狭小的教室空间内,中学地理教育走向"田野"困难重重。

一、地理学科的特点决定了地理教育必须走向"田野"

《地理教育国际宪章》指出,地理学是一门旨在解释地区特征,以及人类和事物在地球上出现、发展和分布情况的科学。地理学以人类生存的地理环境(包括自然环境和人文环境)及人地关系作为研究对象,横跨自然与人文;是与生产和生活的世界联系最紧密的学科,有综合性、地域性、实践性等特点。对于地理学科而言,"田野"具有多重意义,不仅是研究对象,也是重要的研究方法。地理学科离开"田野",如同化学学科离开实验室,长期以来"田野"调查一直是地理学科研究的重要方法。因此,单凭局限于教室狭窄的空间内阅读抽象概括的文字和图表,显然不能达到地理教学的目的。总结前人的论述，"田野"地理教育至少具有以下几个方面的作用：①有助于掌握地理野外工作、社会调查等基本技能，巩固地理知识；②有助于培养学生的探究能力；③有助于培养学生的创新精神和创新能力；④有助于将理论知识与生活实践相结合，学习对生活有用的地理知识；⑤激发对家乡、自身生存环境的热爱，培养环境意识。地理教育走向"田野"，用真实生活世界中的问题来代替原先教室内学习时抽象、概括甚至简单化的问题，有助于培养学生解决真实问题的能力；地理教育走向"田野"，让学生用生命拥抱自然和真实的生活世界，从而加深对世界的理解，对人地关系的感悟。

二、国际地理教育走向"田野"：共识与潮流

重视学生的"田野"考察和培养学生的野外实践力已成为当今国外地理教育的一大趋势。如美国 1994 年颁布的《国家地理课程标准——地理为生活》，强调"关注人的生活，解决实际问题，教给学生活生生的地理"，把地理技能概括为"提出地理问题、获取地理信息、整理地理信息、分析地理信息和回答地理问题"五个方面；英国 2013 年修订的 KS3(7～9 年级)地理课程标准将地理野外调查能力作为一项重要的地理能力，并在每部分加以规定和强调。

世界上许多国家都强调在教学中采用地理观察或地理野外实践等地理实践活动教学。西班牙地理教学中，采用观察、调查、分析、综合的教学方法获得区域地理的现象认识和系统地理的知识；在爱尔兰，新的教学计划增加了野外考察；法国和丹麦还建有专门的地理野营学校；意大利、瑞士、比利时的学校都有野外地理研究和地理旅游的内容；在英国，规定高年级野外活动时间不得少于 1 个月，此外，学生在学期中或假期还可以在活动中心长期居住，对环境进行观察和研究，地理考试时也要大量引用野外工作的资料和成果；在日本，"理科 2"是一门培养学生课题研究能力的选修课，其中有大气透光率的测定、太阳黑子的观察，以及乡土地层、地下水、区域小气候、天气灾害和地震灾害的实践调查活动等。

三、我国地理教育走向"田野"：缺失与呼唤

新课程改革以来，地理实践技能、探究意识、创新精神的培养被置于重要地位，随着"学习对生活有用的地理""重视对地理问题的探究"等新课程理念的推行，"田野"式教育逐渐成为最受重视的地理教学方式之一。

《全日制义务教育地理课程标准(实验稿)》提出了六大基本理念，其中第一条理念为："学习对生活有用的地理。地理课程要提供给学生与其生活密切相关的地理知识,引导学生在生活中发现地理问题,理解地理背景,增强学生的生活能力。"第四条理念为:"构建开放的地理课程。地理课程要充分重视校外课程资源的开发利用,形成学校与社会、家庭密切联系,教育资源共享的开放性课程,从而拓宽学习空间,满足多样化的学习需求。"在内容标准中有许多地理"田野"教育的活动建议,如"参观当地的气象台站或大气环境监测站"。《全日制义务教育地理课程标准(2011 版)》将"实践性"作为地理课程的五大性质之一,指出地理课程含有丰富的实践内容,包括图表绘制、学具制作、实验、演示、野外观察、社会调查和乡土地理考察,是一门实践性很强的课程。这一课程标准还提出了三大基本理念,其中第一条理念为"学习对生活有用的地理。地理课程选择与生活密切相关的地球与地图、世界地理、中国地理和乡土地理等基础知识,引导学生在生活中发现地理问题,理解其形成的地理背景,提升学生的生活品位,增强学生的生存能力",第三条理念为"构建开放的地理课程。地理课程着眼于学生创新意识和实践能力的培养,充分重视校内外课程资源的开发利用,着力拓宽学习空间,倡导多样的地理学习方式,鼓励学生自主学习、合作交流、积极探究"。

《普通高中地理课程标准(实验)》在基本理念中强调"注重对地理问题的探究。倡导自主学习、合作学习和探究学习,开展地理观测、地理考察、地理实验、地理调查和地理专题研究等实践活动",在地理课程目标中指出"学会独立或合作进行地理观测、地理实验、地理调查等基本技能;掌握阅读、分析、运用地理图表和地理数据的技能";在内容标准中有许多地理"田野"式教学的活动建议,如"针对本地经常发生的自然灾害,成立课外监测小组,制订计划,开展活动"。笔者对高中地理新课程标准第三部分内容标准中的"活动建议"进行了分析,发现需要学生走出教室进行学习的建议达 30 处之多(总的活动建议为 79 条),占总活动建议的 38%。

与课程标准中对地理"田野"式教学的高度重视形成巨大反差的是,我国现实的地理教学并没有从教室走向"田野"。据笔者在中学开展的地理教学调查,发现绝大多数的地理教学发生在教室,地理教学走向田野、走向社区、走向生活,只是偶尔为之,绝大多数的教师从未在教室以外进行过地理教学。在初中阶段,乡土地理教学必须安排至少一次野外考察或社会调查的要求,也没有得到严格执行。蔡平等人的调查显示(尽管该调查是针对地理活动课的,包括参观考察类、游戏表演类、实践探究类、讨论研讨类、竞赛活动类、撰写论文类、展览演示类等形式,与地理"田野"教育的概念有一定的差异,但该调查仍较能说明当今地理"田野"教育的现状),59.3%的学校对地理活动课"较不重视"或"不重视"；61.4％的教师指导活动课的工作能力"一般"或"差"；67.6％的学校开展地理活动课的设备条件"一般"或"差"；52.2％的地理活动课组织管理"一般"或"很乱"；67％的学校开展地理活动课的时间保障是"不一定"或"没有"。王民对2008年我国选手参加国际地理奥林匹克竞赛的情况进行了分析，指出："我国选手在野外考察部分表现最不理想，这与国内注重教学和考试，忽视野外考察不无关系。这也是我国地理课程改革一个亟待解决的问题。地理技能必须在对现实环境的考察中建立起来，教师在今后的教学中，应该适当布置一些让学生自己去考察的课题，如对城市、农村土地利用情况的调查、绘制剖面图等，改变我们的学生一到野外就不知所措的问题。"

对中学地理"田野"式教学的普遍忽视引起了诸多专家、学者的关注。如2009年时任华东师范大学校长俞立中教授在《地理教学》创刊50周年发表的演讲中指出："……建构一种基于'田野'调查的中学地理教育，这里的'田野'是指野外、博物馆、科技馆、图书馆、社区等各种社会资源。能不能把我们的中学地理课堂更多地搬到社会、搬到野外去？这种教育方式在发达国家的地理教育中已经很普遍了。从我们学生状况来看，我觉得这是一个更需要强调的方式。地理学是一门可以充分利用各种社会资源，让学生在野外或社会调查中来学习的科学。'田野'调查可以增强学生的观察能力、实践动手能力、解决问题的能力，丰富中学地理教学改革的内涵。"

笔者通过对文献的检索发现，国内对地理教育走向"田野"的研究多局限于一线教师的经验之谈，缺乏系统性和理论性。因此，在这样的背景下思考地理教育走向"田野"的价值，探讨如何使地理教育更有效地走向"田野"，尤显重要。

第二节　研究问题与核心概念的界定

走向"田野"的地理教育是指在教室以外的其他场所进行的地理教育。从空间上看，是将学生的地理学习从教室内扩展到教室以外的空间，包括自然的野外，也包括社区等，如田野、车间、家庭、科技馆、社区等场所；从理念上看，注重培养学生的实践能力和创新思维的发展，是对传统限于教室的地理教育的有力补充，也是对地理教育的实施空间仅限于教室的有力批判；从目标上看，既可以是对教室所学地理知识、原理的直观化检验，降低抽象理论知识学习的难度,也可以是直接以培养学生的研究性学习能力和探究精神为目的。从形式和内容上看,可以包括一些在教室里学习较有困难的地理概念、现象、过程的野外认识,如流水地貌、垂直地带性分布等的实地观察、记录,也可以是带着一些研究性问题的野外考察、研究,如对家乡土地利用类型的调查、家乡河流污染情况的调查等;既可以是围绕某一概念的单一性"田野",学习如太阳高度角的测量,也可以是围绕某一主题,涉及多个地理概念或地理原理的综合性学习,如企业的区位选择问题。从课程所占的时间看,既可以在地理学科课程中进行,也可以在综合实践活动课、研究性学习课程中或课外时间进行。

地理教育走向"田野",表明了一种理念和趋势。在本书中,为了方便叙述,针对国内外不同的使用习惯,不对"地理教育走向'田野'""'田野'式地理教育""地理户外教学"等词语进行区分。由于地理"田野"教育与户外教育、环境教育关系密切,因此,下面将对作为核心概念的户外教育、环境教育、探险教育、地理户外教学进行具体阐述。

一、户外教育

户外教育是一套盛行于欧、美等国家和地区的教育活动,在理论上与实践上都经历了长达一个多世纪的漫长发展时期。但由于户外教育的知识体系具有复杂性,从事户外教育专业人士的工作领域不尽相同且个体存在差异性,加之地域文化具有多样性,所以户外教育自萌芽至今还未有一个明确且令众人信服的定义。

户外教育(outdoor education)一词由 Curtis(1909)率先提出,20 世纪初期的户外教育就是指不在室内进行的一切教学①。

1958 年,美国户外教育学者乔治·唐纳森(George Donaldson)提出了一个简明扼要的概念:"户外教育就是在户外的教育,有关户外的教育,以及为户外而教育。"②

刘易斯(Lewis)则认为:"户外教育是一种直接而简单的学习方式,是把课程延伸至户外以达学习的目的。它是基于发现学习的原则并强调直接使

---

① Priest S. Outdoor leadership around the world: a matter of semantics[J]. Journal of Adventure Education,1988,5(1):9-12.

② Donaldson G E, Donaldson L E. Outdoor education: a definition [J]. Journal of Health Physical Education and Recreation,1958,29(17):17-63.

用感官（视觉、听觉、嗅觉、触觉、味觉）以进行观察和知觉。"①

Nichols（1982）指出了户外教学的六个基本特征，分别是：①在户外进行；②有直接参与活动的成员；③教学过程包含对自然事物的解释；④户外活动更注重团体合作，而不是孤立的个人主义；⑤包含尽可能多的场景；⑥受大众欢迎，活动本身应该富有趣味与挑战性。②

1986 年，普瑞斯特（Priest）在《户外教育重新定义：多种关系的问题讨论》一文中提出了一个新的户外教育定义："户外教育是通过与户外接触而实现做中学的一个体验过程，教育地点主要是在户外，其学习的重点主要放在人与自然的关系上。"他指出了户外教学的定义需具备以下五个要点：①是一种学习方式；②是一门经验课程；③主要在户外进行教学；④要求使用所有的感官；⑤以相关学科的理论知识为基础。普瑞斯特提出了户外教育的"树"模型，通过对树生长的描述，生动地解释了户外教育中各要素的相互关系，其中户外教育是树的主干，探险教育和生态教育是树的两个分支，体验式学习过程是树叶，整个外在的户外环境代表太阳，跨学科课程内容代表空气，感知觉、认知、情感及肌肉活动代表土壤，见图 0-2-1。③

为了便于理解，根据英国伦敦国王学院 Mark Rickinson 等人④的研究，将户外教学的核心内容整理成表 0-2-1。

美国国家教育协会（National Education Association）定义户外教育是所有学校科目知识与技能的结合，由教师运用环境资源去帮助学生了解各学科、环境与人之间的相互关系，以协助艺术、科学、社会研究的教学活动。⑤

---

① Lewis C A J. Factors influencing the development of out-door education[D]. New York: New York University, 1968.

② Nichols D R. Outdoor educators: the need to become credible[J]. Journal of Environmental Education, 1982, 14(1):1-3.

③ Priest S. Redefining outdoor education: a matter of many relationships[J]. Journal of Environment Education, 1986, 17(3):13-15.

④ Rickinson M, et al. A review of research on outdoor learning[M]. London: National Foundation for Educational Research and King's College London, 2004.

⑤ 赵霞. 青少年户外教育的国际经验及启示[J]. 中国青年研究, 2015(4):115-119.

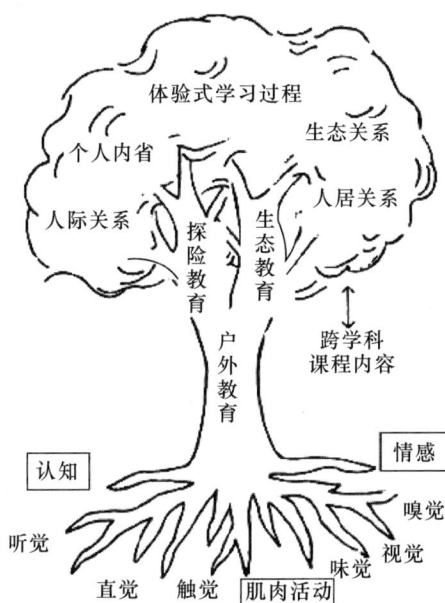

图 0-2-1　户外教育"树"模型

表 0-2-1　户外教学的核心内容

项　目	核心内容
户外教学的焦点	● 学习自然知识 ● 学习社会知识 ● 了解自然界与人类社会的联系 ● 了解自己,学会自我调节 ● 学会团队合作 ● 掌握户外活动的技能
户外教学的预期成果	● 能理解基本知识,比如地理过程和地理现象 ● 形成积极的价值观,比如树立正确对待环境的态度 ● 学会相关技能,诸如定向越野、交流通信 ● 树立自信,提高自我效能
户外教学的场所	● 学校操场 ● 自然保护区 ● 农村或城市农场 ● 城市中心 ● 公园或花园 ● 户外教学基地

有学者将户外教育的概念归纳起来并分为三种类型:"教育说""教学方法说"和"教学过程说"。"教育说"的观点认为户外教育是一种具体的教育行为,是在户外环境中开展的关于户外相关活动的教育,包含的内容较为广泛,从户外自然观察、培养环境保护意识到培养学习户外游憩技能等;"教学方法说"的观点认为户外教育是在户外环境中进行教学的一种方法;"教学过程说"的观点认为户外教育是在户外环境中进行教学的过程。[①]

另外,也有学者综合户外教育的途径、方法与目标对其内涵做出了概括:户外教育是在户外情境中,利用户外资源,借由户外活动的形式来达成教育目的的教学活动,对学习者而言,需要透过感官参与,经由直接、具体的体验来促进学习,了解学科、人及环境的关系,在认知发展的同时,更使得情感、态度、信念和价值观得到发展。[②]

由上可见,研究者从不同的角度考察户外教育,侧重点就会有所不同。事实上目前在国外还有许多与户外教育相关的概念,根据美国户外教育委员会(Council on outdoor education)的梳理,由于户外教育的导向不同,如行为导向、休闲娱乐导向、环保导向、野外生存导向等,衍生出了环境教育(environmental education)、环保教育(conservation education)、户外休闲(outdoor recreation)、探险教育(adventure education)、体验式教育(experiential education)、露营教育(camping education)、荒野教育(wildness education)等诸多概念。这些概念从不同的角度呈现了户外教育的丰富内涵,尤其环境教育、冒险教育是近 40 年来户外教育的重要方向。户外教育是现代教育体系的一部分,它提供了更加宽阔、多元的教育视角,是理论和实践的综合体。

二、环境教育

《中国大百科全书(环境科学)》认为,环境教育是"借助于教育手段使人们认识环境,了解环境问题,获得关于治理环境污染、防止新的环境问题产生的知识和技能,并在人与环境的关系上树立正确的态度,以便通过社会成员的共同努力保护人类环境"[③]。

---

① 史登登.户外运动相关概念辨析与界定[D].沈阳:沈阳体育学院,2013.
② 严奕峰.国外户外教育的发展及启示[J].外国中小学教育,2008(1):43-46.
③ 中国大百科全书出版社编辑部.中国大百科全书(环境科学)[M].北京:中国大百科全书出版社,1983:184.

　　根据 Danny Parkin(1998)的定量分析,户外教学与环境教育之间存在很大的相关性。[①] 但户外教学的目标与环境教育的目标又有一定的区别,《第比利斯宣言》(*Tbilisi Declaration*)指出环境教育的目标是通过对人类社会与自然环境的探索,让全球人类意识到环境的整体性及存在的环境问题,并具有相关的知识、技能与意识,能通过个人努力或团体协作解决这一系列现实问题,预防新问题的产生。环境教育的核心内容是让人类意识到以下四方面的内容:①人类是地球系统的一部分,人类有能力改变系统中人类、社会与自然环境之间的关系;②能广泛地了解地球环境,包括自然环境与人造环境;③能了解人类面临的地球环境问题的基本原理,以及解决方法;④具备保护地球环境的意识。

　　William(1997)等人指出,环境教育是培养一批具备关于自然环境与环境问题的丰富知识,并能有意识地解决相关问题的公民。[②]

三、探险教育

　　探险教育是指在特定情景下,通过有目的的探险活动进行学习的一种教育方式[③]。探险活动包括很多内容,诸如户外运动、竞技项目,甚至一些室内课程也可改为探险教育的内容,具体有山地徒步旅行、登山运动、航海、洞穴探险等。探险教育常常要求学生用所有感官去学习和搜集信息,能让学生形成正确的环境价值观,还可以锻炼学生的意志力,训练学生的野外生存能力。[④]

四、地理户外教学

　　户外教学特指基于地理学科的户外教学,是指学生在教师或专业人员的指导下,走出教室,根据现有的理论知识,在自然环境或社会人文环境中,运用地理科学方法探究学习各种自然与人文地理现象,获取地理知识和技能,培养地理思维。

　　① Parkin D. Is outdoor education environmental education[J]. International Journal of Environmental Education and Information,1998(17):275-286.

　　② William B. The concept of environmental education[J]. Journal of Environmental Education,1969,1(1):30-31.

　　③ Indiana University Bloomington. Bradford woods adventure education curriculum & activity guide:6th-12th grades[S]. Indiana:American CAMP Association.

　　④ Adventure education[EB/OL]. (2016-10-06)[2016-01-08]. http://en. wikipedia. org/wiki/Adventure_education.

（一）教学场地

户外是指教室以外的其他场所,既可以是河流、山川、森林、草原等自然环境,也可以是学校附近的社区、博物馆、工厂、企业等人文环境。老师或相关专家要从户外环境中挖掘课程资源。

（二）教学过程

地理户外教学与基地户外教学相同,都很重视学生在户外环境的亲身体验,要求学生调动所有的感官(视觉、听觉、嗅觉、味觉、触觉),对户外环境进行考察和信息采集,而常规的室内教学一般只用到视觉与听觉,这也是户外教学与室内教学的区别所在,户外教学的素材都是学生亲手获得的一手资料。[①]

（三）教学目的

除了对课本知识的直观化、具体化体现,辅助理论知识的教学外,也可以把培养学生的探究能力与探究精神作为目的。[②]

（四）教学内容

教学内容既可以安排一些在教室学习时有一定困难的地理知识,如流水地貌、土地利用类型等;也可以是一些关于探究性问题的实地考察,比如当地的工业布局、人口分布。[③]

第三节　国内外研究综述及研究意义

在进行国内外文献的梳理时,笔者首先对与地理"田野"教育相近的英语词汇进行了分析,以确定检索关键词,发现"田野"教育与"outdoor education"(户外教育)、"fieldwork learning (education)"意义最为相近,同时"resident outdoor school"(居民户外学校)、"adventure education"(冒险教育)、"experiential education"(经验教育)、"nature education"(大自然教育)等相关研究对地理"田野"教育也有启发。另外,由于各国课程设置的差异,我国

---

① 李婧超.中学生户外环境教育与地理知识获取途径探索[D].西安:陕西师范大学,2010.

②③ 张建珍,夏志芳.地理教育走向田野:地理学科创新思维能力培养的有效途径[J].地理教学,2011(8):4-7.

地理教育的内容在其他国家的课程体系中还可能存在于环境教育(environ-mental education)、可持续发展教育(education for sustainability)、科学教育(science education)、公民与社会教育等课程中,因此这些课程的户外教学也在检索之列。

一、国内外户外教育的发展脉络

户外教育与"经验课程"的理论与实践研究是分不开的。"经验课程"(experience curriculum)亦称"活动课程"(activity curriculum),或"生活课程"(Life curriculum),或"儿童中心课程"(child-centered curriculum),是以儿童的主体性活动为中心组织的课程。经验课程经历了四个主要发展阶段:第一阶段为"浪漫自然主义的经验课程",以卢梭(Rousseau)、裴斯泰洛齐(Pestalozzi)、福禄贝尔(Frobel)等为代表;第二阶段为"经验自然主义的经验课程",以杜威(Dewey)为代表;第三阶段为"人本主义的经验课程",以当代西方人本主义教育学者为代表;① 第四阶段为"体验课程",以库伯(Kolb)为代表。

(一)户外教育的理论源流与发展

1. 浪漫自然主义的经验课程

早在 18 世纪,法国教育家卢梭就十分推崇在户外进行教育。他所倡导的"自然主义"教育思想,使教育人性化的本质特征被突显出来。在卢梭看来,事物(环境)、人(教育者)、自然(本性)这三者是组成人类文明教育的基本因素,三者协调一致,就会产生良好的教育效果。在他的经典著作《爱弥儿》中提出受教育者(即主人公爱弥儿)应离开喧闹的社会,到大自然中接受教育,从而成为一个自然的、真正的、自由的"新人",去建立一个合乎自然法则的社会,不会做"坏事",这一"新人"即我们所提倡的具有较高素质的人才。卢梭的自然主义教育思想影响深远,直至今日仍具有一定的意义,他倡导的"自然中生长"可以说是户外教育的起源。

后来瑞士著名教育学家裴斯泰洛齐继承与发展了卢梭"自然主义"的教育思想,在长期的教育教学中,结合自身的实践经验,提出了发展户外教育的一系列教育思想,即教育要与自然环境相适应,跟随自然的脚步,应当依据儿童身心发展的自然顺序来进行;同时非常重视通过直观感受来学习知识,强调在教学过程中最好能利用实物进行教学活动,这样有利于学生形成

---

① 张华.经验课程论[M].上海:上海教育出版社,2001:25.

较为清晰的知识概念，并且能在体验自然的过程中不断获得新知识；教育活动要依据儿童的"内在"生长规律，让儿童在大自然环境中接受教育，获得自由、自然的发展。

2.经验自然主义的经验课程

经验自然主义的经验课程，代表人物主要包括皮尔斯(Peirce)、杜威等，其中皮尔斯被奉为实用主义派别的创始人。实用主义教育哲学认为没有绝对和永恒的真理，真理都是相对的。对某些人有用的真理，对另外一部分人则不一定管用。实用主义认为，认识事物的最佳途径就是找出问题的来源并解决该问题。所以教育者应当积极引导学生认识和熟悉自然环境，并在自然环境中建立各种学习情境，培养学生独立分析、解决问题的能力。

著名教育家杜威则非常重视"做中学"，强调"儿童是起点，是中心，而且是目的，儿童的发展、儿童的成长，就是理想所在"[①]，认为学习必须从生活情境中吸取知识，知识同样必须在实际户外自然环境活动中完成传授。杜威认为"教育即生活""教育即生长""教育即经验的持续改造"，强调儿童是在主动与环境交互的过程中完成持续地成长的。他也提出学校的主要任务是：教儿童在现实自然的世界里生活，逐渐承担起在这个世界上的责任，在适应社会方面有个较好的开始。

杜威在其创立的芝加哥实验学校里进行了为期8年的实验，积累了丰富的活动课程的实践经验。学生在游戏、活动等主动作业中，获得真实思考的要素。"这些要素就是：第一，学生(或研究工作者)要有一个真实的经验的情境，要有一个他对活动本身感到兴趣的连续的活动；第二，在这个情境内部产生一个真实的问题，作为思维的刺激物；第三，他要占有知识资料，从事必要的观察；第四，他必须负责一步一步地展开他所想出的解决问题的方法；第五，他要有机会通过应用来检验他的想法，使这些想法意义明确，并且自己去发现它们是否有效。"

我国著名教育家陶行知认为"生活即教育，社会即学校，教学做合一"，倡导"六大解放"，强调"从生活与教育的关系上来说，是生活决定教育，从效力上来说，教育要通过生活才能发出力量来而成为真正的教育"。[②] 在户外教育中必须遵循生活教育理论，要充分认识到户外教育的课程内容来自儿

---

① 约翰·杜威.学校与社会·明日之学校[M].赵祥麟,译.北京:人民教育出版社,
2005.

② 陶行知.谈生活教育[M].成都:四川教育出版社,1991.

童现实生活,来自儿童周围真实存在的自然、人文环境。在生活实践中寻找具有教育价值的资源,在较为宽松的空间内为儿童创造良好的教育环境,提供丰富的教育、活动资源,让儿童在自然、人文环境中自主学习、主动探索,从而提升儿童生活中的知识经验。

人在生长生活过程中,与自然环境之间不断发生互动关系,因而使个体对所学习到的经验不断地进行重组与改造,并不断丰富经验的内容,提升应对困难的能力。所以,经验自然主义的经验课程教育哲学特别注意要求学生参加户外实践活动,在自然户外活动过程中探究和考察知识的真假。这种知识论,为户外教育提供了有力的支撑,使户外教育更能彰显其教育的价值。

3. 人本主义的经验课程

人本主义哲学观和教育观的代表人物是罗杰斯(Rogers)和马斯洛(Maslow),他们认为人的本性是善良的,人从本质上讲就有发展道德的可能性。因此,教育的本质,就是要把儿童作为独立的可塑性的个体来对待,每个人具有不同的特质,也就具有多元智能,教育就是教导儿童如何去思考、去体验,从中发现人生真正的价值。

加德纳(Gardner)的多元智能理论认为:"智力是指在某种价值标准下,社会个体用来解决自己遇到的难题或创出有效事物所需的能力。"他认为:"每个儿童都是一个潜在的天才,只是他们的表现方式不同","教育的科学性就是要积极发展儿童的优势,使儿童的薄弱环节得以提升"。他还认为:"无论具有何种程度文化背景的人,都需要综合运用多种智能来解决问题","我们不能够忽视,同样也不能够假设每个儿童都拥有相同的心理潜能,而是要确保所有受教育者都能使其智力潜能得到最大限度的发挥"。[①]

多元智能理论学说提倡尊重儿童的个体差异性,以人为本,发现儿童的优势智能,设置不同要求的学习目标、不同的表现形式,满足不同层次儿童的需要。教学中要非常重视儿童的个性和兴趣。人本主义强调儿童身心发展的个别差异性在教学中的意义,要求教育者尊重受教育者的人格,反对强迫学习和对学生体罚的行为。它关注个体的学习习惯及兴趣,反对照本宣科的教学行为,所以实物教学、参观和观察等教学方法受到人本主义者追捧。人本主义提倡全人教育,将自然教育与人格教育相结合,促进个人全面发展,这正是户外教育所追求的境界。

---

① 周宏. 多元智能[M]. 北京:中央民族大学出版社,2002.

4.体验课程

体验课程反对任何形式的二元对立,把儿童自身应该与自然、社会融为一体作为课程开发的向度,强调对儿童精神世界的理解。如果说经验课程之"经验"是立足于客观世界、经验世界、表象世界,是对客观世界的反映,对作用于环境的行动结果的反思的话,那么,体验课程之"体验"则立足于精神世界,立足于人、自然、社会(主体与客体)整体有机统一的"存在界",这是"意义"的建构、"存在"的澄明、价值的生成。① 体验课程(lived experience curriculum)之"体验"植根于人的精神世界,着眼于自我、自然、社会之整体有机统一的人的"超越经验"。体验课程是"超越性课程",指向人的自然性、社会性、自主性的健全发展,以个性发展为归依。

美国著名户外体验学者库伯经过多年的户外体验学习的理论与实践研究,总结出户外体验学习圈,认为户外体验学习知识的获取过程与形式表现有以下四种:①通过感知获取经验,并通过缩小内涵的转换最终形成发散性知识;②通过领悟获取经验,然后通过缩小内涵的转换形成同化性知识;③通过领悟获取经验,并通过扩大外延转换经验得到辐合性知识;④通过感知获取经验,并通过扩大外延得到顺应性知识。

(二)户外教育的实践发展

20世纪中期以后,户外教学法作为一种教学方法逐渐受到人们普遍重视并开始得到探索和实施。1958年,美国学者唐纳森(Donaldson)提出,以户外教学法作为手段的教育过程是为获取自然知识技能、形成价值取向的一种在户外进行的教育实践活动。美国国家教育协会(NEA)在1970年对户外教育做了一个明确的陈述:"户外教育不是单独科目,而是学校所有科目、知识与技能的结合;它也不是将学校所有科目都搬到户外进行教学,而是教师运用环境资源(如自然或人为、公园或都市地区、历史遗迹或风景区等),去帮助学生通过各学科了解环境与人之间的相互关系,以协助艺术、科学、社会研究或传播学等学科的教学。"

户外教育在国外主要表现为两种形式。一种是以户外探险体验(expedition experience)为主的教学组织形式,这种形式一般时间较长,1天以上,以周为单位,在暑期等时间进行的话甚至以月为单位,主要是野外生存、探险教育,如山地徒步旅行、登山运动、航海、洞穴探险、独木舟旅行等,目的是

---

① 张华.经验课程论[M].上海:上海教育出版社,2001:251.

促使学生的价值观、毅力、野外生存技能、对环境的态度等的形成。另一种形式为结合学科学习的户外教学，如环境教育、地理教育、生物教育等学习科目中的户外学习。(Nicholas P. Gair,1997)

由于许多国家将地理与环境教育融为一体，因此，在这里对环境户外教育的发展进行简单论述。

最早将户外教学思想引入环境教育并使之成为环境教育实践的基本手段的国家是英国。早在20世纪70年代，在卢卡斯模式的影响下，英国环境教育界掀起了户外教育运动，主张在任何年级、任何学科，都尽可能到户外寻求相关的学习主题，以便通过户外学习使学生取得最佳的学习效果。1990年，英国国家课程委员会发布的《课程指引7：环境教育》指出："环境教育的重心应放在学生自己的调查上，包括直接体验。实地学习在中小学中具有重要作用。它提供机会，使环境成为学习的刺激因素，同时发展学生对有关环境的意识与好奇心。"

德国环境教育学者赖纳·多拉瑟(Rainer Dollase)于1996年指出，环境教育应"情感基础第一，不是认知第一"，因为"对大自然的美的欣赏是具有环境意识行为的先导"。而要实现这一情感目的，则应由教师精心策划，带领学生到森林田野去接触大自然，认识大自然和探究大自然，同样，这种形式的教学也是学生从认知上探讨学科所提供的内容及其复杂关系的途径。

我国学者祝怀新总结并概括出户外教学法的如下特征：①户外教学法是进行实地环境考察，对人类环境现象及其存在的问题的一种有计划、有目的的知觉过程；②由于环境教育具有跨学科性，因而户外教学法不仅限于某一学科，而是任何学科都可利用户外教学法来实现相关的环境教育目的；③户外教学法运用教室以外的环境资源，包括自然的，也包括社会和人文的，因此在实施中强调学科间协作；④户外教学法强调学生对环境的调查，从而有助于形成正确的环境价值观与态度；⑤户外教学法不排斥知识传授，相反，其实施多借助课堂所学知识，并促进学生的好奇心与求知欲，为进一步的认知做好准备。①

综上所述，可知户外教学实践是伴随着经验课程理论与实践的发展而不断发展的，从卢梭的浪漫自然主义经验课程到杜威的经验自然主义课程再到体验课程，虽然都主张儿童在真实世界的学习，但其追求和内涵已经发生重大的变化。梳理这些理论及实践脉络对我们今天提倡地理户外教学有

---

① 　祝怀新.环境教育论[M].北京:中国环境科学出版社,2002.

重要的启示作用。

二、地理"田野"教育的价值研究综述

Justin Dillon 等人（2006）对从 1993 年到 2003 年期间的户外教学的关键性成果进行了研究综述。他们发现大量的证据显示：经过恰当的设想、详尽的计划、优良的教学和有效的后续工作的野外实地考察，为学习者提供发展知识和技能的机会。[1]

Dierking 等人发现一个群体（128 个儿童和大人）中 96％的人能回忆起早些年他们在学校学习时进行的野外旅行。[2] SEER 对 11 所关注环境课程（笔者注：指较为重视野外考察的学校课程）的加利福尼亚学校的研究发现，这些学校的学生在 72％的学术性评价（阅读、科学、数学、出勤率和年级平均成绩）中比传统学校的学生得分高。[3] Eaton 发现，户外学习经历对发展认知技能比基于教室的学习更有效。[4] Mittelstaedt Sanker 等人通过对美国 46 个儿童经历的 5 天暑期学校的生物多样性活动项目的研究，发现"儿童达到了对待环境的积极态度，他们留下了更强烈的积极态度（笔者注：有利于日后的学习）"。[5] 在改变学生的行为方面，Bogner 利用一个建立了较长时间的户外生态项目的 1 天和 5 天版本对 700 名 11～13 岁的学生在德国国家公园进行了测试。该研究指出，"5 天项目明确地促成了学生个人行为的转变，包括真实的行为和预期的行为"。[6]

夏志芳从地理学习心理的角度指出，地理教学强调实地考察，可使学生获得直观的地理表象。[7] 直观是"领会的开端环节"，地理学科的直观性相对

---

① Dillon J，Rickinson M. The value of outdoor learning：evidence from research in the UK and elsewhere[J]. School Science Review，2006（320）：107-112.

② Dierking L D，Falk J H. School fieldtrips：assessing their long-term impact[J]. Curator，1997，40（3）：211-218.

③ SEER. The effects of environment—based education on student achievement Available[EB/OL]. （2004-1-23）[2016-01-21]. http：//www. seer. org/pages/csap. pdf

④ Eaton D. Cognitive and affective learning in outdoor education[J]. Humanities and Social Sciences，2000，60（10-A）：3595.

⑤ Mittestaedt R，Sanker L，Vanderveer B. Impact of a week-long experiential education program on environmental attitude and awareness[J]. Journal of Experiential Education，1999，22（3）：138-148.

⑥ Bogner F X. The influence of short-term outdoor ecology education on long-term variables of environmental perspective[J]. Journal of Environmental Education，1998，29（4）：17-29.

⑦ 夏志芳. 地理学习论[M]. 南宁：广西教育出版社，2001：226.

其他学科来说更具重要意义。要使学生形成正确的地理概念，必须形成具体的地理表象，必须让学生对大自然进行充分的感知，同物理、化学、生物等学科要进行实验、操作一样，地理教学应尽可能地组织学生进行学校附近地区的野外考察，使学生获得直接和全面的地理表象，进而分析地理现象形成的原因和人类活动对自然环境的影响，变教材中抽象的、"死"的内容为自然界中形象的、"活生生"的事物。

陈澄、段玉山等指出，地理课外教学环境有如下五项功能：①有利于学生直接感知各种地理事物，形成鲜明、稳定、完整、真切的地理表象，成为学习地理感性知识、地理概念及地理规律的基础；②有利于培养学生地理实践活动能力；③是对学生进行情感态度与价值观培养的重要场所；④有利于培养学生的综合能力；⑤有利于培养学生的创新素养。[1]

王民在论述地理野外实习与环境教育关系时指出，地理野外实习工作不仅提高了人们对环境的敏感性，有利于建立个人环境道德准则，而且也体现在通过环境中教育所获得的技能与知识上。[2]

因此，国内外对地理"田野"教育价值的研究路径存在较大的差异，国外注重通过实证或实验的方式对其价值的某一个方面（或因素）进行深入的研究；而国内的学生则多采取思辨的方式对地理"田野"教学价值进行较为全面的论述。

综上，地理"田野"教育的价值主要体现在三方面：有助于知识和技能的获得；有助于环境意识和环境保护行为的产生；有助于积极的学习态度的形成。同时，国内外对地理"田野"教育的价值研究多是片段式的、零星的，缺乏统整性和系统性。

三、地理"田野"教育课程开发的理论与实践研究综述

夏志芳在《地域文化·课程开发》一书中指出，在特定地域逐渐积淀起来的地域文化是富有个性的特色课程得以培育的水分和营养。地域文化课程或者课程中地域文化的融入，可以让学生体验周围丰富多彩的文化魅力，使他们更好地认识家乡与欣赏家乡，从而培养他们热爱家乡的人文情怀与建设家乡的崇高理想，并针对课程开发中如何体现地域文化这一课题，从课程目标、内容选择、教材编写与教学评价等方面进行了阐述。[3]

---

① 陈澄.新编地理教学论[M].上海：华东师范大学出版社，2007：241.

② 王民.国外地理教育动态[M].北京：北京师范大学出版社，2001：27-35.

③ 夏志芳.地域文化·课程开发[M].合肥：安徽教育出版社，2007：5.

　　李家清等人对高中实验教科书活动性课文的设计与开发进行了论述，认为新课改后的教科书应适度分配叙述性课文和活动性课文的比例，注意增加活动性课文的比例，"把学习活动置于一个社会环境中，使学生自主地从情景中和互动中形成知识"，并进一步阐述了活动性课文的基本特征为互补性、灵活性、开放性、参与性；活动性课文的基本功能为引领学生主动建构，促进学生主动发展，创设迁移应用情景，培养学生科学探究，优化课堂教学结构；活动性课文的设计与开发的基本思路为考虑地理知识逻辑、学生地理学习的心理逻辑和地理教学逻辑。①

　　国外的课程标准对地理"田野"教学进行了较多的规定。英国 2013 年修订的 KS3(7～9 年级)地理课程标准非常重视对学生地理野外调查能力的培养。该标准的各个部分都对地理野外调查进行了规定。在"目标"部分，将"能搜集、分析和交流经由地理野外考察所获取的数据"作为必须掌握的地理技能目标；在"学科内容"部分将"地理技能和野外考察"作为与区位知识、地方知识、人文与自然地理相并列的四大内容之一。②

　　澳大利亚维多利亚州的"社会与环境"学习领域的地理分支课程标准也非常强调地理"田野"教育。例如，在课程目标中规定，在实地工作中利用调查、访问、笔记、照片、统计、草图测量等形式搜集资料和处理资料。各个水平的学习要求和教学建议都较为突显地理"田野"教育，注重通过学生参与实地考察，在获取和处理资料的过程中学习和提高地理学技能。比如，水平 4 中建议学生访问附近的地方，像加利维尔德国家公园和巴马州森林，通过这种活动可以搜集影响社区、本州问题的资料，能够帮助学生提出解决问题的方法。水平 5 中建议学生通过实地考察研究地域特点及改变环境的自然过程和人类活动，鼓励学生参与社区有关活动，比如针对土地盐碱化问题为地方管理出谋划策。水平 6 中建议学生在本地区开展实地考察，并搜集、核对、分析和评价数据，学生从实地考察中搜集证据，说明并且预测自然过程和人类活动对环境的影响，思考人们对于变化的反应方式。学生应用地理学技术，包括多变量的数据和复杂的地图表达，使用一系列地理学媒体说明、解释环境的变化，并且处理在实地考察中所搜集的资料数据。

---

　　① 夏志芳，李家清.基于课程新理念的高中地理教科书编制研究[M].北京：地质出版社，2007：149-156.

　　② 张建珍，大卫·兰伯特.英国地理课程标准的新近转向[J].课程·教材·教法，2016(10)：122-127.

从目前搜集的资料来看,我国学者多采用思辨的方式,对地域文化与"田野"教学,以及新课程教材中的活动性内容(笔者注:包括了地理"田野"教育)安排进行一定的研究。而国外搜集到的资料为在课程标准中如何对地理"田野"教育进行规定,以促进地理"田野"教育的开展。但具体到如何结合我国实际,根据学生地理户外学习心理特点及课程理论设计初高中学生的"田野"教育的课程标准;如何开发初高中学生地理"田野"教育的主题,很值得进一步探讨。

四、地理"田野"教学的理论与实践研究综述

(一)影响户外教学有效性的因素

影响户外教学有效性的因素有哪些? 国外的学者进行了一系列的实证研究。

1. 时间

有相当多的证据显示,较长时间的项目比较短时间的项目更有效。Emmons在伯利兹城的户外环境教育项目中发现:学生所用时间的长度对减少消极的环境感觉(包括恐惧)十分重要⋯⋯一个较短的环境教育项目可能没有同样的效果。[①]

2. 准备工作

户外学习先期准备工作的价值在文献中被大量论述。例如,Ballantyne和Packer发现,做过预参观活动的学生和没做过预参观活动的学生之间存在显著差异。前者比后者更期待和享受参观行动。[②] Orion 和 Hofstein 在以色列的工作表明准备工作的基本原理是要给学生介绍认知(野外旅行的概念和技能)、地理(野外旅行的环境)和心理(野外旅行的过程)等野外考察工作的各个方面的知识。[③] 而 Healey 则强调了准备会议、讨论、解释和创建易于理解的和具有包容性的田野课程材料等对于野外考察学习的用处。

---

① 　Emmons K M. Perceptions of the environment while exploring the outdoors:a case study in Belize[J]. Environmental Education Research,1997,3(3):327-344.

② 　Ballantyne R,Packer J. Nature-based excursions:school students' perceptions of learning in natural environments[J]. International Research in Geographical and Environmental Education,2002(3):218-236.

③ 　Healey M,Jenkins A,Leach J ,et al. Issues in providing learning support for disabled students undertaking fieldwork and related activities. [EB/OL]. (2004-1-13) [2016-01-21]. http://www. glos. ac. uk/gdn/disabil/overview/index. htm.

3. 设计的科学性

一些研究强调了对学生的户外学习进行认真设计的重要性。Ballantyne 和 Packer 则对过度结构化的学习活动进行了警告。他们发现列工作单、做笔记和报告在学生中都不受欢迎,而且看起来并没有对他们的环境学习有所贡献。他们建议与野生生命接触并相互作用是一个更有效的策略。[①]

Emmons 在伯利兹城的 5 天野外课程中发现学生的学习既被他们自己分享的经验和直接经验所促进,同时也被教师对森林环境的兴趣和喜爱的示范作用所促进。[②]

选择不同类型的学习活动的能力是对学生的一项重要要求。Openshaw 和 Whittle 指出教师和户外教育者需要在"学生渴望在他们感到舒适、不受威胁和由于意料之外的事情带来的兴奋之间"找到平衡。[③]

户外经历之后的有效的后续工作在许多文章中被强调。如 Orion 等人强调了在户外活动和室内活动之间建立清晰联系的必要性。[④]

4. 障碍

户外学习的障碍包括:对于健康和安全的关注与担心;教师对户外教学缺乏自信;学校的课程要求;缺乏时间、资金和支持;教育部门内部和之间的较大的变化。[⑤]

5. 年龄

一项澳大利亚的研究表明,中学生和小学生在自然环境中学习的感知能力有显著差异。不管是野外考察前还是考察后,小学生明显比中学生更有热情。两个群体期待的经历方面:小学生倾向于关注计划的具体特征;中学生的反应变化较大,包括走出学校、经历自然、感知新异事物等。

---

① Ballantyne R, Packer J. Nature-based excursions: school students' perceptions of learning in natural environments[J]. International Research in Geographical and Environmental Education, 2002(3), 218-236.

② Emmons K M. Perceptions of the environment while exploring the outdoors: a case study in Belize[J]. Environmental Education Research, 1997(3), 327-344.

③ Openshaw P H, Whittle S J. Ecological field teaching: how can it be made more effective? [J]. Journal of Biological Education,1993(10):1097-1119.

④ Orion N, Hofstein A. Factors that influence learning during a scientific field trip in a natural environment[J]. Journal of Research in Science Teaching,1994,31(10):1097-1119.

⑤ Dillon J, Rickinson M. The value of outdoor learning: evidence from research in the UK and elsewhere[J]. School Science Review, 2006(320):107-112.

6. 先前的知识和经验

Orion、Hofstein 和 Lai 的研究表明,学生的学习受先前的田野和教室学习经历的影响。① Openshaw 和 Whittle 提到,如果学生习惯于一种有规律的按部就班的学习经历,则真实的野外实践经历对他们来讲将是一种困难的经历。②

7. 害怕和恐怖症

相关研究显示,芝加哥的学生对不同的自然情景心怀不安:可能的自然风险;来自其他人的威胁;自身身体是否舒适等。还有学生担心迷路、遇到蛇或碰到有毒植物。重要的是这些害怕心理对他们欣赏和学习自然景观形成了障碍。③

8. 学习风格和倾向

学生的学习风格和倾向对户外学习效果的影响得到越来越多的关注。Lai 对香港中学生某次地理野外考察的研究发现,个体对一天中的两个部分的反应呈现显著差异。一些学生喜欢早上的教师引导的对当地自然特征的考察旅行,另一些学生更喜欢下午的学生自主的野外观察(下午他们有更大的自由)。④

陈澄主编的《新编地理教学论》专门设立了"地理课外教学环境"一章,指出地理课外教学环境是所有课堂教学以外的地理教学场所及其组织的总称,其存在是由地理学科的特点所决定的。地理学研究的主要对象是地理环境,为了达到地理教学目的,很多教学任务需要在课外进行。认识地形、气候、居民点、工农业生产、交通,进行乡土地理调查等,都必须走出教室到课堂外进行实地考察。"内力作用""褶皱和断层""外力作用""天气和气候""气温""降水""工业的原料供给""产品市场""劳力和技术条件"等内容的学

① Orion N,Hofstein A. Factors that influence learning during a scientific field trip in a natural environment[J]. Journal of Research in Science Teaching,1994,31(10):1097-1119.

② Openshaw P H,Whittle S J. Ecological field teaching:how can it be made more effective? [J]. Journal of Biological Education,1993(10):1097-1119.

③ Bixler R D, Carlisle C L , Hammitt W E, et al. Observed fears and discomforts among urban students on field trips to wildland areas[J]. Journal of Environmental Education, 26(1), 24-33.

④ Lai K C. Freedom to learn:a study of the experiences of secondary school teachers and students in a geography field trip[J]. International Research in Geographical and Environmental Education,1999,8(3):239-255.

习,在课外进行效果更好。课外教学环境在培养学生地理分析能力和思想品德方面的作用十分显著,是实现地理教学目的、完成教学任务的重要教学条件,也是地理学科实践性特点的具体体现。地理课外教学环境的创设分为：①地理园；②地理实验教学环境；③地理观察与观测环境；④地理野外调查环境。

陈澄主编的《新编地理教学论》第四章"地理教学方法论"对"注重学生实践活动的方法"进行了阐述,指出"对于地理学科来说,注重培养学生实践活动的能力,尤其是室外实践活动和野外实践活动的能力,使学生通过亲身实践获得对知识的直接感知,获得初步的科学探究的体验,意义重大"。书中对地理调查法的内容确定、准备工作、教学设计、实施和地理观测法的内容等做了进一步的阐述,并分别以案例形式加以说明。

王民总结了五种野外实习策略：野外勘探、提出问题、问题式调研、发现式调研、地球教育,并通过下图(见图 0-3-1)概括了它们之间的差异。[①]

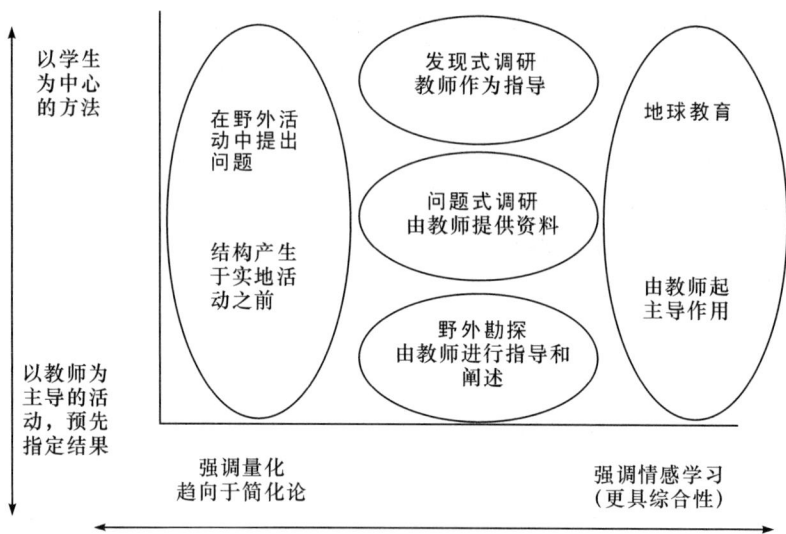

图 0-3-1　野外实习策略(资料来源：Geography in Education)

吴祖强认为环境教育的户外教学法可分为描述解释型、验证假设型和设计发现型三类。[②] 他进一步指出,描述解释型的目的是帮助学生发展观

①　王民.国外地理教育动态[M].北京：北京师范大学出版社：27-35.

②　吴祖强.户外教育和野外环境教育活动设计与评估[J].教师教育研究,1999(2)：520-230.

察、记录、寻求依据和做出解释的技能,比较容易操作,且不要求学生具有强的知识基础为前提,可在包括幼儿园在内的任何教育阶段结合所教学的内容进行。在这种活动中,教师居于主导地位,事先做出周密安排,预设问题,选取资料等,要求学生按照教师提示的方法处理各种信息,活动几乎是直线式进行的。验证假设型属于研究性的教学方法,其目的在于培养学生自主分析、处理信息的技能,这种类型模仿科学研究过程,适合中学阶段的学生,具体包括 4 个步骤,即形成假设、搜集资料、进行试验、提出结论。学生可自主决定对资料的选取和解释,教师的角色为管理者和服务员,负责提供问题,安排活动的展开方法,启发学生寻求解决方法等。设计发现型也属研究性的教学方法,它由学习者来选择决定活动的主题、提出假设、设计调查研究方案,因此学生既是参与者,也是组织者,教师充当顾问辅助活动的开展,因而它较之验证假设型更为开放,一般适合高级中学的学生。

可见国内外对地理"田野"式教学的研究也存在较大的差异。国外的文献资料多从"田野"式教学的影响因素入手进行微观的实证研究,并着重对时间、准备工作、教学设计、先前的经验、障碍、年龄、害怕和恐惧心理、种族和文化特征、学习风格等因素对"田野"教育的影响进行分析和论证;国内的学者多采用归纳总结的方法对"田野"教育的教学环境进行创设、类型、方法的研究。因此,如何对国外的微观实证研究资料进行梳理,总结归纳影响地理"田野"式教学的因素,并根据这些研究成果结合我国的实际,进行地理"田野"式教学方法、教学策略的构建,形成典型的教学模式,是值得探讨的问题。

第四节　研究思路

一、研究目标

1)系统的理论研究:对国内外地理"田野"教育的相关文献进行系统梳理,厘清其发展历史与理论脉络、已有研究基础,为本书建构我国地理"田野"教育框架提供理论基础。

2)现状的调查研究:调查我国地理"田野"教育的障碍与困难,为本研究找到现状起点。

3)国内外的比较研究:对地理"田野"教育的理论与实践进行国内外比

较研究,立足我国实际,为我国开展"田野"教育提供启示,为课程标准的修订和教科书、乡土地理教材的开发与编写提供建议。

4)地理"田野"教育的价值研究:研究地理教育走向"田野"的价值,尤其是地理"田野"教育对地理空间素养的形成、地理概念的学习、环境意识的培养和创新精神的培养等方面的价值。

5)地理"田野"教育的学习心理研究:对地理"田野"教育的学习心理进行研究。

6)地理"田野"教育的主题开发研究:归纳总结主题类型及特征,并设计与开发出初中、高中地理"田野"教育主题的可行性方案。

7)地理"田野"教育的教学方法与模式研究:研究地理"田野"教育的典型教学方法与教学模式。

8)地理"田野"教育的学习评价研究:从纸笔测试和表现性评价两个方面展开论述。

9)地理"田野"教育的保障研究:从地理田野教学的校内外资源开发、教师职业能力两个方面构建地理"田野"教育的保障体系,提出相关建议。

二、研究方法和研究思路

（一）研究方法

研究方法包括:行动研究、比较研究、问卷调查、访谈、文献研究。

国内对地理户外教学的研究十分稀缺,因此,本研究采取立足本土,借鉴国外,行动研究以解决实际问题的研究思路,在对我国地理户外教学的现状、障碍等展开充分调研的基础上,借鉴国外的做法,在中学进行较长时间的合作行动研究,与中学教师一起设计开发地理户外教学主题、进行教学方法的设计和教学方案的设计,并不断进行反思、评价和修改,以期为我国地理教育走向"田野"提供可借鉴和推广的具体做法。

行动研究是指有计划有步骤地对教学实践中产生的问题由教师或研究人员共同合作,边研究边行动以解决实际问题的一种科学研究方法。行动研究是本研究的主要研究方法。通过在浙江师范大学附中、回浦中学、平湖中学等试验学校,与合作教师一并设计户外教学方案,通过问卷、访谈、观察及自制评价量表等方式,调查方案的实施效果,在总结的基础上进行修改,并进一步实施,最后做出总结归纳。

（二）研究思路

具体研究思路见图 0-4-1。

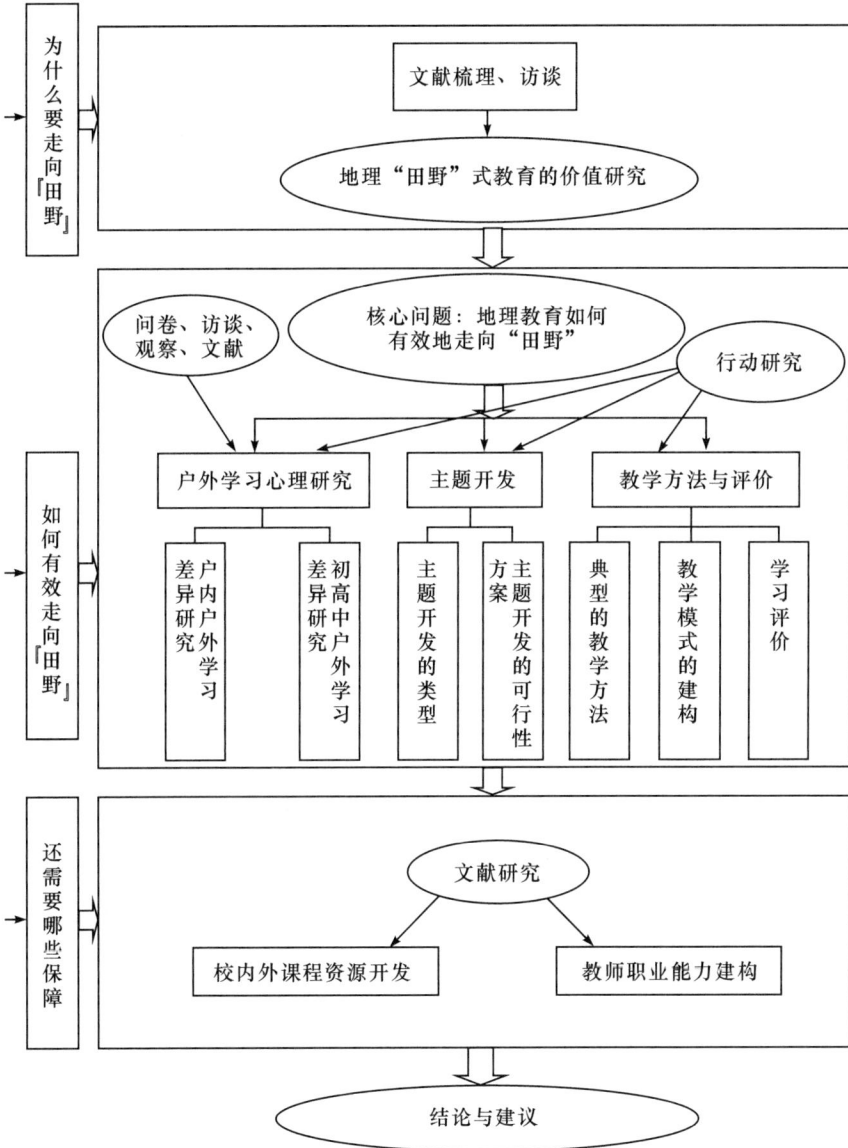

图 0-4-1　研究技术路线

第一章 我国户外实践教学现状分析

第一节 问卷设计

本书编自《地理"田野"教育实施情况调查问卷》，以选择题形式，从被调查者基本情况、地理"田野"教育实施现状、实施"田野"教育的外部影响因素、"田野"教育对学生学习状态的影响、对教科书"田野"教育设计的评价等五方面设计问题。其中地理"田野"教育实施现状属于背景调查，主要了解中学教师实施地理"田野"教育的频率及课程的设计情况等；实施"田野"教育的外部影响因素主要考察学校对"田野"教育的支持程度和实施"田野"教育的外部障碍；"田野"教育对学生学习状态的影响主要了解"田野"教育的教学效果；对教科书"田野"教育设计的评价主要考察教师对教科书中所设计的"田野"教育的评价情况。

第二节 问卷的发放与样本的选取

笔者于2013年10、11月，通过网络发放和实地发放问卷的方式进行了随机调查，问卷发放与回收情况见表1-2-1。

表 1-2-1　问卷发放基本信息

	发放/份	回收/份	回收率/%	有效问卷/份	有效率/%
初中	112	90	80.36	66	73.33
高中	315	271	86.03	238	87.82

第三节　调查内容的数据统计与分析

一、教师个人信息的调查

教师个人信息的调查包括教师的性别、教龄、最后学历和所任职的学校类别(即调查对象所在学校的区域,分城市、农村和城乡结合部),分别对应问卷中第 1 题的(1)(2)(3)和(4)小题。

被调查的地理教师男女比例为 118∶186,女教师所占比例偏高。24.67％的教师教龄不足 3 年,27.30％的教师教龄为 4～9 年,30.92％的教师教龄为 10～19 年,17.11％的教师教龄为 20 年及以上,年轻的教师在数量上占有相对优势。关于教师的最后学历调查,1.64％的教师为专科毕业,87.18％的教师为本科毕业,11.18％的教师的学历为研究生及以上,没有教师学历为专科以下。关于学校所在区域的调查,71.05％的学校在城市,12.83％的学校在乡村,16.12％的学校在城乡结合部。根据问卷调查的结果来看,学校所在区域与地理"田野"教育开展的频率高低没有明显的相关性,因此在问卷分析中不做具体比较。

二、地理"田野"教育实施现状

针对"您是否曾经采用地理'田野'教学或地理户外活动(与地理有关的户外活动或野外活动)",结果显示:选择"经常采用""偶尔采用""没采用过,但以后会采用""正打算采用"和"不打算采用"的教师分别占 2.30％、25.66％、56.91％、3.95％和 11.18％。从调查结果来看,目前已经采用过地理"田野"教育的地理教师仅占 27.96％,不到总数的 1/3,并且 11.18％的地理教师表示"不打算采用"。以上数据说明,目前中学地理课程中"田野"教育实施现状较为严峻,有相当一部分教师对此的态度较为消极,并有抵触情绪。

虽然没有明确的研究数据说明英国户外实践教学的实施现状,但笔者在英国的主流教学网站上能够快速地搜索到很多中小学户外实践的教学实例、教学设计和课件等资料。在我国教学网站上，中小学户外实践案例却很少，更多的是高校的案例，这从侧面反映我国中小学户外实践与英国中小学户外实践开展现状的差距。

针对"您对您所实施的'田野'教学的效果是否满意"这一设问，在89位实施过"田野"教育的教师中，有5.62%的教师认为"非常满意"，49.44%的教师认为"满意"，40.45%的教师认为教学效果"一般"，4.49%的教师认为"不满意"，没有教师认为"非常不满意"。大部分教师对地理"田野"教育的效果持肯定的态度，但也有2/5左右的教师对"田野"教育的效果表示"一般"与"不满意"。具体原因在"田野"教育对学生学习状态影响的数据分析中有所阐述。

而对于实施"田野"教育的必要性，数据显示，36.84%的教师认为"很有必要"，43.09%的教师认为"较有必要"，12.83%的教师认为必要性"一般"，4.61%的教师认为"可有可无"，而2.63%的教师认为"没有必要"。虽然目前实施过地理"田野"教育的教师并不多，但有近80%的教师认为此种教学方式具有较大必要性，大部分教师达成了共识，这说明新课程标准所倡导的"重视对地理问题的探究。倡导自主学习、合作学习和探究学习，开展地理观测、地理考察、地理实验、地理调查和地理专题研究等实践活动"[1]的理念深入人心。

针对"您是否了解地理课程标准中关于地理'田野'教学有哪些建议"，0.66%的人表示"非常了解"，16.45%的人表示"了解"，27.30%的人表示"一般"，49.01%的人表示"不太了解"，6.58%的人表示"完全不了解"。虽然绝大部分教师认同地理"田野"教育实施的必要性，但具体到了解课程标准中关于"田野"教育的建议，人数却急剧下降。由此可以看出，地理教师对"田野"教育的认识浮于表面，仅停留在了解这一层次。

事实上，我国《普通高中地理课程标准（实验）》不仅在基本理念中倡导实践活动，还在选修6"环境与环境问题"课程的活动建议中特意指出"组织一次环保实践活动，如参观自然保护区、生态农业园区、清洁生产工厂、污水处理厂等，写一篇观后感"；在"教学建议"中要求教师"帮助学生学会自己设计和实施野外观察、观测、调查等实践活动"；在"课程资源的利用与开发建

---

① 中华人民共和国教育部. 普通高中地理课程标准（实验）[M]. 北京：人民教育出版社，2003.

议"中要求积极建设学校地理课程资源库,指出教科书及教学所需的挂图、模型、标本、实验器材、图书资料、电教器材、教学实践场所等都是学校重要的地理课程资源,等等。地理课程标准对实践的规定充分说明了我国教育部对地理户外实践活动的重视,虽与英国地理课程标准对实践的规定有所不同,但出发点和目的别无二致。

三、实施"田野"教育的外部影响因素

在对"采用地理'田野'教学最大的障碍是什么"(多选题)的统计中诸多因子按影响程度从大到小依次排在前五位的是"考虑学生的安全和资金问题,学校很难通过""地理课时较紧,调不出太多课时来""学校缺乏地理户外活动所需的器材""学校内或附近没有适合进行地理户外教学的场地"和"教师自身进行地理'田野'教学的能力有限,对户外地理教学了解不多,无法有效开展"。这一统计结果,一方面客观反映了确实存在不少外部因素影响地理"田野"教育的开展;另一方面也反映出地理教师自身地理实践素养有限导致无法有效开展"田野"教育这一自身障碍。

关于"考虑学生的安全和资金问题,学校很难通过"这第一大"田野"教育障碍因子,当代英国学术团体在地理户外实践时所起的积极作用值得我国借鉴。英国学术团体虽然在课程实施中的作用具有局限性,但他们仍然能在户外实践发展中有所作为。在 20 世纪 80 年代地理学科衰落的过程中,英国地理学术团体不仅使地理在国家课程中获得一个席位,而且在一定程度上缓解了国家对课程过度控制造成的损害。① 对比英国中小学地理户外实践时"户外奖学金"和学术团体的资金支持,我国的政府和相关学术团体在这方面表现得十分欠缺。我国中小学户外实践资金大多来自于学校补助,甚至教师自费。如何在地理课程中发挥学术团体的作用是一个大议题,但笔者认为,当社会公众对地理户外实践达到普遍认同,类似的学术团体也会应运而生。

《普通高中地理课程标准(实验)》中要求建设学校地理课程资源库和教学实践场所,但"学校缺乏地理户外活动所需的器材"和"学校内或附近没有适合进行地理户外教学的场地"位列"田野"教育障碍因子第三、四位,巨大反差说明了地方政府和学校对国家课程标准的执行力较弱,也反映出地理

---

① 王小禹,袁孝亭.英国地理教育的衰落及其对我国地理课程改革的借鉴[J].外国中小学教育,2010(1):44-47.

"田野"实践教学的开展并不是自上而下、一蹴而就的过程,需要教育各界的积极配合。英国地理户外实践的发展过程中,20世纪80年代,学者们对地理户外实践的推崇使政府的决策自下而上地受到了影响(1974年,中等教育证书规定如果学生要通过中等教育证明,那么他们必须进行户外实践)。只有教育部自上而下地正确决策,地方和学校自下而上地贯彻执行,两股力量结合,才能螺旋式地推动地理户外实践的进程。

关于"教师自身进行地理'田野'教学的能力有限,户外地理教学了解不多,无法有效开展"这一点,在20世纪末期,英国国家土地使用指导委员会在"观点与愿景"计划中采用层级模式(专家→代表教师→教师→学生)培训调查者。如今,国家"田野"教育工作者协会(National Association of Field Studies Officers)为户外实践的教育工作者提供最先进的实践指导。我国高校专家若能够对中小学地理教师进行户外实践方面的定期指导或是网络授课等,提高教师的户外实践素养,当前的局面就能有所缓解。

"您觉得您所在的学校重视地理'田野'教学吗"这一设问考察教师所在学校对地理"田野"教育的重视程度,0.33%的教师认为"非常重视",3.29%的教师认为"重视",27.30%的教师认为"一般",50.99%的教师认为"不重视",18.09%的教师认为"非常不重视"。

大部分学校对地理"田野"教育不重视,也是地理"田野"教育开展频率较低的另一个重要的障碍因子。英国"田野"教育实施过程中,学校是教师与学术团体之间的沟通桥梁,保障实践活动资金的阵地。学校对"田野"教育支持与否,直接影响了教师开展"田野"教育的机会和积极性。

针对第11题"您认为每学期安排地理'田野'教学多长时间为宜"的选择中,2.96%、59.87%、25.99%、5.59%、3.95%和1.64%的教师分别选择了"0学时""1~5学时""6~10学时""11~15学时""15~20学时"和"21学时及以上"。然而,教师每学期实际安排地理"田野"教育的学时分别是"0学时"(80.92%)、"1~5学时"(16.45%)、"6~10学时"(2.63%),没有教师安排"田野"教育的时间为"11~15学时""15~20学时"和"21学时以上"(如图1-3-1)。可以发现,教师认为每学期应该安排地理"田野"教育时间要比现状多。教师选择现状用时"0学时"的比例最高,这与第1题采用"田野"教育的频率统计具有一致性,比较真实地反映了地理"田野"教育用时的实际情况;另外,在"1~5学时"及以上的各选项中,理想用时均高于现状用时,说明大多数教师已经认识到今后用于"田野"教育的时间要有所增加,这也与"必要性"的统计结果相符。

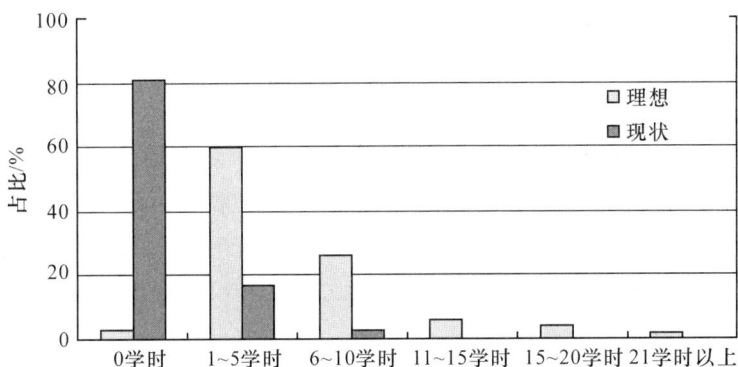

图 1-3-1　教师每学期安排地理"田野"教育时间的理想学时和现状学时

关于地理"田野"教育课的内容选择调查,11.18%的教师选择开展"与教材和考试内容紧密结合"的内容,60.86%的教师选择开展"与教材有关,可适当衍生课外内容"的教学课,11.18%的教师选择开展"主要是课外地理知识"的教学课,16.78%的教师选择开展"只要与地理科学有关就行"的教学课。从统计结果可以看出,地理"田野"教育的内容与"教材"的内容和设计具有很强的相关性。因此,从编写教材的内容入手,增加教材中地理"田野"教育活动的内容,以此推广地理"田野"教育,是一种较有操作性和可行性的方法。与我国一样,英国制定了《国家课程标准》,但没有全国统一的教材。大纲规定了地理学科不同学段所需达到的课程标准,多个教育机构则依据课程标准编写了多个适合不同办学层次的地理教材,可谓"一纲多本"。[①] 在实践内容的选择上,地理"田野"教育的内容并不拘泥于教科书内容,更多的是将实践内容与课程标准的要求相结合,这一点与我国有所区别。

关于"您在设计地理'田野'教学时,会注意哪些方面"(可多选),24.02%的选项指向"如何有效地达成教学目标",22.29%的选项指向"地理'田野'学习心理的特殊性",14.76%的选项指向"地理'田野'教学的评价方面",38.46%的选项指向"地理'田野'教学活动方法和形式的设计"。另外有教师也提出在设计地理"田野"教育时会特别考虑安全性,挖掘学生对地理学科的兴趣,注意学生情感态度与价值观的形成,地区的资源特点,以及最大限度地挖掘教学资源的潜力等。

①　蔡达辉.英国中小学地理教育述评[J].地理教学,2011(10):11-12.

四、对学生学习状态的影响

问卷设计了第 7、8、9 和第 14 题，调查地理"田野"教育对学生学习状态的影响。

第 7 题考察地理"田野"教育增加学生对地理的兴趣的程度，49.67％的教师认为"能增加很多"，50.33％的教师认为"能增加一些"，没有教师选择"不能增加"或是"反而减少"。这一压倒性数据证明了地理"田野"教育毫无疑问地能够使学生增加对地理的兴趣，这也是开展地理"田野"教育的一个重要因素。

针对"您觉得地理'田野'教学比普通的课堂地理课更能让学生学好地理吗"的设问，37.50％的教师认为"完全能"，46.05％的教师认为"稍微好一点"，13.82％的教师认为"差不多"，2.63％的教师认为"更差"。究其原因，部分教师认为开展地理"田野"教育时纪律松散，教师管理能力不足，学生会被其他事物所吸引，不能很好地实现在"田野"中学习，而变成了在"田野"中玩耍，造成"事倍功半"的不良后果，这也是许多教师认为"田野"教育效果不佳的原因之一。与我国教学时严肃的课堂氛围对比，英国地理课堂提倡个性化学习和开放性思想的培养，加上英国大部分学校实行小班化教学（每个班级 25 人左右），教师在班级的纪律管理方面难度不大。一些学校会与高校的学生建立合作关系，辅助教师在户外实践中管理年纪较小的学生，这也是值得我们参考的一种方式。

而第 9 题，调查教师认为地理"田野"教育比普通的室内授课能使学生哪些方面掌握得更好（多选），其中 11.84％的教师认为在"地理知识"方面能掌握得更好，24.34％认为在"地理技能"方面能掌握得更好，30.45％认为在"地理研究方法和探究能力"方面能掌握得更好，33.24％认为在"情感、态度和价值观（如兴趣、热爱家乡、合作精神、学习兴趣等）"方面能掌握得更好，0.13％认为"无"。

对"在地理'田野'教学中，您最关注学生能得到些什么"这一问题，地理教师的回答显示，7.67％认为是"更好地提高地理成绩"，17.86％认为是"扩充（乡土）地理知识"，19.17％认为是"提升地理实践活动能力"，21.37％认为是"提高学习地理的兴趣和培养地理审美能力"，16.56％认为是"培养团队协作能力及合作精神"，17.37％认为是"培养地理探究能力和解决问题的能力"（见图 1-3-2）。

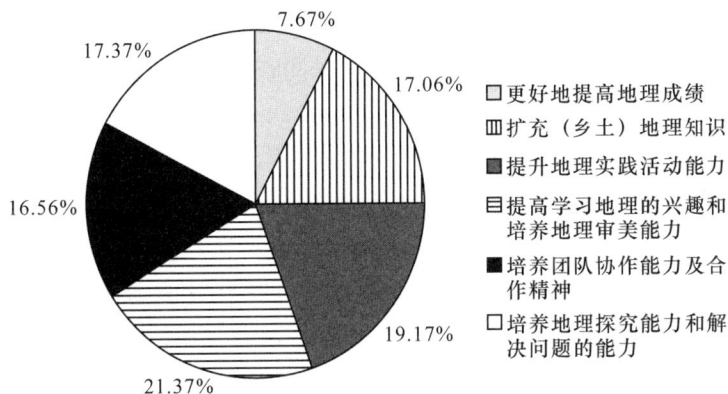

图 1-3-2 在地理"田野"教育中教师最关注学生的收获

五、对教科书地理"田野"教育设计的评价

笔者就地理教师对教科书中地理"田野"教育设计的评价进行了调查。调查包括对教科书中地理"田野"教育活动设计的合理性、所占的比重是否合适、激发学生兴趣、实施难易程度、对学生地理素养的形成等方面的评价，其统计结果见表 1-3-1。可见，绝大部分地理教师对教科书合理性的评价为"较合理"或"一般"；近 3/4 的教师认为比重"太少"；在激发学生兴趣方面和对学生地理素养的形成方面，绝大多数教师认为其"较好"或"一般"；超过 3/4 的教师认为教科书中"田野教学"活动实施起来有一定的难度；绝大部分教师认为教科书在培养学生地理素养方面效果一般。

表 1-3-1 地理教师对教科书的评价

调查项目	选项 （百分比）				
合理性	很合理 （0.66%）	较合理 （21.38%）	一般 （50.00%）	较不合理 （21.05%）	很不合理 （6.91%）
比　重	太多 （3.29%）	刚好 （23.36%）	太少 （73.36%）	—	—
激发学生兴趣	很好 （3.62%）	较好 （23.68%）	一般 （57.24%）	较差 （10.86%）	很差 （4.60%）
实施难易程度	非常容易 （0%）	容易实施 （7.89%）	一般 （42.11%）	较难 （42.43%）	非常难 （7.57%）
对学生地理素养的形成	很好 （3.62%）	较好 （25.33%）	一般 （60.86%）	较差 （8.22%）	很差 （1.97%）

六、实施"田野"教育的建议

笔者在问卷中设计了三个开放性问题调查教师认为适合进行"田野"教育的内容，"田野"教育的教学方法或形式，以及对"田野"教育的建议和看法。

一些教师表示地理是一门与生活紧密相关的学科，"田野"教育应该被提倡贯彻到日常的教学生活中去，课堂教学是实施素质教育的主渠道，却不是唯一的渠道。学习知识的最终目的是将知识运用于实践，只有这样才能进一步完善、丰富和发展素质教育。高中地理课的跨学科联系性强，实践性也很强。学习高中地理过程中需要实践观察、动脑实际操作以帮助理解，各种地理理论需在实践活动中得以验证，通过实践提高学生分析和解决问题的能力。

因此，高中地理教师在教学过程中，要勇于探索，积极进行教材、课程、教学形式的改革和教学试验和实践。地理"田野"教育是一种很好的教学方式，不仅可以解决中学生实践能力不足的问题，也能加深其对现有知识的巩固与落实，另外还能激发学生提出新的问题，挖掘内心深层次的思考，培养学生探究学习的能力。一位教师提出，现在的教学完全局限于课堂，很多和生活有关系的知识学生无从获得，无法体验也无法感知，不懂得和别人相处，不懂得合作和协调。如果"田野"教育真的能够实施，在教师有意识地引导下，学生自己能够从生活中获得知识，这远比地理课堂教学产生的意义更为深远。

关于课程标准中的有关地理"田野"教育的有关建议和地理教学中已有的"田野"教育的内容，一位高中教师表示几乎所有的课堂内容都可以实施"田野"教育。同时他们也列举了较为典型的适合实施"田野"教育的内容：当地地方时、正午太阳高度测量计算；日出日落时间和方位；野外方向判别；岩石的判别和分类；地形图的实践认知；观察星空；城市空间结构认知；本土特色文化遗产游览；当地人口变动的调查，等等。

关于"地理'田野'教育在具体的实施过程中有哪些困难"，教师纷纷表达了自己的看法。一位教师认为，从安全、资金、教师的指导能力上来看，地理"田野"教育都举步维艰。地理教师在大学或入职后对"田野"教育的学习很少，导致自身地理"田野"知识和"田野"教学知识匮乏。

有的教师提出目前高中地理的"田野"教育很难得到学校领导甚至同学科其他教师的支持。学校一方面怕承担学生安全风险及可能发生的费用，另一方面认为这种非常规的教学不一定能提高学生的卷面成绩。所以,以教师个人力量促成系统或规律性的"田野"教育难度较大。但对于学生而言,他们对"田野"教育的兴趣非常大,认为它能在很大程度上弥补传统教学的不足。

另外一些教师表示,地理"田野"教育不适合在高中开展,因为高中课时太紧,有时候甚至连知识点都不能完全讲完,如果一定要开展,比较适合在寒暑假进行,前提是保证安全。有教师表示,这一教学方式在提高学生学习兴趣、提高学生自主学习能力方面确实有着很好的教学效果,但是在目前的学校大环境教学中开展起来存在很大的难度。最大的顾虑是教学人数的庞大,在组织、维护秩序、保障安全方面教师很难做到万无一失。

关于实施地理"田野"教育需要哪些外部保障,教师也提出了许多看法,主要包括以下四个方面。

从社会的大环境来看,家长应该提高对这种教学形式的认知度和认可度,社会必须尽可能保障学生在进行"田野"教育时不受意外的人身伤害(治安方面的改进)——这也是家长最大的诉求。

从教育主管部门入手,教育主管部门最好能把"田野"教育作为必修课时强制开展,在"田野"教育的技能提高方面对教师进行系统的培训,并将"田野"教育考核纳入学生学业水平测试范围;能帮助学校或者教师联系工矿企业和农村,便于进行"田野"教育和观察,指导学生用地理的思维观察事物,学习地理知识;或者先确定几个"田野"教育的教学基地,供教师学习和参考;最好发放与"田野"教育相关的教具和教材,然后再结合乡土地理,这样在教学的实施中就切实可行;也需要对地理教师进行业务培训。

从学校来看,学校应该充分支持这种新颖的教学形式,提供全方位的教学保障,让教师实施"田野"教育时减少顾虑。

从教师的专业素养来看,教师在开展"田野"教学活动时应充分利用、整合教学资源,充分调动学生的学习主动性,重视学生的总结、反思,同时注重教学相长,努力改善教学方法、提高专业水平,重视对学生的实践引导,重视学生的人身安全;同时,"田野"教育内容要符合学生的认知水平,教学方法可操可控,要能提高和调动学生学习、探究的积极性。

第二章　各国地理"田野"教育的比较与启示

第一节　英国地理"田野"教育的现状与启示

一、英国中小学地理"田野"教育的背景

(一)英国中小学地理"田野"教育的发展历程

1. 19 世纪以来进步教育对户外实践的影响

19 世纪上半叶,从欧洲大陆传来的进步教育思想对英国地理教师的教学思维和教学方式的影响已经十分明显。进步教育的原则是:孩子的早年教育应该来自熟悉环境的第一手体验,而后才是书本学习。

托马斯·慧智(Thomas Wyse)是当时英国非常有名望的地理学者,他在 1830 年出版的地理读物中指出:地理知识是可以在日常生活中被学习到的。一个孩子从书本上学到的知识,远不如从自然中学习到的丰富和直接。

莫斯利(HMI Moseley)在 1845 年给教育委员会(Committee of Council on Education)的报告中指出,地理教学的机械化和地理教科书的低质量使地理教育驻足不前。孩子教育的第一步应该是"学会发现",例如从一天的旅程中去了解地球表面各个部分的特征等知识。这一观点得到了不同学者的支持,杰琳尔·西蒙斯(Jelinger Symons)推荐了"一步步从熟知的事物走向未知的事物"的教学方法,哈丁(Harding)也认同这种观点,指出儿童应该学会观察和描述所在区域的地理特性,先学会描述山坡才能学会描述高山

的特征,先学会描述小溪才能学会描述河流的特征,先学会描述乡村才能学会描述小镇的特征,如此循序渐进,才是学习的正确顺序。劳里(Laurie)简洁有力地进行了总结:教学,就像慈善一样,应该从家里开始。斯蒂尔(Revd G. Steele)在 1876 年普勒斯顿区域报告中提出:有经验的教师看到课本上的插图后,应该与孩子熟悉的当地的地理环境特征相联系并进行解说。普勒斯顿的男孩子们在接受采访时说,他们走到河边,看见两条河流"相遇"的景象时,终于能理解之前在课堂学习时有所困惑的地理描述术语"支流"和"汇合"的意义了。而劳里的导师——地理教育界的权威布鲁尔(W. H. Brewer)教授在 1878 年的布莱克本区域报告中也表明,学习地理最好的课本是地球表面本身。

虽然如何将这些理论广泛而真正地运用到实践中是一道难题,但仍然有一些记录文档保留了当时的实践过程。在布鲁斯城堡学校(Bruce Castle School),传统的地理教育是绝对的室内教学,但是从绘制教室的平面图到绘制学校的建筑,然后再到绘制学校周边的地理环境,这个学校的地理教学逐渐呈现出一种从熟悉到陌生,距离越来越远,范围越来越大的态势。

同样地,在伯明翰附近的黑泽尔伍德学校(Hazelwood School),托马斯·莱特·希尔(Thomas Wright Hill)和马修·达文波特·希尔(Matthew Davenport Hill)坚定地利用地理计划和地图进行地理教学——从绘制学校周围环境的地图开始,再发展到范围为 25 英里(约 40.2 千米)的地图。

同时期的作家 W. 弗洛伊德(W. Freud)也将"在教室中制作地理模型向在城镇中制作地理模型发展"作为一个"理想的地理学习方式"。他记录了相关的短途旅行(用骑马或步行的方式)——孩子们环游小镇,观察了地理区域特征后,再在教室里绘制出地图的过程,并称这个过程"非常简单和愉快"。

(1)自然研究和科学的影响

在宗教的影响下,地理和自然研究被视为仅仅是揭示神创造辉煌的工具。在莎拉·特里默(Sarah Trimmer)(圣经中的人物)看来,自然是伟大的书,每页的美好都证明了神的存在和神的权力。但是进步的自然主义,比如地理学科的兴起,使户外工作成为必需,并且在这种思潮的影响下涌现出了一大批思想先进的和具有科学性的教师。

(2)"当地历史"方法的影响

19 世纪后期,对地理教育思维产生重要影响的另一个因素是英格兰的"当地历史"研究方法。1887 年,奥地利皇家地理学会(Royal Geographical

Society)在《凯尔西报告》(Keltie Report) 中举例说明了英格兰的地理教育不能令人满意的状态。在这份报告里，地理教学开始与当地乡土的地理景观相结合，形成新的教学理论。

当时，其他教育学家热衷于"当地历史"方法的研究，比如凯尔西为了找到更多关于"当地历史"方法的规程和潜在价值，在欧洲举行了旅行学习。其中一个来自爱丁堡的学生乔治·库姆(George Combe)赞美了他见证的学校旅行："这次旅行学习与我们在文法学校6个月的学习是完全不同的感受，那个地方(文法学校)使我感到痛苦。但是，毫不夸张地说，通过一个上午的旅行我获得了大量有用的、实用和有趣的知识。"

同时，苏格兰地球科学家格基(Archibald Geikie)开始寻求改变学校地理教育现状的方法。在其具有开创意义的地理教学著作中，他大力提倡进步哲学，特别是将"当地历史"方法融入地理教育中。"事实证明，孩子们通过自己的直接观察，使地理观念和事物成为人生的一部分……"格基作为一个地球科学家，户外实践的方法对他的思想有着重要影响。他讲述了小时候在游览爱丁堡时第一次发现并搜集化石的场景，并表示"这种冲击力可以使任何一个男孩或女孩激发想象力，开始热爱地理"。格基在出版的《户外的课程》(1887)中概述了田野调查的优点：几乎不可能有比户外实践教学更好的地理教学方法。一个老师应该对大自然充满热爱，并将这种热爱分享给与他共事的同事，点燃他们尊重和热爱自然的感情。通过教师的眼睛和教学方法，将外部世界和地理课程完美融合起来，有力地激发学生的观察力和推理能力，从而最大限度地为学生的地理教育做出贡献。

生物学家赫胥黎(Huxley)也非常支持格基的观点，并高度肯定了户外实践的综合价值。他在副标题为"介绍户外学习"的权威自然地理论文中，将户外实践作为高等教育中学习地理的新方式。之后，政府决策中确定在小学开设自然地理学这门选修课程。

2.19世纪末到第二次世界大战之前的英国户外实践发展

19世纪末的最后20年和20世纪初是英国地理教育发展的关键时期。《凯尔西报告》使一些有影响力的中学校长开始支持地理教育，并认为地理是一个在学术上可以接受的主题。皇家地理学会做出了相当大的努力促进地理教育发展，在1893年成立了地理协会(Geographical Association)。事实上，在这之后，地理被认为是最关键的爱国课程之一，地理学科的地位上升得非常快，在维多利亚女王时代和爱德华七世时代，人们对地理学科的崇拜之情和重视程度达到了最高点。当时，"每个教室的墙上都挂有大幅的、英国殖民地的地图,人们更感兴趣的是占有和开发这些地方,这使许多维多利亚时代的英国人对周围的世界非常了解"①。在这一时期,英国大学的教育系和教师培训学校开始聘任地理教育专员,这些地理教育工作者将他们的教育实践经验融入地理教科书的编写当中,其中包括地理户外实践的经验,促进了地理教科书质量的提高。② 同时,麦金德(Mackinder)和赫伯森(Herbertson)在统一地理科学框架方面做出了努力,提高了地理学科的地位,使之得到了广泛的尊重。

(1)地理户外教育价值的探讨

地理协会的日志记录了早期的地理老师如何引导学生进行野外远足。例如,露西•雷诺(Lucy Reynolds),一个来自肯德尔私立学校(Kendal School)的地理教师,生动地描述了带领她的学生进行湖泊地区的住宅参观的种种好处:自发的活动可以培养他们对大自然的热情和观察力,并且激发他们对自然的原始追求。她的妹妹琼•雷诺(Joan Reynolds)所反映的意见是,户外实践的主要价值是让孩子们切身感受到大气污染和城市环境污染,由此产生的道德负罪感比各种教育改革都更具实际效果。而专业学者芬德利(Findlay)教授则担忧,如今的学生都生活在城市中,穿梭于学校和家之间,两点一线,会离大自然越来越遥远,他们需要去户外活动,用眼睛看看大自然是什么。

但同时也有一些反对的声音,比如伦敦的教师奥福德(Orford)和史密斯(Smith),他们认为目前学校组织户外实践的能力不足以克服进行户外实践的困难。甚至一些很有名望的学者,包括莱德(Lyde)教授,也反对户外教学,理由是"当教师的水平不足,无法控制教学进程的时候,学生们会以为这是去野餐而不是学习。将'获取知识之路'想得过于简单,这本身就是一个误区"。

而第一次世界大战的爆发也使地理户外实践的推进受到了影响。从数据上显示,1901—1969年间,在第一次世界大战(1914—1918)之前,有15篇公开发表的关于户外实践的文章;但在两次世界大战之间,尽管有两倍时间的长度,却只有9篇。但是在这个时期,麦金德和赫伯森也对户外实践的价

① Clifford B. Geography in the British school system[EB/OL].[2016-10-13]. Http://geography. about. com/ library/weekly/aa110899. htm.

② 王民,袁晶.20世纪英国地理教科书发展的相关因素分析[J].课程•教材•教法,2005(11):94-96.

值做出了诸多肯定。赫伯森完全沉浸在传播世界自然区域的总体框架中，认为乡土性的地理是培养当地居民爱国主义的优先手段，只有这种爱国主义情怀才能扩散到热爱国家，接着才能培养学生作为世界公民的责任感。在世界自然区域的总体框架被确定之前，他在苏格兰地理杂志中发表文章，指出从地理的实用性和行业性来说，先学会不同范围内的读图，比先进行户外实践更为重要。从这个方面来说，格基所倡导的精神得到了延续。

（2）学校旅行运动的开展

虽然麦金德、赫伯森和他们的追随者确定了英国地理教育的主要范式，但至少对于第二阶级和第三阶级的人们来说，传统的宗教观念和固步自封的地理教学并没有完全消除，但从另一个角度说，这种传统的地理教学也没有产生更深远的影响。在这种情况下，地理户外实践作为一种新兴的教学方式流行起来，被视为是优先选择的、较为合适的教学方式。它先是被教育委员会批准作为一门选修课程，在这之后，对异国事物进行了解和学习的博物馆教学也成为一种较为流行的地理学习方式，比如去动物园参观大象和骆驼，同时，一些短途旅行也开展了起来。

约瑟夫·科巴姆（Joseph Cobham）是格基在提倡户外实践教学方面的坚决拥护者，他所发表的《学校旅行———一种地理学、自然地理学和初级科学的教学方法》，被认为是促进学校开展旅行运动的决定性文章。科巴姆从1877年就开始组织威斯敏斯特学院（Westminster College）的学生进行短途旅行。他始终坚持一个信念：无论学校旅行是以何种方式、在何种范围进行的，它必须要求学生在专业知识或是学术方面有所掌握，而不能单单只是有乐趣的地理户外体验和简单的地理观察。具体来说，教师必须提出一些问题，让学生在追踪自然地理事物之间更深层次的因果关系上进行思考，要让学生进行比较明显的关联分析，直至逐渐掌握更为微妙的关联分析。而学校旅行的最终目的是让学生在回到学校之后，将这些分析因果关系的能力用在新的案例分析上，就是所谓的"知识迁移"能力。

学校旅行运动的成功扩展在很大程度上依赖于官方的支持。1895年英国的小学管理条例中也赞成在校期间的学校旅行，比如去博物馆、美术馆和其他地理行政单位参观，等等，尽管这赞成较为谨慎和有限。1905年的小学管理条例对户外实践有了更多的支持，不仅更加肯定了学校旅行的教育价值和在激发学生兴趣方面的贡献，更重要的是，规定学校旅行是教学期间必须完成的教学任务———在学期内必须组织一次当地的乡土考察。

1908年，教育委员会（The Board of Education）做出了一个影响更为深远的决定,他们以提高学生的身体素质为由为在校期间的学校旅行申请了一部分政府补助金。同时,如果当地的教育局不赞成学校旅行(补助金不足以支撑学校旅行),那么学生的家长有义务支付剩下的旅行资金。不管这些方式合不合理,学校旅行的资金来源也逐步得到了解决。1909 年,伦敦市议会投票通过了决议,每次学校旅行将得到 100 英镑的支持,其中包括专用设备的采购和教师的出行费用,等等。

费希尔(H. A. L. Fisher)[①]是学校旅行的绝对支持者,在他 1918 年颁布的教育法中,要求当地教育局不仅要支付学校旅行的相关教学费用,学生和教师的食宿费用也要解决。这意味着,学校旅行对学生和教师来说是免费的。虽然 20 世纪 20 年代曾爆发经济危机,这些费用占用了大量的政府教育经费,但具有先进教育理念的教育部门也支持了这个决定。伦敦议会制作了名为"学校旅行"的户外实践教学指导意见书,强调了户外实践教学的教育意义。截至 1936 年,伦敦议会支持了 378 次学校旅行。

学校旅行的蓬勃发展促使学校旅行协会(The School Journey Association)于 1911 年成立。他们用实际行动反对单一的课堂教学,并努力宣传户外教学的价值。其中的一些领导人物如霍利克(Hollick)在 1938 年引进了综合性学习理念"环境教学",他认为对于 14～15 岁的学生来说,环境教学有着特殊的课程价值。

在那个时期的英国,大部分学校旅行目的地都位于南部农村,"环境教学"作为一个城市运动,首要任务就是将城市中的孩子带到乡村,看看他们所丢失的自然界中的事物。学校旅行协会所做出的一个最重要的努力就是组织学生去了欧洲大陆国家。这个活动的任务说明书充分肯定了学校旅行在国际交流中所做出的贡献,每个参与者也感受到了作为"和平使者"的使命感。

路易斯(G. G. Lewis)作为科巴姆在威斯敏斯特学院的学生,坚持不懈地记录了 30 年学校旅行的盛况。在第一次世界大战之前,他将这些记录汇编成了三本书:《典型的学校旅行》(*Typical School Journeys*,1909)、《自然学习的计划和怎样进行自然学习》(*A Scheme of Nature Study and How to Work it*,1910)和《更长远的学校旅行》(*Longer School Journeys*,1911)。同时,路易斯也创造性地组织了一些户外实践活动,如野外生存实践。作为一

---

① 费希尔(1865—1940),英国历史学者、教育家,1916—1922 年任英国联合政府的教育委员会主席。

个重视视觉体验的户外教学领导者，路易斯认为搜集在户外教学时的记录相片十分重要。他的许多著作中都有关于户外教学详尽的图片记录。他曾经提出，照相机虽然在课堂教学中并非十分重要，但是在户外实践过程中，它绝对是不可替代的，它记录了户外实践的实况和孩子的成长历程，是珍贵的研究资料。

路易斯另一个重要的贡献是，使地理协会和学校旅行协会紧密联系了起来。在那时，地理协会的关注点在改革中等学校的地理课程上，但路易斯1920年发表在《地理教师》上的两篇关于学校旅行的文章引起了地理协会的关注，与此同时，路易斯和学校旅行协会中的一些同僚围绕着课程计划的综合观点与地理协会进行了深入的探讨，使地理协会的成员更加关注学生的户外教学状况。

（3）区域调查法的盛行

19世纪90年代，地理学家、社会学家和生物学家戈德斯·帕特里克(Geddes Patrick)教授在爱丁堡建立了前景塔(一个博物馆)，以便当地学生更加详尽地了解爱丁堡区域范围内的事物和英国其他城市乃至世界其他地区的事物。他对教育最重要的贡献是在户外教学方面提出了区域调查的想法，他是英国19世纪40年代开展全国性土地调查活动的先驱。

1922年成立的苏格兰区域调查协会(Scottish Regional Survey Association)发行了关于"区域调查法"的宣传册。1930年，戈德斯·帕特里克教授的支持者成立了LE PLAY协会，详细介绍了区域调查法，使科学、地理、历史和社会学方面的支持者集中到了一个组织。他们指出，最精心制作的区域调查必然是"孩子们对周围事物进行调查研究的原型(范式)"。

另一个区域调查的拥护者是夏绿蒂·辛普森(Charlotte Simpson)，她在著作《当地地理研究》和《发展当地研究》中强烈地推荐了"区域调查法"这种研究方法。格基著名的山谷截面模型(从山脉到海岸的区域)可以被运用到具体的陆地景观中，这对地理学者和历史学者而言也是十分具有教育意义的鼓舞。

但并不是所有的教师都赞同"区域调查法"的研究方法，与此同时，地理学家、历史学家和科学家在"区域调查法"的具体定义上也产生了分歧。先进的教育理论家坚持认为"区域调查法"并不是一个新的课题，而是一种教育过程，是一个以前没有被"如实描述"的、被"轻视"的教学想法。虽然这个教学的内容是"区域调查"，但是它几乎涉及了学校所有的课程，包括自然科学、地理和历史，也包括了算术、英语语言和文学、绘画、民谣、手工艺制作和园艺。它能够刺激学生固有的能力和观察力,并最终培养学生"调查研究的天性",加强学生对于社会的责任感和家乡的归属感。然而,关于"区域调查法"的具体实施方法和教程没有官方的说明,一旦合理的"区域调查法"的实施办法被确定,或者说,学生知道如何从"区域调查法"中获得真正的经验和知识,它所发挥的作用是不可估量的。

"区域调查法"的最大成果是19世纪30年代由地理协会的区域调查组织所发起,由达德利·施坦普(Dudley Stamp)领导的英国土地利用调查。1930年,80%的英国土地利用调查由每个郡、县计划,并交给学校承办,每英亩的英国土地都被记录在英国地形测量局的地图上。当然,最终确定的地图版本是由英国地形测量局出版的,并由专业的制图者制作。除了新知识的获得,"区域调查法"的教学观念和价值也在没有参与的学校中扩散开来,这种新奇的地理学习方式受到了广泛关注。

3. 第二次世界大战之后的户外实践发展

第二次世界大战对学校旅行协会来说是一个巨大的打击,特别是在国外旅行方面,当然,学校旅行在国内的交流也受到限制。但在这期间,也成立了一些关于户外实践的协会,如1943年成立了旨在鼓励和帮助户外实践初学者的促进户外实践教学理事会(Council for the Promotion of Field Studies),在一定意义上夺取了长久以来由学校旅行协会组织短途旅行的优先权。1946年,户外实践教学中心(Field Study Centres)在萨福克(Suffolk)成立。这些陆续成立的协会中心使户外实践教学是"体验自然美的最佳方法"这一理念再一次印入人们脑海。

许多关于户外实践教学和学校旅行的读物重新出版了。公民教育协会(The Association for Education in Citizenship)多次组织乡土调查,强调了"地方性调查"作为一种先进的地理教学方法的重要意义。

1946年,伊迪斯·库尔哈德(Edith Coulthard)创办了一个由一群六年级学生组成的"非学术型"组织,开展了一个比较战时和战后社会情况的调查。这个调查覆盖了地理环境、人口、住房、交通和娱乐设施的分布变化。信息的来源除了户外实践的第一手资料,还有地形、地质、土地利用地图,人口普查资料,以及当地劳动部门、贸易部门的官方资料和媒体报道。最终的结果在展览会中展出,来自曼彻斯特大学教育系(Manchester University's Education Department)的奥利弗(Oliver)教授带领他的学生参观了这次展览,激发了学生进行调查的热情,奥利弗教授高度评价了这次调查。地理协会将库尔哈德组织的这次创新性活动的细节出版,并以此支持地理课程中的乡土调查。越来越多的官方机构看到了户外实践教学的希望，学校也陆续成立了户外实践教学中心。这种趋势在 20 世纪 60 年代尤为明显，10 年间学校户外实践中心由不到 50 个增长到 200 个。

在 20 世纪 50 年代前期，大学地理部门将户外实践规定为不可或缺的地理活动，并重新启动户外实践教学活动。其中最激励人心的学术倡导者是伍尔德里奇(S. W. Wooldridge)，他在 1954 年地理协会理事长就职演说中宣读了更为广泛的户外实践教学的原则，认为基于科学的自然地理户外实践，特别是乡村地区的户外实践活动，应该得到优先的考虑。

最早的"战后方法论"论文是 1956 年高伯希尔(Gopsill)出版的《论地理教学方法》(*The Teaching of Geography*)，这篇论文陈述了地理户外实践的重要性，但更关注组织地理户外实践的困难。真正的突破来自 1974 年新版的中等教育证书(Certificate of Secondary Education)的颁布，新版的学业水平测试针对的是那些理论较强但是实践能力较差的学生。英国 14 个地区中有 13 个地区在中等教育审查中提供了将户外实践作为指定课程的机会，并且许多地区将户外实践作为必修课来进行。当然，一些传统的教师，尤其在一些实施较为困难的乡镇学校，抱怨组织这种活动的困难性，但新的考试委员会坚持了他们的原则，规定如果学生要通过中等教育证明，那么他们必须进行户外实践。150 年间，在各种组织、学者促进户外实践实施的过程中，这个政策是最为有效的。

在 20 世纪 60 年代初期，大部分先进的户外实践仍然依托户外实践中心和青年旅馆，在乡村周边进行。但在 20 世纪 60 年代之后，越来越多的户外实践中心从乡村转移到了城市，课程也变得更加广泛和具有综合性。户外实践的地点逐渐扩散到了城市中心地带、功能区域、中心商务区和郊区绘图服务中心，等等，并且这股潮流在学校中得到了广泛响应。

量化革命进一步刺激了地理户外实践的发展，强调更为客观的户外实践，提倡在数据处理过程中使用统计学的方法，这与传统的、归纳性的、基于观察、记录和解释的户外实践有所不同。在 20 世纪 70 年代早期，随着教育体制的改革，户外实践在各个方面都有了更深远的进步，成立了更多的户外实践组织和环境组织，在大学课程中也首次开设了户外实践课程。随着 1969 年《斯凯夫顿报告》(*Skeffington Report*)中关于公民参与的主张，户外实践能够培养公民责任感的观点再次在学生活动计划中提出，同时，保护环境的观点也得到了重视。诸多数据证明了这个事实：在 1954 年和 1974 年之间，发表了 10 篇完全关于户外实践方法论的文章，同时许多关于户外实践的文章被刊登在教育读物中。在 20 世纪 70 年代,卢卡斯(Lucas)将环境教育归纳为"关于环境的教育""在环境中教育"及"为了环境的教育"。"关于环境的教育"是向受教育者传授有关环境的知识、技能,以及发展他们对环境的理解力;"在环境中教育"是在现实环境中进行教育的具体而独特的教学方法;"为了环境的教育"是以保护和改善环境为目的而实施的教育,涉及环境价值观与态度的培养。① 在卢卡斯模式的影响下,英国教育界掀起了户外教育运动的高潮,主张在任何年级、任何学科,都尽可能到户外寻求相关的学习主题,以便通过户外学习使学生取得最佳的学习效果。在这之后的 20 多年里,英国环境教育的实施始终坚持户外教学。

4.20 世纪 80 年代以来的户外实践发展

地理在英国学校课程中受到重视的状况一直持续到 20 世纪末。② 1990年,英国国家课程委员会发布的《课程指引 7:环境教育》指出:"环境教育的重心应放在学生自己的调查上,包括直接体验。实地学习在中小学具有重要作用。它提供机会,使环境成为学习的刺激因素,同时发展有关环境的意识与好奇心。"③在 1991 年 3 月正式颁布的《国家地理课程》中规定:英国中小学地理教育内容可以分为五大部分(五个要求达到的目标):地理技能、区域知识与理解、自然地理、人文地理、环境地理。教学目标的五个部分,还可以做进一步的划分,如地理技能可分为地图的使用与野外技能两项。④

但从 1991 年之后,官方的教育政策发生了改变,英国的国家地理课程虽然提到了地理探究,但没有与学习目标融合,更为严重的是,由于当时的决策者多数为"新右派",他们秉承的教育理念是文化重建主义,企图通过强调传统的教育内容和方法,恢复以往文法学校的课程;中央政府的集权控制政策使学校和教师的自主权受到了限制;1997 年新工党执政后,由于新工党政府过度关注学生野外实践的安全和健康,导致学校对地理教学中的野外实习不予支持,缺少野外实习生动丰富的经历导致学生对地理课程的兴趣下降;国家课程政策、地理教师和学术团体之间没有达成协调一致的关系

---

① 　伽达默尔.真理与方法[M].蒂宾根:莫尔出版社,1960.

② 　王小禹,袁孝亭.英国地理教育的衰落及其对我国地理课程改革的借鉴[J].外国中小学教育,2010(1):44-47.

③ 　李婧超.读大自然的"天书"——户外教育是获取地理知识的重要途径[J].地理教育,2009(5):35-37.

④ 　付贵云.实践活动渗入高中地理课堂教学的研究[D].上海:上海师范大学,2009.

等。基于以上的种种原因,英国地理课程逐渐衰落。随着英国地理课程地位的下降,地理户外实践的开展也随之驻足不前。

但在这一时期,也有一些规模较大的全国性活动推动地理户外实践的发展,如1996年的"观点与愿景计划",此次调查的参与主体并非国家土地局或国家土地研究所的研究人员,而是由5名调查倡议者和1287组教师和学生构成的调查团体,遍及全国的教师和学生担任陆地景观的测量员,并将土地利用情况绘制成地图。学生记录下他们在调查过程中所看到的景观,描述他们对这片土地未来的看法等。

当代英国地理学科的地位虽然比维多利亚女王时代有所旁落,但户外实践活动的教学方法依然盛行。经过几个历史阶段的发展完善,英国地理户外实践教学逐渐具备了体系完整、教学模式多样等特征。

(二)新近英国地理课程标准对户外实践的规定

英国把5～16岁的义务教育阶段划分为四个关键阶段(Key Stage,KS),关键阶段所对应的学生年龄和年级见表2-1-1。在KS1、KS2和KS3阶段,地理课属于基础课程,是必修课。在KS4阶段,没有单独的地理课,地理课的学习内容包含在人文学习领域中。[1]

表 2-1-1　英国义务教育关键阶段对应的学生年龄和年级

关键阶段	年　龄/岁	年　级
KS1	5～7	1～2
KS2	7～11	3～6
KS3	11～14	7～9
KS4	14～16	10～11

2011—2017年,英国对其国家课程标准进行了两次修订。一次修订于2011年,该版课程标准推行至2014年;此后,2013年9月颁布了新的国家课程标准,该版课程标准自2014年9月开始实施至今。

2011年修订的国家地理课程标准与2007年第四次修订的课程标准相比,最大的变化在于此次国家地理课程标准在关键概念、关键过程、课程的范围和内容、课程机会四个部分的规定之后增加了注释,注释对四个部分的

---

① Geography[EB/OL]. (2013-01-23)[2016-02-13]. http://www.education.gov.uk/schools/teachingandlearning/curriculum/primary/b00199002/geography.

相关规定做了补充说明,这是第四次课程标准中所没有提及的。这些注释反映了英国国家教育部门对新形势下如何进行地理户外实践教学的态度和建议,是地理户外实践教学的新方向,使课程标准更具可操作性。

2011版英国国家地理课程标准指出,"田野"教学是地理探究中不可或缺的部分①。关键过程规定了学生在学习过程中必须获得的地理技能和必须经历的地理过程,包括地理探究、野外活动和户外学习、读图和绘图能力、地理交流四个方面。"田野"教学和户外学习的正文中规定学生应该恰当地、安全地、高效地选择和运用野外活动的工具和技术。在进行户外实践的过程中,应该从各种各样的资源收集信息,包括图书馆、互联网和数字媒体、官方机构、地理信息系统(geographic information system ,GIS)和报纸等。户外实践工具应包括信息通信技术(information communication technology,ICT),如数码相机和摄影机,地理信息系统和环境传感器(如数据记录气象观察站)等。

课程机会(curriculum opportunities)的注释说明中增加了对"田野"式教学的说明,指出应为进行"田野"学习提供机会,让学生在真实的情境中对问题进行分析。另外,实地考察也应该将地理学习与学生对地区和环境的个人经验联系起来。② 同时,建议学生观察在教室之外的不同地理位置,实地考察应该有直接相关的研究课题,选择与当地对比鲜明的地方进行研究,并且鼓励学生负责任地参与地理活动,增加对地理的理解。

此后,最新颁布的英国课程标准是2013年9月新发布的《地理国家课程》(以下简称《国家课程》,2014年9月开始实行)。该版地理课程标准呈现出较为明显的"知识转向",较之以往的课程标准,更为强调地理学科的核心知识,但对地理"田野"学习的要求并未减少。

2014年课程标准的学科内容分区位知识(locational knowledge)、地方性知识(place knowledge)、人与自然相互作用(human and physical geography)、地理技能和户外实践(geographical skills and fieldwork)等四个部分。

KS1阶段地理技能和户外实践的规定。

1)学会使用世界地图、地图册和地球仪,能够在地图上明确指出英国和

①　曾玮.英国KS3国家新地理课程标准探析[J].全球教育展望2009(11):92-94.

②　Geography:Curriculum opportunities[EB/OL]. (2013-01-23)[2014-02-13]. http://www. education. gov. uk/schools/teachingandlearning/curriculum/secondary/b00199536/geography/programme/opportunities.

英国各省市的具体位置。

2)能够知道各个主要国家、各大洲和各大洋的地理位置。

3)能够使用简单的指南针辨别方向(比如东南西北),学会使用有关方位的语言(比如远、近,左、右),能描述地理坐落位置的特点和在地图上的路线。

4)能认出航摄照片和远景平面图上的地标及基本的自然地理、人文地理景观,能够使用基本的地图符号设计一个简单的地图。

5)能使用简单的户外实践技能和观察技能研究学校的地理状况和地表环境特征,特别是周围环境的人地关系特征。

KS2 阶段地理技能和户外实践的规定。

1)能够使用地图、地图册和计算机制图确定各个国家的位置。

2)能够使用指南针的八个方位描述地物的位置特征,使用四个和六个的参考坐标网格(包括陆地测量部地图),建立他们对英国和更广阔范围世界的知识。

3)进行户外实践,使用一系列工具,比如示意图、计划和图表,以及数字技术,获得观察、测量、记录和介绍当地人与自然环境相互作用的特征的能力。

KS3 阶段地理技能和户外实践中的规定。

1)在教室和野外帮助学生建立关于地球、地图和地球仪的知识。

2)在教室和野外解释陆地测量地图的方法,包括使用参考坐标网格和比例尺、其他主题地图和其他航摄及卫星照片。

3)使用 GIS 分析和解释地理数据。

4)进行户外实践,搜集多元、复杂的地理数据,并在地图上分析和绘制结论。

为了进一步了解英国国家课程标准中对"田野"学习规定的变化,笔者对 2008 版 KS3 和 2014 版 KS3 两个课程标准中对地理野外考察学习技能的规定进行比较,发现:在地理野外探究技能方面,旧课标强调的是一般技能在地理学科的运用,如探究、交流等一般技能,在地理学科转换为地理探究和地理交流;2014 版课标强调的是基于地理学科的技能,如地图、地理信息技术的相关技能(见表 2-1-2)。

从英国地理课程标准对户外实践的规定中可以看出:英国地理"田野"学习始终在国家地理课程标准中占据重要地位;从地理"田野"学习的区域选择来看,英国国家课程标准提出在地理户外实践教学中选择与生活区域对比鲜明的地区进行研究,能够增加学生对地理区域差异性的理解,使学生深入思考产生差异性的原因,培养学生的空间思维能力;从地理"田野"学习的目标来看,英国国家课程标准提出应该重视学生的个人体验,能够引导教师在教学中减少"教"的时间,将更多的时间留给学生"学",将地理户外实践教学的目标不单一地指向地理学习,而是鼓励学生在大自然中体悟,这是我国教师在进行地理户外实践教学时值得借鉴之处;从地理"田野"学习的技能来看,英国地理课程标准强调基于地理学科的独特技能,这些技能涵盖了动手"做"的技能和用脑"思"的技能,并形成从低学段到高学段逐级上升的培养体系。这些方面均值得我国在推行地理"田野"学习时借鉴与思考。

表 2-1-2　两版地理技能比较

2014 版	2008 版
认为学生应该形成运用地理知识、方法和概念的更强的能力(如模型和理论),发展地理技能以分析、解释不同数据资源 (1)形成关于地球仪、地图和地图册的知识,并能在教室和野外常规地运用和发展这些知识 (2)学会在教室和野外解释英国国家制图局地图,包括运用参考坐标网格和比例尺、地形图和其他专题地图、航空照片和卫星照片 (3)运用地理信息系统观察、分析、解释地方和数据 (4)在对比地点运用野外考察搜集、分析地理数据并得出结论,运用多种多样的复杂信息资源	(1)地理探究 学生能够:①提出地理问题,批判性、建设性和创造性地思考;②搜集、记录并展示信息;③调查问题时,能区分资源中的偏见及滥用的证据;④分析和评价证据,呈现调查结果以得出和证明结论;⑤寻找创造性地运用地理技能的方式,并懂得创建地方和空间的新解释;⑥计划地理探究,建议合适的调查序列;⑦解决问题和做出决策以发展关于地理问题的分析技能和创造性思维 (2)野外调查和课外学习 学生能够合适、安全、高效地选择和运用实地调查工具和技术 (3)图表和直观工具读写 学生能够:①运用一系列不同尺度的地图集、地球仪、地图、照片、卫星图片和其他地理数据;②构建各种尺度的地图和平面图,运用绘图技术来呈现证据 (4)地理交流 学生能够在口头和书面表达中运用地理词汇和习惯用法交流地理知识和理解

二、英国中小学地理户外实践的主要模式及案例分析

以往,国内大多数学者在研究户外实践模式时视野较窄,往往只关注户外实践教学过程中教育系统内部的元素,而忽视了导致我国户外实践教学开展较少的社会环境因素。教育是社会大系统的重要组成部分,社会大系

统对教育的态度也极大地影响着教育的发展。因此,只有在地理户外实践得到社会共识并良好开展的情况下,才能讨论户外实践的内部问题。笔者认为,在我国地理户外实践教学开展频率较低的现状下,如何吸取发达国家地理户外实践发展的经验,并合理有效地推广我国的地理户外实践教学是当前最重要的任务。

因此,笔者根据英国中小学地理户外实践的特征,将参与者要素分为政府机构、权威专家、高校学生、学术团体、学校及教师和中小学学生等六个,其中中小学学生是固定要素,其他是变动要素(见图 2-1-1)。笔者从参与者要素的组合程度出发将英国中小学地理户外实践分为多要素、双要素和单要素等三种模式,通过搜集每种户外实践模式的典型案例,介绍不同的户外实践模式。

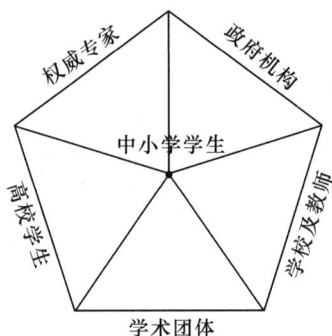

图 2-1-1 英国中小学地理户外实践模式

这种划分方式从以往将户外实践开展不足作为教育内部问题的站位中跳出来,把地理户外实践作为一个社会现象加以思考,研究教育各界在地理户外实践中的作用,为我国今后开展地理户外实践提供新的启示。

(一)多要素户外实践模式及案例分析

多要素户外实践模式是指参与者的变动要素在三个及三个以上的户外实践模式。笔者以"观点与愿景计划"为案例说明政府机构、权威专家、高校学生、学术团体和学校及教师联合参与户外实践的实施过程。

1.政府机构、权威专家、高校学生、学术团体和学校及教师联合参与户外实践示例

1996 年,英国开展了全国土地利用情况调查。值得一提的是,此次调查的参与主体并非国家土地局或国家土地研究所的研究人员,而是由 5 名调查倡议者和1287 组教师和学生构成的调查团体。这 5 名倡议者是塔斯马

尼亚大学教育学院(University of Tasmania School of Education)的马格瑞特·罗伯特森(Margaret Robertson)教授、剑桥大学教育学院(University of Cambridge School of Education)的雷克斯·沃尔福德(Rex Walford)教授、国家环境研究委员会陆地生态研究所(National Environment Research Council Institute of Terrestrial Ecology, Grange-over-Sands)的科林·巴尔(Colin Barr)、哈本达沙·阿斯克中学(Haberdashers' Aske's School, Elstree)的麦克·莫里士(Mike Morrish)老师和布瑞塞德中学(Braeside School)的弗朗西丝·弗朗西斯(Frances Francis)老师。遍及全国的教师和学生担任了陆地景观的测量员,并将土地利用情况绘制成地图。学生记录下他们在调查过程中所看到的景观,描述他们对这片土地未来的看法等。这个调查被称作"观点与愿景计划"[①]。

英国国家土地使用情况指导委员会(The National Steering Committee for Land Use-UK,以下简称"委员会")由经过 18 个月培训的志愿者组成,志愿者中包括大学教授、研究人员和中学教师等。

这次土地利用情况的调查方法以英国 1990 年的农村调查方法为基础。政府机构和研究人员从学生的调查数据中获取土地利用情况、陆地景观和植被等信息,采用经过反复检验和测试的抽样方法,对具有代表性的部分陆地表面进行调查和估计,然后从样本分析中得出整个国家的土地利用情况。

(1)确定样本单元

陆地生态研究所(Institute of Terrestrial Ecology)的研究人员经过数据统计和分析,认为 1 平方千米是较为合理的样本单元。这个面积的样本单元不仅能够采集到足够、多样的土地利用情况的信息,而且与全国地形测量网格相匹配。更重要的一点是,1 平方公里的样本单元使学生们在数据采集过程中能够得到较为丰富的地理体验。

研究人员兼顾搜集数据的精确度要求和学生体验时间,确定了适中的样本单元,使学生在调查的同时有充分的个人体验过程。

(2)设计调查问卷

参与调查的学生年龄为 7～18 岁不等,因此较年长的学生可能会对调查现场的突发事件做出迅速的反应和较为妥善的处理。但是调查者不同的

---

① Robertson M, Walford R, Barr C, et al. The methodology of the "views and visions project" of land use-UK: practices, issues, decisions and experiences[J]. Cambridge Journal of Education, 2000(3): 421-438.

学术水平使调查的统一性和准确性受到了影响。委员会成员开始思索用什么样的尺度和词汇设计问卷可以使调查结果更为规范。

但是，委员会秘书雷克斯·沃尔福德认为封闭型问卷（即有选项的问卷）过于注重调查的结果，而开放型问卷更能够体现调查的价值。因此，他说服了委员会成员，设计了开放型问卷（见表2-1-3）。

表 2-1-3　土地利用情况调查问卷（样卷）

序号	问题	回答示例
第一题	你将用哪个单词或是短语来描述你所调查区域最显著的特点	未覆盖的，绿色的，等等
第二题	在你所调查区域中最让你感兴趣/兴奋的事情是什么	切割农作物的声音让我非常感兴趣 最让我兴奋的是我没有看见人在切割农作物，只看见机器
第三题	你所调查区域中你最喜欢/不喜欢的是什么	我最喜欢看到郁郁葱葱的树林 我最不喜欢看到荒芜的山，它让我觉得恐惧
第四题	你认为在你所调查区域中最主要的环境问题是什么	当地工商业对自然环境的影响
第五题	你最希望在你所调查区域中看到什么变化	我希望看到鸟儿们回到大自然中
第六题	你认为20年后你所调查区域会变成什么样子	土壤肥力流失，农药和化肥使土壤污染严重

为了保证问卷的效度和信度，雷克斯·沃尔福德在中学试点测试了问卷。根据问卷测试的结果，并经过多方面的调整，最终确定问卷。

在问卷设计时，专家们积极规避限制学生体验的可能，鼓励学生在土地调查时投入情感，发挥想象力，为学生体验户外实践提供了双重保障。

（3）编写调查手册

编写调查手册是委员会成员无数工作中较为重要的任务。由于委员会分配给学生的调查区域很可能是学生从未了解过的地方，因此调查手册必须确保数千名学生能够在短时间内着手调查土地利用情况，熟悉调查的步骤和方法，掌握调查的技能，了解调查的注意事项。

（4）层级培训教师

委员会认为，若教师们不懂如何进行户外实践和使用调查手册，那土地利用情况调查将不能顺利开展。因此，他们决定采用层级模式对教师进行调查技能的培训。

1996 年 4 月,第一次"专家培训课程"在南安普顿市(Southampton)举行的地理协会年会上进行,科林·巴尔向与会教师们介绍了土地利用情况调查的方法,并且将他们带到野外提高户外调查技能,然后根据"专家培训课程"的效果和教师的反馈,麦克·莫里士对培训流程和内容进行了调整,以便正式的"专家培训课程"能够达到预期的效果。

1996 年 5 月,在利物浦希望大学(Liverpool Hope University)举行了第二次"专家培训课程"。参加培训的大部分人员是要对他们所负责区域的教师进行培训的代表教师。陆地生态研究所的专家科林·巴尔根据调查手册对教师进行了户外调查技能培训,与会人员讨论了调查手册的内容和意义,以及土地利用情况调查之前的准备工作。教师掌握了户外实践的第一手经验,然后对所负责区域的教师进行培训(见图 2-1-2)。

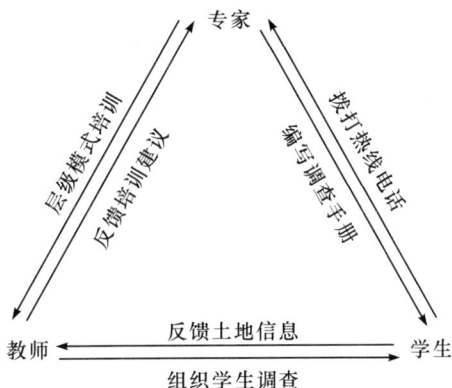

图 2-1-2　层级培训模式

在代表教师培训了带队的各位教师之后,带队教师对组内学生进行培训。教师的第一个任务是引导学生学会将区域位置与地图位置相对应;第二个任务是鼓励学生思考:在问卷调查中,怎样用简洁的语言表达一个问题,怎样用单词详细地传递准确的信息。

层级培训教师,并根据教师反馈随时优化培训方案,使每个教师都能平等地掌握户外实践技能,扫除了土地调查的技术障碍,也保证了调查数据的准确性和科学性。

(5)开展土地调查

教师可以选择在 6 月或 7 月组织学生开展调查,一些偏远地区或是调查难度较大地区的调查工作可以推迟到 8 月份。教师将学生带到调查区域,学生根据地图、调查手册、调查问卷进行土地利用调查。同时,委员会开设热线电话,每天由不同的委员会成员负责接听,解答教师和学生在调查过程中遇到的突发问题。

我国许多地理教师认为无法在保证教学进度的同时开展地理户外实践,笔者认为利用假期带领学生进行户外实践不失为一种推广地理户外实践的好方法。热线电话促使权威科学家与学生直接对话,大大提高了学生的积极性和自信心,也激发了学生学习地理的兴趣。

(6)反馈评估结果

学校教师和大学生构成了志愿者团队,负责统计学生的调查结果,并反馈给委员会,委员会对调查结果进行进一步的分析评估。虽然调查问卷的详细程度不同,但是学生得到了相同的地理体验,这是他们共同的精神财富。

2.政府机构、权威专家、高校学生、学术团体和学校及教师联合参与户外实践示例案例评析

"观点与愿景计划"作为多要素户外实践模式的典型案例,其参与要素包括了五个变动要素(政府机构、权威专家、高校学生、中小学校长、学术团体)和一个固定要素(中小学学生),详见图2-1-3。

多要素户外教学实践模式所涉及的参与者范围广,户外实践内容的选择范围大,历时长,具有很强的权威性和社会影响力。但也正因如此,这种户外实践模式开展的难度较大。虽然这个案例具有很强的代表性,但多要素户外实践并不是英国开展户外实践的常见模式。

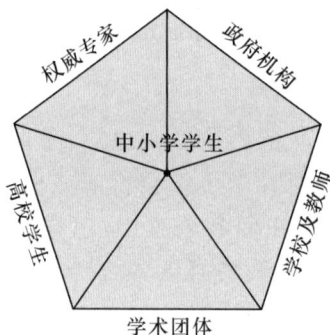

图2-1-3 "观点与愿景计划"模式

"观点与愿景计划"是国家级研究项目,具有重大意义,尤其是在各色思想行为交错碰撞的20世纪末。其为地理学的实证主义研究奠定了实践基础,并为地理学今后的发展指明了新方向。年轻人对土地表达的观点与愿景令人振奋,是对地理教育保守主义者的有力回击。他们热爱多样的农村、

当地小商铺、休闲设施和广大空间,厌弃交通噪声,污染和侵占绿色空间的城市化。事实上,很多人担心 20 年之后,陆地景观会变成他们不想看到的样子。由此产生的强烈情感比数据更能影响他们今后的行为和价值观,这正是本次研究的最可贵之处。

在设计调查问卷的过程中,委员们经过激烈的讨论,最终舍弃答案清晰明了、统计方便的封闭型问卷,而选择答案五花八门、统计复杂的开放型问卷。这种宁愿花费更多的时间、人力、物力也不愿意限制学生地理体验的精神,非常值得我们学习。

(二)双要素户外实践模式及案例分析

双要素户外实践模式是指覆盖两个参与者的变动要素的户外实践模式。下面以"海岸景观考察"①和"学术团体参与户外实践"为案例说明高校学生参与中小学户外实践的实施过程和学术团体在户外实践中发挥的作用。

1.高校学生参与中小学户外实践示例

2008 年 9 月开展的"海岸景观考察"的参与者是位于莱斯特郡的伯特史福特初级学校的学生、教师,以及来自格罗斯泰斯特主教大学的地理成绩优异的大学生。学生在教师和高校大学生的带领下去林肯郡海岸考察参观。通过户外实践和室内教学学习海岸的自然地理环境、海水的侵蚀作用和海岸防御工事。同时,在考察的过程中体验和城市生活完全不同的海岸景观、人与自然相互作用的过程,并掌握一定的地图使用技能。

(1)活动背景

这个学习单元的第一级主题是"从室内走向室外",第二级主题是"与所生活的区域进行对比",同时要求通过突出环境问题提高学生对环境的关注,并培养他们对世界的责任心。

在这个主题的进行过程中,学生在学习更广阔的世界之前先审视了他们自己和他们所生活的区域。在这个学习单元中有一项户外实践活动——去斯凯格内斯(Skegness)的海岸进行考察。斯凯格内斯与伯特史福特的距离是 66 英里(约 106 千米),是最近的海岸景观。地理教师艾莉森·朗登(Alison Longden)坚持"地理是一门'做中学'的课程,并且学习地理最好的

---

① Investigating Coasts[EB/OL]. [2016-02-13]. http://www. geography. org. uk/projects/makinggeographyhappen/investigatingcoasts/abouttheschool.

方式就是让孩子自己去体验并发现自身的成长"的教学理念,并联系了格罗斯泰斯特主教大学的大学生合作开展了这次户外实践。

2007 年,伯特史福特初级学校曾经组织过一次去斯凯格内斯的户外实践活动,并且是在学生父母的支持下完成的。从那以后,学校就和来自格罗斯泰斯特主教大学地理成绩优异的大学生有了合作的意向。在三年里,学校和大学的联系变得越来越紧密,双方都从中受益良多。这次户外实践中,大学生的任务是陪伴小学生进行户外实践,并且在回到学校后组织追踪学习活动。

(2)学生组成

本次户外实践的参与者是班级中的 29 个 5 岁学生(KS1 阶段),14 个男孩,15 个女孩,其中有 4 个孩子是需要特殊教育的。

(3)核心能力

学生在这次活动中需要发展的核心技能是:学会使用地理词汇;搜集和记录地理证据;分析和交流;参与户外实践;制订计划;学会使用第二手资料。

(4)教学过程

教学过程分为前期介绍、户外实践和追踪学习三大部分。

1)前期介绍:伯特史福特位于东米德兰(East Midlands),因此并不是所有的学生都看过海或者是去过海岸。通过出发前的介绍课,学生收获了海岸自然环境的介绍知识,比如海岸自然环境的特征,以及它们是怎样变化的。在介绍课的过程中,教师可以明显地看出学生提高了对海岸事物的理解力。在介绍课之后,学生们已经能够辨别海岸和海岸防御工事的基本特征。

2)户外实践:在户外实践过程中,学生要观察海岸的特征,讨论海岸和海滩的成因,思考保卫海岸线的策略,等等。

3)追踪学习:学生回到学校后,格罗斯泰斯特的大学生组织了"海岸景观考察"的追踪学习活动。追踪学习由递进式的四项活动组成:使用信息和通信技术,使用地图,角色扮演,讨论。

在使用信息和通信技术的学习中,学生将斯凯格内斯与伯特史福特进行了比较。他们使用微软的桌面出版应用软件(Microsoft Office Publisher)创作了传单,内容是鼓励旅行者去这些目的地旅行。孩子们在大学生的提示引导下概述了两个地区的人口、交通、膳宿和服务等方面的信息。

通过使用地图、地球仪和罗盘,学生找到了伯特史福特在英国和更广阔世界的地理位置。在操场上,他们通过着色的罗盘回想起了如何用罗盘确定方向。有的学生甚至可以通过罗盘确定其他地方与伯特史福特的位置关系。学生必须在不列颠群岛的地图上确定这两个地方的位置,用制作的标识牌和胶水在地图上标识出来。同时设计一条从英国去澳大利亚的路线,在一张平面的世界地图上用同样的方法认识路线上经过的每个国家的地理位置和国旗(见图 2-1-4)。

图 2-1-4　追踪学生学习情况

在角色扮演的环节,教师提供了海岸环境正遭受海岸侵蚀的情境,学生可以选择与海蚀相关的角色:农民、校长、停车场的主管、发电站的负责人、娱乐中心负责人和镇议会议员,等等,与同学和大学生进行探讨。每个角色都要针对海岸线防御工事的资金来源这一议题,向镇议会提出一个议案。

讨论环节将学生们分为两大组,完成海堤和防波堤的有效性的学习单。讨论开展前,班级中开展了小游戏——快速说出与海岸有关的词汇来增加讨论的趣味性。在讨论过程中,他们要思考海堤和防波堤的优缺点和斯凯格内斯应该采用何种方式加强海岸防御。他们在讨论过程中可使用一个"禁止说话"的棍子,以此保证当某个学生拿着棍子说话时,其他人不能讲话,必须听他把话说完,讨论才能继续。

(5)教学效果

在分析和评估的过程中,学生们获得了更高阶的思考能力。基于户外实践的实用性和学生们在户外实践时与自然的相互作用,所有的学生,不管学术能力的强弱,都能在"未意识到他们在学习"的过程中学习到了新的知识。通过户外实践,他们能够在活动中观察,并且比较出哪一种海岸防御工事更为有效。

（6）学业水平测试

当学生们对海岸环境特征、海岸环境怎样影响生物和人类怎样改造自然环境有一定的理解时，他们就达到了层次4的学业水平。一些接受能力较好的学生超过了这个水平，他们能够理解并解释人类怎样使自然环境的发展具有可持续性，这是层次5的学业水平。

2. 高校学生参与户外实践案例评析

"海岸景观考察"的参与要素包含了两个变动要素（高校学生、学校及教师）和一个固定要素（中小学学生），详见图2-1-5，归类于双要素户外实践模式。

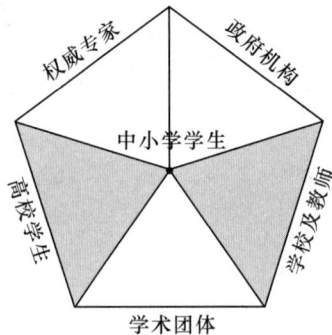

图 2-1-5 "海岸景观考察"模式

"海岸景观考察"案例展示了5岁学生的一次完整的户外实践过程。这个年龄段的学生较为稚嫩，自律能力偏弱，难以长时间集中注意力，对知识的获取能力不足，这些影响了户外实践的效率，增强了户外实践的操作难度和风险性。因此，这种高校学生参与的地理户外实践模式广受低年级教师和学生们的欢迎。在户外实践过程中，大学生帮助教师管理班级纪律，使实践的安全性大大提高。在户外实践结束后，大学生负责追踪学习，并在课堂中加入游戏和角色扮演等形式丰富的活动，对学生的学习成果进行巩固和评价，保证了户外实践活动的有效性。

3. 学术团体参与户外实践示例

虽然地理户外实践在英国地理教学中较为普及，但许多学校在组织户外实践时也面临着资金不足的问题。在这种情况下，户外实践学术团体就发挥了它的作用，一般以学校或教师联系学术团体的形式开展（见图2-1-6）。

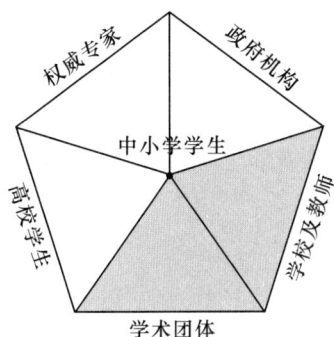

图 2-1-6 学术团体参与的一般模式

弗雷德里克·索迪信任学校奖励计划(Frederick Soddy Trust Schools Award Scheme)是由诺贝尔化学奖得主弗雷德里克·索迪教授于 1957 年开设的。地理协会和弗雷德里克·索迪信任学校奖励计划相互合作,为中小学开展户外实践教学提供适当的资金援助。[①]

奖学金的资格认定十分简单,只要学校填写一份多于 500 字的活动申请表格,并且活动参与者的年纪在 5～18 岁之间,就可以申请这项奖学金,评判内容包括:户外实践计划的细节、申请资金的明细、申请人安全管理和能够成功实施项目的能力证据,等等。

弗雷德里克·索迪信任学校奖励计划每年共有 2500 英镑用于支持中小学户外实践,每个实践活动都可以申请到 250～850 英镑的活动经费。同时也有一些相关的规定:学校必须呈报户外实践活动的详细资料,以此丰富弗雷德里克·索迪的网站,供其他户外实践活动组织者参考。[②]

4. 学术团体参与户外实践案例评析

户外实践学术团体在推进英国地理户外实践过程中的作用是不可忽视的。在政府机构教育资金不足的情况下,学术团体在一定程度上充当了地理户外实践活动的有力推手。另外,英国的地理协会、英国地理户外教学协会等学术团体的相关网站上免费提供了一系列地理学术研讨、地理户外实践活动和乡土地理活动的资料,教师和学生均可以自主报名参加。这些举措缓解了因资金问题导致户外实践教学计划搁置的尴尬局面。

---

① Frederick Soddy field study awards[EB/OL]. [2016-02-13]. http://www.geography.org.uk/resources/fieldwork/fieldworkfunding/.

② Frederick Soddy Trust[EB/OL]. [2016-02-13]. http://www.soddy.org.

（三）单要素户外实践模式及案例分析

单要素户外实践模式是指由单一的变动要素参与的户外实践模式。下面以"检测欧石楠荒野的氮污染"来说明权威专家带领学生户外实践的实施过程和较为普遍的"教师带领学生户外实践"为案例说明单要素户外实践模式的特点。

1.权威专家带领学生户外实践示例

（1）活动背景

这次活动主要面向 KS4 阶段学习科学和地理的学生。欧石楠荒野是一个非常特殊而典型的生态栖息地，一方面，它是许多不同种类的动植物赖以生存的生态区域；另一方面，一些动植物已经受到威胁（濒临灭绝）。在这次户外实践中，学生将以未来的环境科学家身份，利用一些科学技术测量评价当地的环境污染等级，同时解释"什么是氮污染""氮污染是怎样产生的""氮污染对欧石楠荒野有着怎样的影响"等问题，以此评价这块栖息地"健康"与否。

（2）前期准备

2012 年，本教学方案在诺丁汉大学的艾米·罗杰斯（Amy Rogers）博士和劳伦·高夫（Lauren Gough）博士两人合作下策划完成了。在户外实践之前，教授先向学生介绍了出行安排（见表 2-1-4）和欧石楠荒野，解释了这种生态栖息地对自然环境的重要意义，对项目进行了健康和安全性评估，并通过一些案例使学生们系统地思考户外实践过程中如何规避风险。

表 2-1-4　"欧石楠荒野"案例的行程安排

时　间	进　程
9：15—9：30	出发
9：30—10：00	介绍
10：00—12：00	活动 1：土壤中化学元素的检测 活动 2：空气氮污染的检测
12：00—12：45	午餐
12：45—13：15	活动 1：土壤中化学元素的检测（分析阶段）
13：15—14：30	活动 3：研究氮污染对欧石楠荒野中植被的影响
14：45	结束

这次活动对学生是完全免费的,并且所有的教学材料都可以在公开网站上进行下载。教学方案包含了能够支撑欧石楠荒野户外实践的材料(见表 2-1-5),其中,学生的指导手册提供了一些指导性建议和背景,以及一些学生在户外实践过程中可能会遇到的问题;生物识别手册指导学生们辨别一些常见的欧石楠荒野的植物。这本手册在编写时特地在这种植物的旁边附上了植物的插图和关键特征。

表 2-1-5 "欧石楠荒野"教学材料包

物 品	检查状况
学生指导手册和写字板	
铅笔	
幻灯片放映机(在野外可以参看)	
照相机	
急救药箱	
活动 1:土壤中化学元素的检测 土壤检测组件 泥铲 试管和试管夹 水瓶(300ml) 土壤 pH 值测试计	
活动 2:空气氮污染的检测 软标尺(测量树干周长) 地衣田野指导手册(从网站上免费下载①)	
活动 3:研究氮污染对欧石楠荒野中植被的影响 样方(三人一小组) 随机数字表 计算器(每小组一个) 两个 50m 长的卷尺(每小组一份) 罗盘 欧石楠荒野的生物识别手册(从网站上免费下载②)	

① The OPAL Air Survey[EB/OL]. [2016-02-13]. http://www. OPALexplorenature. org/sites/default/files/7/file/OPAL-Air-Chart-web. pdf.

② Learning:Discover heathland[EB/OL]. [2016-02-13]. http://www. OPALexplore-nature. org/heathlandresources.

（3）课程链接

KS4 科学:生态学,相互依赖(生物圈中的事物),环境污染,指示物种,氮循环,土壤化学,生物/非生物因子,样方/取样,人类对自然环境的影响,自然界是怎样运行的;KS4 地理:生态系统,人类对自然环境的改造作用,环境的可持续发展。

（4）教学目标

1)解释什么是氮污染,氮污染是怎样产生的,为什么氮污染会成为环境污染的一个问题;

2)利用生物指标去评价环境污染状况;

3)使用样方进行植被取样;

4)能够识别在当地出现的一些常见植被种类;

5)理解自然环境是怎样影响生物体的。

（5）教学过程

"检测欧石楠荒野的氮污染"的教学过程分为三部分:土壤中化学元素的检测、空气氮污染的检测、研究氮污染对欧石楠荒野中植被的影响。

土壤中化学元素的检测包括对 pH 值的检测和对氮元素的检测两部分。

1)对土壤 pH 值的检测过程如下:

①小心地打开绿色胶囊,将其中的粉末倒进一个试管中;

②使用泥铲挖掘一个大约 10 厘米深的小洞,小心地从小洞底部取出一小块土壤样本,尽量保证搜集来的土壤样本中没有小石子和植物根系;

③将搜集来的土壤倒入试管中(到试管的第一条刻度线为止);

④打开一瓶山泉水并将水倒入装有土壤的试管,直到水到达第四条刻度线;

⑤将试管口密封,用力摇晃试管;

⑥找到一个能够使试管保持直立的地方安全地放置(这一点非常关键),至少静置 5 分钟,为检测氮元素做好准备。

2)检测土壤氮元素实验过程:

①在一个深约 10 厘米的新挖掘的小洞中取一个土壤样本;

②倒掉水瓶中大约 1/6 的水。将大约占据泥铲一半面积的土壤倒进水瓶中,尽量不要将小石子和植物根系倒进水瓶中,将水瓶的盖子盖上,用力摇晃 1 分钟左右(直到水和土壤完全混合);

③将水瓶放置在一个安全的地方,并记录时间,静置至少 20 分钟;

④20 分钟之后,检查混合物是否已经沉淀(水瓶底部是土壤,水瓶上端

是较为干净的液体）；

⑤小心地将水瓶中的液体倒入一根空试管（直到第四条刻度线）中，尽量不要让土壤沉淀物进入试管；

⑥小心地打开紫色胶囊，并将胶囊中的粉末倒进试管中；

⑦将试管密封并用力摇晃，同时记录时间；

⑧将试管放置在一个安全的地方至少10分钟，观察颜色发生的变化；

⑨比较pH试管和氮元素检测试管中液体颜色的不同，并且在表2-1-6中进行记录。

表2-1-6　土壤检测记录

检测	颜色	检测结果
pH 值		
氮元素		

教授在学生们检测完之后提出三个问题：

a.健康的欧石楠荒野土壤（没有被污染）应该是酸性的，从理想状态上说pH值应该是3～5。运用pH值测试的结论回答：你认为欧石楠荒野的土壤是健康的吗？为什么？

b.健康的欧石楠荒野土壤应该在氮元素含量上不足。那么，你的土壤化学分析结论中，欧石楠荒野的土壤氮元素污染是什么程度？解释你的回答。

c.pH值和氮元素含量的程度只是物理上或者说是非生物特性。请列出一张清单，写下你认为能检测土壤污染程度的其他生物特性。

3)空气氮污染的检测。

地衣是由真菌和藻类植物两个生命体共生组成的，对空气中氮元素含量的多少非常敏感。一些种类的地衣对空气中的氮元素较为喜爱，而有些地衣则需要在无污染的空气中才能生存。这意味着地衣可以作为空气污染等级的生物指示物。通过观察某些种类的地衣在区域中的数量范围和生长情况，就可以知道欧石楠荒野的空气污染程度。

①精心挑选三棵树。挑选落叶阔叶林树种，比如橡树、白蜡木或者梧桐树。

②选择每棵树上地衣生长最多的那一侧树干。在树干上可能生长了许多不同种类的地衣，但我们需要重点关注生物识别手册中的九个地衣指示种类。

③在表格(见表 2-1-7)上记录每种地衣的总数量,格式说明见表 2-1-8。

教师在学生完成调查之后提出问题:根据表格和对地衣的观察,你认为所在区域的氮污染程度是怎样的呢? 请解释说明。

④研究氮污染对欧石楠荒野中植被的影响。

植物对土壤中氮元素含量也十分敏感——一些植物可能在氮元素含量高的土壤中生长得十分茂盛,但另一些则会枯萎或死亡。观察在欧石楠荒野中哪些植物种类最多最普遍,可以帮助我们解答欧石楠荒野的土壤中是否有过度的氮元素沉降的问题。

表 2-1-7　地衣数量记录

每个树干上指示地衣的数量(0、1、2, 或 3)				
	例子	树木 1	树木 2	树木 3
树的种类	白蜡木			
树干的周长/厘米	65			
对氮元素敏感				
松萝属	0			
扁枝衣属	0			
袋衣属	1			
对氮元素敏感度一般				
褐梅衣属	1			
裂芽皱梅属	2			
梅花衣属	1			
对氮元素喜爱				
多叶黄石衣属	2			
垫状黄石衣属	1			
蜈蚣衣属	3			

表 2-1-8　地衣数量记录格式说明

记录数字	地衣生长情况	图　　示
0	树干上没有这一种生物指示种	
1	树干上有少量的生物指示种（生物指示种所占面积不到一张 A4 纸的 1/4）	A4 纸
2	树干上有一些生物指示种（生物指示种所占面积比 A4 纸的 1/4 多但少于一整张 A4 纸）	A4 纸
3	树干上有大量的生物指示种（生物指示种所占面积超过 A4 纸的范围）	A4 纸

氮污染对健康的土地来说是一个大问题，因为硝酸盐在土壤中会促进一些快速生长的植物泛滥（比如杂草和欧洲蕨）。这些快速生长的植物种类会占据生长较慢的一些植物（比如石楠花）的生长空间，导致后者慢慢消失，那么欧石楠荒野将会变成一处与以往完全不同的栖息地。这是可以被预见的，如果氮沉降每年的增长速度超过每公顷 17 千克的话。

根据材料所提供的信息，结合氮元素沉降情况与土壤和地衣分析结果，学生预测欧石楠荒野的植被抽样结果会怎样。能找到更多的石楠花，还是更多的杂草和欧洲蕨？

在这个活动中，学生将使用样方统计欧石楠荒野的植被情况。学生要记录的是每个样方中存在哪些植物种类，并估算在每个地面表层的生物覆盖面上有多少数量的植物（及它们的百分比）。这将帮助学生确定欧石楠荒野这个区域是否正遭受氮污染。

①选择随机产生的样方。

学生在搜集植被数量数据的时候，应该随机、没有选择性地选择生物调查的方形地。在地面上截取一段距离为 50 米的线段，并在线段一端成直角的地方截取另一段长为 50 米的线段（将两个卷尺的 0 米刻度分别与两条线段重合），使用计算器生成每对随机的数据，并记录在下面的表格中（见表 2-1-9），把每对数据当作 X、Y 坐标并在卷尺上记录。固定好所选择样方的位置，确保左下角是 X、Y 坐标轴的起点，这样，你的样方的每边和卷尺才能平行(见图 2-1-7)。

②运用样方估算每种植被的百分比。

观察样方并确定所有的植被种类能够被找到,估算每种植被在样方中所占的百分比。比如,在图 2-1-8 中,可能估算 A 植被在样方中占 25%。植被种类经常是重叠的,可能在同一个垂直面上有多种不同种类的植物。因此,在一个单独的样方内,各种植物所占百分比的总和可能超过 100%。

表 2-1-9　样方随机坐标记录

	X	Y		X	Y
样方 1			样方 6		
样方 2			样方 7		
样方 3			样方 8		
样方 4			样方 9		
样方 5			样方 10		

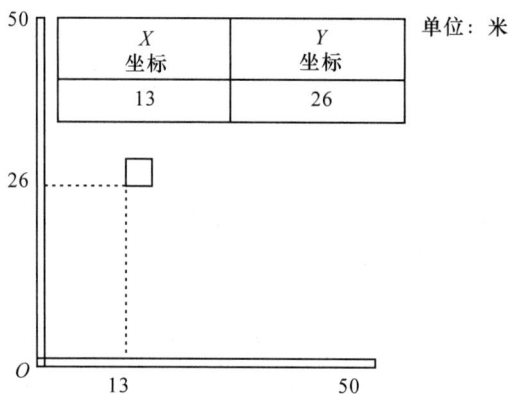

图 2-1-7　样方随机坐标测量示意图

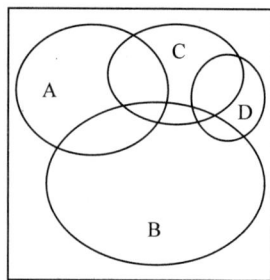

图 2-1-8　估算植被覆盖率示意图

③试着完成十个样方,使用欧石楠荒野生物识别手册确认在样方中的植被种类。在表格(见表 2-1-10)中记录每个样方中每种植被种类所占的百分比。在这个表格的最后,你能够算出每种植被类型的平均覆盖率。

表 2-1-10 植被覆盖率记录

	指示缺乏氮污染的植被类型				指示氮污染的植被类型			其他植被类型	
	石楠花	金雀花	篷子菜	苔藓	杂草	树莓	欧洲蕨		
样方 1									
样方 2									
样方 3									
样方 4									
样方 5									
样方 6									
样方 7									
样方 8									
样方 9									
样方 10									
平均值									

（6）教学评价

教师设计了五个简短的问题,引导学生对户外实践的潜在局限性进行思考,同时运用三个活动的结果去总结欧石楠荒野是否遭受氮污染的危害。

1）观察统计数据,提出两个建议使活动 1 的结果更准确。

2）思考活动 2 中有哪些误差来源可能会影响数据的真实性和准确性。

3）一个高质量的健康土地必须有大于 25% 和小于 50% 的杂草覆盖率。运用活动 3 中的结果,判断欧石楠荒野是否健康,说明判断理由。

4）为什么在活动 3 中必须至少做 10 个样方?

5）你认为欧石楠荒野上氮污染是一个环境问题吗? 用活动 1 至活动 3 的数据做出一个合理的解释。

在进行教学评价时,教师应关注学生们对户外实践中误差分析的能力,比如学生对第一题的回答可能与以下几个方面相关:测试含氮量和 pH 值应该使用多于一个的土壤样本再进行平均计算;保证土壤是随机地从欧石楠荒野的任意地点采样的;使用一个更加精确、严谨的测试过程去测量氮含量和 pH 值（因为描述颜色的变化在某种程序上说具有一定的主观性）;在氮含量的测试过程中过滤土壤以便将植物根系和有机体的影响降到最小,等等。

2. 权威专家带领学生户外实践案例评析

"检测欧石楠荒野的氮污染"案例的参与者要素是权威专家和 KS4 阶段的学生(见图 2-1-9)。

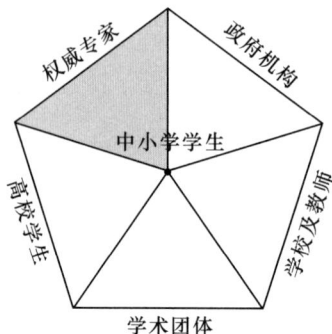

图 2-1-9　"检测欧石楠荒野的氮污染"案例模式

这个案例从教学设计到教学评价有不少值得借鉴之处,户外实践的步骤中被人为地设计了一些漏洞。这种区别于传统的设计方式虽然会使实验信度降低,但可以在教学评价时极大地促使学生开动脑筋,积极思考实验误差的产生原因。可见策划者的教学理念更加注重户外实践的过程和方法技能。经过这样的思考,学生们对实验步骤的理解会比直接按照严谨的步骤进行实验更为深刻。

14～16 岁的学生对地理学科的基础知识已有了较为完整的框架,对自然环境的认识也较为系统和理性。与此同时,初中教师不能给他们更为专业的指导,但他们自身能力也不足以支撑对自然进行更深入的探索。可以说,他们的地理学习进入了瓶颈期。专家的专业性和权威性使这一难题迎刃而解,与专家的直接接触不仅能解答学生在学业上的疑惑,更重要的是能激发学生对地理探究和户外实践的热情,为国家储备更多的地理人才。

3. 教师带领学生户外实践示例

这种户外实践模式的参与者是教师和学生,也是最为普遍和广泛开展的户外实践模式。下面将简单介绍"运用手机和谷歌地球测行人流量""利用 GIS 与数据记录器记录学校的小气候""自制雨量计的数据图绘"和"记录和分析碎石斜坡位置"的案例分析该户外实践模式的趋势。

（1）运用手机和谷歌地球测行人流量[①]

学生以小组合作的形式，行走穿越一个预先选定的大型城市，搜集关于人流量的户外数据。通过移动电话 SMS、搜集到的原始数据及位置的参考经纬度就会转发到一个中央手机号码（教师的手机号码）。随后，这些数据会被整理和复制到一个电子表格中。学生可以通过手机或个人数字助理（Protable Digital Assistant，以下简称 PDA）登录查看电子表格。另外，学生可以将点绘制到在线图片或地图上（比如谷歌地球和谷歌地图），并根据个人能力利用不同的软件呈现原始数据图。

相同的数据可以通过不同的地理信息系统操作软件，用不同的方式分析和绘制。学生可以根据他们的原始数据，使用在线免费软件和共享软件，创造出一系列富有新意的图。

（2）利用 GIS 与数据记录器记录学校的小气候

使用数字温度计、数据记录器和地理信息系统软件，学生可以产生一个呈现学校各个位置温度的"表面分析"地图。以团队工作的学生可以在网站上找到校园地图，并将关键气象数据一一对应到相应位置上。其中一个案例是，使用 GPS"寻宝游戏"中的数字温度计确定一个位置，同时记录温度。这个数据可以通过 Arcpad 直接保存到 PDA 上，或者整理添加到一个与地理信息系统连接的电子制表软件中。通过这些步骤，学生能在学校网站生成温度地图（见图 2-1-10）。

（3）自制雨量计的数据图绘

这个案例是 8 年级学生完成的：用一个塑料瓶子制作一个简易家用雨量计，然后记录 14 天以上的降雨量。各组数据在学校被统一整理并被添加到数据库中。学生可以使用 ArcMap 去构建一个简单的表示整个城市降雨量的等值线地图，对等值线地图的分析可以使学生更好地理解降雨量和盛行风之间的关系。

（4）记录和分析碎石斜坡位置

利用 GPS 跟踪器和 Anquet 软件个人数字助理记录坡度概要数据（见图 2-1-11）。

---

① Using GIS and handheld technology to enhance fieldwork[EB/OL]. [2016-02-13]. http://www.rgs.org/NR/rdonlyres/2C9BB022-215D-4C13-9A5C-56408 AFEDB48/0/Fieldw_SD_article.pdf.

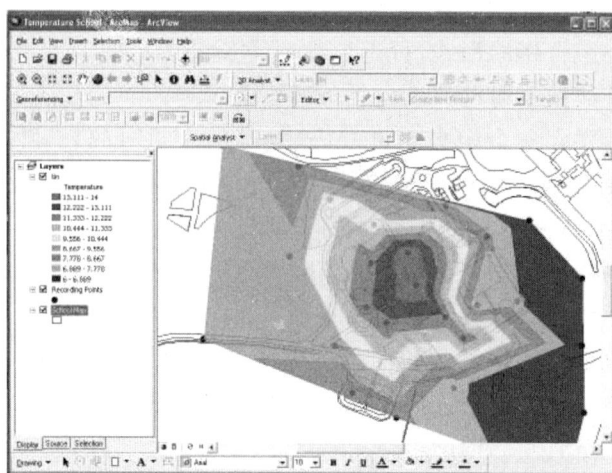

图 2-1-10　英国某中学数字表面温度

图 2-1-11　英国某中学在约克郡山谷进行碎石斜坡考察

4.教师带领学生进行户外实践案例评析

这是最为传统的地理户外实践模式，基于这种模式能将户外实践内容与教科书相结合、易组织和历时短等优势，在日常地理户外实践中运用最为广泛（见图 2-1-12）。

2013 年英国课程改革是在现代科技信息通信技术空前发展的背景下进行的，因此各门课程的课程标准中都强调信息通信技术的应用。信息通信技术的进步为地理户外考察工具的变革带来了新的契机，地理户外考察的高科技产品和软件应运而生。如能够进行随手笔记的 Evernote 软件，随时定位和确认基岩的 igeology 软件,可以设计调查问题的 Polldaddy 软件等,这些软件能够在 iTunes 和 Android 系统中下载使用,这使得地理户外考察更加便捷,可以说,高科技产品和软件在地理户外实践中的运用是未来的一大趋势。

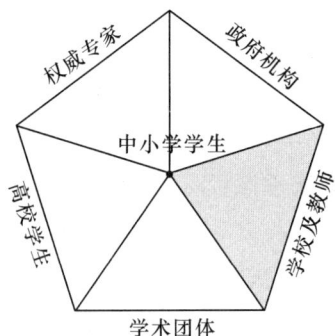

图 2-1-12　教师带领学生户外实践模式

第二节　美国地理"田野"教育的现状与启示

美国在杜威的"做中学"思想及"儿童中心"论的影响下,户外教育的实践经验十分丰富。美国地理学科走向户外,走向"田野"的教学方式被广泛使用,其规范化和全国的普及程度处于世界领先水平。那么,美国中小学地理"田野"教育的主要做法和特点是什么?又能对我国中小学地理"田野"教育带来哪些可供借鉴的启示与措施?本节试图对以上两个问题进行解答,以期为我国"田野"教育的推广及规范化提供借鉴。

一、美国中小学"田野"教育的主要做法和特点

（一）强调"做"地理,且以访谈和调查为主要方式

1994 年,美国颁布了国家地理课程标准《地理为生活:国家地理课程标准》,对教师、课程设计者和其他地理教育工作者的指导意义重大。2009 年6 月,地理教育国家执行项目（Geography Education National Implementation Project）公布了《地理为生活:国家地理课程标准（第二版）》的草案,除

编排形式有较大改变外,内容与第一版基本一致。①《地理为生活:国家地理课程标准(第二版)》明确指出:"做地理(doing geography),即学生学习如何使用地理思维和信息来做出合理的决策和解决个人和社区的问题,这才是最关键的。地理教学的目的是让学生掌握地理的知识、技能和观点,而通过'做'地理就能实现这一目标。在 K-12 的地理教育中,许多非常有价值的地理运用都在教室的高墙之外。地理教育应该让学生终身能以地理的观点去分析世界性的事件、问题和决策。"②

笔者整理出美国国家地理课程标准中建议学生走出教室去学习的部分(见表 2-2-1),发现其内容以人文地理居多,方式主要为访谈和调查类,调查区域多为学生所在的社区,有较强的可操作性,充分体现了其"地理为生活"的基本理念。

表 2-2-1　美国国家地理课程标准中建议学生走出教室去学习的部分

年　级	标准的要求和建议
K～4	❖ 学生能够用不同的方法,比较人们是如何看待一个地区的,例如通过访谈、搜集不同年龄、性别、种族的人如何看待同一个地方或区域,然后按主题组织信息,如非洲裔男性青年、老年白人女人等 ❖ 学生能够描述和说明各种尺度的生态系统,如能够采集当地生态系统的样本,并制作立体模型 ❖ 学生能够描述和比较人口的特点,如能够制定调查问卷,搜集两个班学生的特征(如种族、年龄、性别、前往学校的距离),并且比较这两个群体 ❖ 学生能够区分可再生资源、不可再生资源或流体资源。例如,能够设计并开展一项针对学生、家庭和社区其他成员的调查,来评估他们对各种资源的利用情况;能将资源分为可再生资源(如木材)、不可再生资源(如石油)或流体资源(如流动的水或风力) ❖ 学生能够展示社会发生了什么变化,如能够以采访社区年长的成员为基础,编写一个"它是如何变化的"图文并茂的故事
5～8	❖ 学生能够学会识别社区居民反映的文化背景,例如,能够找到证据证明自己的社区是否有来自世界不同地区的移民(例如,在电话本中查找姓氏,去民族餐厅、商店或俱乐部中找到证据) ❖ 学生能够识别和描述居住模式,例如能够组成几个学生一起的策划团队,通过调查社区的形态,结合团队的主题设计出新的聚落形态

①　Heffron S G. GFL2! The updated geography for life: national geography standards, second edition[J]. The Geography Teacher,2012,2(9):43-48.

②　National geography standards & skills[EB/OL]. (2013-4-10)[2016-02-13]. http://education. nationalgeographic. com/education/national-geography-standards/? ar_a=1.

续表

年　级	标准的要求和建议
9～12	❖ 学生能够比较个人心理地图,确定其偏好和对发展空间的影响,如能够分析人们喜欢在某地居住的因素(如通过对社区进行调查问卷分析) ❖ 学生能够用模型分析空间组织及地区之间的联系,如能够进行社区调查,以验证 Christaller 的中心地理论 ❖ 能够说明人类对自然灾害的不同看法和应对方式,例如通过在当地社区访谈,来评估人们对自然灾害的态度、观念和应对措施(如宗教信仰、社会经济地位、以前的经验等)

(二)美国"田野"教育深受学校重视,并形成成熟的教学模式

美国各州在下属地区普遍设有户外教育中心,以协助学校教育。户外教育涉及的科目不仅有地理,还有美术、科学、历史、体育等。户外教育根据时间分为短途和长途两种,其中长途需要留宿的,叫留宿式户外教育(resident outdoor education)。[①] 许多学校的课程计划中设置了留宿式户外教育这一项课程内容,深受学校重视,并已形成较为成熟的教学模式,为我国的地理"田野"式教学提供了多方面的借鉴。

留宿式户外教育的组织环节概括起来有以下 6 项。

1)制定此次户外教育要达到的教学目标。以地理为例,有了教学目标才能选择更有代表性的地理区域进行"田野"考察。

2)确定户外教育项目。根据教学目标和考察地区的实际情况,安排科学合理的项目。

3)确定协调组长。组长主要负责制订计划、分配任务、考察教学场景、联络家长等工作。

4)筹备资金。具体包括筹备交通费、饮食费、住宿费,分配工作、工作人员工资等。

5)分配工作人员。担任该科目的教师一般都熟悉户外教学场景并掌握一定的户外教学技巧,能够胜任户外环境教学。学校也会利用户外教育中心提供的工作人员来减少师生的比例(一般教师与学生的比例为 1:10)。此外,一些社团组织人员或家长志愿者经过考虑之后也可加入工作人员的名单,但家长志愿者必须忽略自己家长的身份而是以教师的"助手"出现。

6)落实后勤保障。如确定饮食、住宿、会议场地、医务人员,以及教学活

---

① 马翼虹.美国当代中小学户外教育实践模式研究[D].兰州:西北师范大学,2006.

动材料和装备等。

留宿式户外教育的组织形式:一般来说都是授课班级的教师负责管理整个班级;但如果是多个班级一起参与户外教育活动,学校的教师与教辅行政人员可能会与某些户外教育活动地区的负责人一起管理,或者直接交由户外活动中心的工作人员负责。因此,户外教育一般有三种组织形式:教师—学生组织模式,学校管理员—教师组织模式及学校—户外教育中心组织模式。

留宿式户外教育的时间:可安排在周末或假期举行,具体有夏令营、冬令营、春秋季野营等。自户外教育发展以来,留宿式户外教育一直是户外教育的重要组成部分,得到社会的认可,也备受教师、学生及家长的欢迎。

(三)美国社会提倡地理"田野"教学,野外学习项目百花齐放

在网上搜索"outdoor education"或者"fieldwork learning",笔者发现不断涌现的、迎合不同需求的野外学习项目正在如火如荼地开展。组织形式分为学校内部组织、校外公益性机构组织和校外营利性公司组织。校外营利性公司组织的地理"田野"式教学,类似我国如今盛行的夏令营、冬令营或主题旅游。因此,本书列举两个案例(见表2-2-2),分别代表我国开展不多的两类组织形式,即校外公益性机构组织的地理"田野"教学和学校内部组织的地理"田野"式教学。

表 2-2-2 美国地理"田野"教学案例

学习项目	特点
草原森林环境学习中心推出的各类学习项目	组织非营利性;对象为社会全员;各项目有共同的主题——环境保护;活动经费除社会公益资金外,还可以通过与营利性公司的相关项目合作获得
对社区中一块空地的有效利用	由学校教师组织;对象为6至12年级11至18岁的学生;时间为两个小时;教学最终目的是让学生学会将地理运用于实际生活;活动在学校附近的社区进行,方便安全,且无需经费

1.校外公益性机构组织的地理"田野"式教学

草原森林环境学习中心是一个非营利性组织,坐落在明尼苏达州的农村。中心基地占地33公顷,有森林、草原,并提供水质检测的设施,以及一个下午的入门课程。学习中心有各种各样的计划,旨在让学生在户外学习关于环境方面的知识。草原森林环境学习中心始建于1992年,第一年接待了800人左右,到2010年,参加环境学习中心计划的人已达2万人。从学龄前的儿

童到成年人,都可以参与。在 2011 年,学习中心动员了 200 多名学生,参与倡导可再生能源的活动。学生按计划在学校设立堆肥箱,沿着他们的社区小路安装太阳能灯。其中一个表现最优秀的学生团队,赢得了 5 万美元的奖励。①

2. 学校内部组织的地理"田野"式教学

"对社区中一块空地的有效利用"是"田野"教学地理课的一个小节主题。由学校教师组织,对象为 6 至 12 年级 11 至 18 岁的学生,时间为两小时。学习目标是:学生能描述并绘制出社区某区域的文化和自然特性;学生能进行实地考察;学生能提出完善该地区功能的建议。最后以户外笔记的质量和最终绘制的地图的完整性来评价学生实地考察的表现。以下是学习过程:

(1)让学生确认并绘制社区中某个需要重建的区域;

(2)向学生解释社区该如何合理地使用某一个区域;

(3)让学生进行实地考察,并写出观察日记;

(4)让学生绘制一个地图。要求学生用他们在实地考察中所学到的知识绘制一个新的地图,地图中要体现这个地方的地理特征。②

二、美国户外实践教学探源与例析

(一)美国户外教育的历史渊源

户外教育是一种具有深远文化基础和丰富实践影响的教育理论主张,美国户外教育学者认为,有两个主要背景因素会影响美国现代户外教育的发展。

1. 社会经济因素的影响

美国在 1930—1960 年期间,经济上出现了两次波荡起伏,第一次是 20 世纪 30 年代的世界经济危机,波及了美国社会的各方面;第二次就是第二次世界大战期间,使美国在提升综合国力的同时,也产生了一系列社会问题,其中不得不面对的就是野营教育问题,现在被改为留宿式户外教育(resident outdoor education)。③ 在美国经济危机时期,许多儿童得不到很好的安置,他们常常栖身于脏乱的贫民窟,野营学校认为户外教育能为儿童提供一个充满新鲜空气与阳光的居住条件。此外,经济危机还使得美国政府对

---

① Prairie, Woods. Outdoor education[EB/OL]. (2013-04-10)[2016-02-20]. http://education. nationalgeographic. com/education/news/outdoor-education/? ar_a=1.

② Adopt a vacant lot[EB/OL]. (2013-04-10)[2016-12-20]. http://education. nationalgeographic. com/education/activity/adopt-vacant-lot/? ar_a=1.

③ Hammerman W M. Fifty years of resident outdoor education, 1930—1980: Its impact on American education[M]. Martinsville: American Camping Association, 1980.

当时的教育目标做出了较多改变，主张重新修订课程，制订新的教学实验计划，其中就包括野营教育（或户外教育）。随着经济危机危害程度不断加剧，匮乏的自然资源严重影响了美国经济持续发展，于是，越来越多的人开始关注野外森林资源、煤矿资源及野外自然生活，使得保守教育受到极大的冲击，而与之相对的户外教育开始得到较快发展。

随着第二次世界大战的到来，美国人民的生活水平得到较大提高。由于上班工作时间较短，使得大部分工薪阶层劳动者的休闲时间逐渐宽裕。第二次世界大战结束后，一部分人在电视机前消磨光阴，另一部分人则去自然户外环境中寻找乐趣，在自然活动中接受环境教育。特别是近年来，美国家庭式野营现象越来越多，因此户外教育也随之得到重视与推广。在美国，许多自然保护区都成了户外教育的基地，方便学校进行户外教育活动，进而推动了户外教育顺利发展。

2. 美国教育自身的影响

19世纪初，美国户外教育开始兴起。开始是由学校组织野营发展起来的，在早期西方人文主义思潮的影响下，户外教育得到强大的思想理论支持。早在文艺复兴产生时期，人文主义思想家冲破禁锢，同教育家一道提出用人文教育思想。把儿童视为学校教学中心的教育理念，直接推动了学校户外教育的发展，让儿童参与到自然户外活动中来，参观田野、生态农场等，可以提供给他们一个真实存在的自然物质世界及具体的精神世界，以培养他们正确的世界观和人生观。

社区学校的提倡也对户外教育有着重要的影响，一般美国社区学校追求团体与合作的精神，户外学习能够很好地补充社区生活的直接经验，学校的社会角色会被重视，因而户外教育环境成为整个学习环境的一部分，教育者和受教育者也都走出教室进入社区"教室"来进行教学活动。由此可见，美国的社区学校成为构建户外教育的另一个重要保障。

总之，美国的社会变革与经济发展促使科技与生产力的进一步发展，影响了社会关系的各个方面。美国公民关于平等、自由的原则面临着极端主义思想的挑战，使得学校被迫去尝试加强民主教育的价值，也使得自然环境户外教育为其提供了可供试验的场所，同时也极大地促进了户外教育自身的发展。

（二）美国户外教育成熟的教学模式例析——留宿式户外教育模式

美国各州在下属地区普遍设有户外教育中心，以协助学校教育。① 户外

---

① 吴麟，张建珍.美国中小学地理田野式教学的现状与启示[J].地理教学，2014(3)：7-9.

教育涉及的科目除了地理学科之外,还有体育、科学、美术等其他学科。从户外出行时间长短来看,户外教育可分为短途户外教育和长途户外教育。一般而言,长途户外教育需要留宿,因此也称为留宿式户外教育。

留宿式户外教育是指为了方便完成户外教学的任务,在户外教育中心居住一定的时间,这样的教育方式为教师和学生提供了更多接触机会:吃住都在一起能使教师用不同的视角(如社会的角度、教育的角度及个人的角度)来观察和理解学生,因此,也可以更深入地了解学生,与学生建立理解、信任的良好关系;对学生而言,留宿式户外教育,不但能激发自信意识和独立能力,而且可以为学生间相互合作、团结学习提供更多的机会,提升学生的团队精神及积极向上的生活态度。[①] 美国许多中小学在课程计划中都设置了这一项课程内容,深受学生喜爱和学校重视,并已形成较为成熟的地理教学模式,可为我国的小学科学课程户外实践教学提供切实可行的借鉴作用。

1. 留宿式户外教育的组织环节及步骤

要组织一次教学效果较好的留宿式户外教育并非易事,其中包括许多环节和步骤,具体来说主要有以下几项。

(1)制定户外教学目标

这是进行留宿式户外教育进行的第一步,因此,在制定目标之前要做好充分的思考。以中小学地理学科为例,有了户外教学目标才能选择更有代表性的地理区域,带领学生进行"田野"实践考察。

(2)合理安排户外教育内容

坚持因地制宜的原则,根据户外教学目标结合野外考察区的实际,科学合理安排户外教育内容。

(3)认真确定户外教育主要协调人员

主要的协调人员需要考虑留宿式户外教育所涉及的各个方面,具体包括制订出行计划、分配学习任务、考察户外教学场地、联络学生与家长等,并能对所出现的突发事件进行灵活掌控,使户外教育活动保质保量完成。

(4)筹备活动资金。必须做好留宿式户外教育活动资金的预算,这属于学校课程计划中的重要组成部分。资金预算费用主要包括工作人员工资、交通费、住宿费、饮食费等。

(5)分配户外教育工作人员

担任该学科的老师如熟悉某户外教学场地,并能合理运用户外教学技

---

① 马翼虹.美国当代中小学户外教育实践模式研究[D].兰州:西北师范大学,2006.

巧,一般都能胜任该学科的户外环境教学。此外,学校也将会把户外教育中心提供的工作人员利用起来,以降低户外教育活动中师生的比例(一般要求教师与学生的比例在1:10为宜),这样更有利于学生的管理和教学目标的达成。与此同时,一些家长志愿者和社团组织人员经过考虑之后,也可以加入户外教育工作人员的名单,需要注意的是,家长志愿者必须忽略自己的家长身份,新身份是户外活动教师的"助手"。交流在制订留宿式户外教育计划时显得非常重要,所以,每个户外教育的工作人员之间必须相互交流,并多与活动参与者主体——学生交流,以保障留宿式户外教育活动顺利有效地进行。

(6)落实户外教育活动后勤保障工作

这一环节需要考虑以下具体的几个方面。

1)住宿问题。留宿式户外教育活动提供的住宿条件主要是乡村较简单的小木屋或是较为现代的旅馆。一般来说,在外教学计划中要尽可能给学生安排较为舒适的休息场所。

2)饮食问题。学生能否自备食物,学校工作人员是否参与学生饮食准备工作,或者由教育中心全权负责全体人员的饮食供给及饭后垃圾清理工作等,这样的问题都要依据留宿式户外教育计划来进行协调。

3)会议场地的选择。由于大部分教学活动都是在户外场所进行的,因此,一个宽敞的会议场地就显得非常有必要,室内会议场地还可以用于组织学生游戏,完成相关团体作业等。

4)后勤人员及活动材料的确定。后勤工作人员主要来自学校的任课教师或相关工作人员,他们并不一定能胜任留宿式户外教育所有的工作,因此,后勤在这一方面需要做出科学可行的安排(如是否需要配备相关医务人员等诸如此类的组织计划安排);留宿式户外教育教学中需要用到的材料都要纳入活动计划中,归纳所需活动物品的清单,做好材料设备的资金预算。

5)确定留宿式户外教育场所。由于留宿式户外教育活动将会涉及诸多学习场景,所以,凡是参与户外教育活动计划的教师必须要认真实地考察并选择教育教学场景,主要考察依据是:①住宿条件,包括现代化宿舍或乡村小木屋,以及相应的卫生设备;②饮食设施,包括相关人员座位安排及配套桌椅的数量、饮食口味的选择及其他相关服务工作;③会议区,主要包括室内会议室与室外临时休息场所;④户外教学场地,主要包括海洋、河流、溪谷、沼泽、农场、采石场、田地、森林、草原、历史遗迹等;⑤其他主要事项,如提前了解户外教育中心工作人员的管理能力及是否购买相关保险等。

6)制定行程安排表。一般来说,当留宿式户外教育的计划和相关活动确定后,必须制作一个行程表以方便户外教学活动的顺利开展。留宿式户外教育一般安排在周末或寒暑假来开展,称为夏/冬令营。

2.留宿式户外教育活动组织形式

美国留宿式户外教育活动组织形式多样,但一般而言,都是由本班的任课教师对整个班级的户外教育活动进行整体管理。但假如是多个班级一起参加留宿式户外教育活动,任课教师与学校行政工作人员可能需要与社会户外教育活动团体的相关负责人一起管理,或者直接由户外活动中心的工作人员来负责相关事项。所以,美国户外教育一般有三种组织模式:任课教师—学生组织模式、学校管理人员—任课教师组织模式,以及学校管理人员—户外教育中心组织模式(见表 2-2-3)。一般来说,最为常用的户外教育组织模式是任课教师—学生组织模式。在此组织模式中,需要任课教师与学生本人来共同制订相关教育计划及活动内容,教师也必须全面协调整个教学过程;同时,所制订的户外教育计划及设想的教学效果必须与学生家长进行沟通,并争取得到学生家长的赞同。总之,随着户外教育的逐渐发展,留宿式户外教育成为美国户外教育的重要组成部分,获得了社会的广泛认可,也备受学生、家长及教师的欢迎。

表 2-2-3　美国留宿式户外教学模式概况

教学时间安排	周末或者寒暑假
教学组织步骤	制定户外教学目标→安排户外教育内容→确定户外教育主要协调人员→筹备活动资金→分配户外教育工作人员→落实户外教育活动后勤保障工作
教学组织模式	任课教师—学生组织模式 学校管理人员—任课教师组织模式 学校管理人员—户外教育中心组织模式
社会影响	获得了社会的广泛认可,也备受学生、家长及教师的欢迎

3.留宿式户外教育实践教学案例

户外教育的实践活动必须要与教育计划、教学目标相统一。假如有学生在参加留宿式户外教育活动之前,有短时间户外旅行的经历,那么这对学生来说将会大有益处,否则在教学计划活动刚开始时,不容易跟上教师户外教学的步伐。通常在户外教育课程的安排上,教师比较乐于和学生一起进行商讨,同时也往往会为学生所制订的活动计划而感到吃惊。户外教育所涉及的科目广泛,例如,在小学高年级阶段,教师在进行户外教育活动时,会对地理科学和自然科学设置如下的教学内容计划(见表 2-2-4)。

表 2-2-4　美国小学高年级地理科学和自然科学户外教学内容计划①

	地理科学	自然科学
总体教学目标	1.将在野外考察发现的岩石样本的各种特性制成表单,并且能够描述岩石的主要矿物成分 2.描述岩石的形成历史,以及它们对土地形成过程中的贡献 3.描述风与水侵蚀的主要原因及影响,并就如何控制此类自然灾害提出建议 4.了解一些常见的星座 5.选择一些运动的天体了解它们的运动方式,例如行星、彗星及月亮 6.观察各类工具是如何预测天气的 7.学会使用温度计、晴雨表、风向标、雨量测量器 8.描述天气并预测天气	1.了解当地常见的动物与植物 2.解释动植物之间相互依存的关系 3.描述种子传播的主要方式 4.描述植物在美国不同年代的用途
主要教学活动	1.搜集并观察当地常见的岩石,仔细研究它们的各种特性和组成成分,并通过书本来进行考证 2.从不同地区采几个土壤的样本并分析这些土壤的成分(沙子、泥土、沙砾等各成分的比例) 3.测试土壤的酸碱度及营养成分(如碳酸钾、氮、磷) 4.访问某个采石场,试着寻找化石 5.穿越溪谷,观察露出地面的岩层、土壤的种类及侵蚀所造成的影响 6.在不同的地形高度上研究土坡的倾斜度 7.观察夜晚天空中经常出现的星座并绘制简图 8.用天文望远镜观察月亮 9.绘制记录月亮状态的图表 10.寻找流星现象 11.对星星拍照,显示其在不同位置的种种变化 12.绘制一幅图,要求显示太阳及围绕其转动的其他行星的位置,然后在夜晚寻找这些行星 13.观察云并绘制简图 14.尝试建立一个小型气象站,并亲自制作测量天气变化的相关工具 15.用天气测量工具测量空气中的温度、气压、降雨量、风向及其速度 16.绘制一份显示当前天气情况的图表	1.认识当地动植物,包括各类花、草、鸟、树 2.搜集常见树叶并做成标本 3.将动物的脚印做成石膏模型 4.绘一幅风景图,并详细绘制树木与植物的细节图 5.用显微镜观察植物的各部分 6.尽可能搜寻自然界的食肉动物 7.为动物建立简易庇护所 8.观察动物习性并做野外笔记 9.找一个鸟巢,观察其构造,并在大自然中寻找动物的居所 10.构思一个动物饲养所 11.了解当地鸟类及其他动物的叫声 12.用植物、树木、动物的产品制作食物器皿、绳索、口哨、钓鱼竿等物品 13.倾听夜晚动物的叫声 14.绘制动物食物链 15.研究当地四季的变化,并就此变化制作一份记录表格 16.在一片小空地上种植自己喜爱的植物

---

① Hammerman D R，Hammerman W M，Hammerman E L. Teaching in the outdoors[M]. Danville，IL：Interstate，103-107.

4.室内教学与留宿式户外教育相辅相成

户外教育活动并不独立,它不会排斥室内常规课堂,户外教育活动与室内常规课堂二者是紧密联系的。通常,教师在完成户外教育活动之后,会重新返回室内常规课堂。在返回常规课堂之后,必须组织学生做好户外教学的后续工作。为了能顺利进入下一个教学环节,教师一般都会要求学生总结在留宿式户外教育中所考察到的自然知识。学生会根据教师的要求,主要进行以下课堂活动:

1)对在户外教育活动中搜集的标本进行分类整理,加以科学合理的论证;

2)分小组继续探讨在户外自然环境中没有得到合理解答的问题;

3)举办一场户外学习作品展,并尝试为低年级班级准备一次留宿式户外教育活动的规划并提醒相关注意事项;

4)写一封感谢信给为此次留宿式户外教育付出辛劳的教职员工;

5)投一篇关于此次留宿式户外教育活动的文章在当地的报纸上;

6)评估此次留宿式户外教育所达到的目标;

7)总结此次留宿式户外教育的经验,发现活动中的不足与缺陷,以便下次留宿式户外教育活动能够更好地开展。

三、美国中小学地理"田野"教育的启示

(一)转变观念:地理"田野"教育并非只是口号

我国地理课程标准中强调的"学习对生活有用的地理""重视对地理问题的探究"与美国国家地理课程标准中强调的"地理为生活""做地理"异曲同工。历数我国地理课程标准活动建议中的"田野"教学,与美国国家地理课程标准中建议学生走出教室去学习的部分进行对比,不难发现,两国都对走出教室的地理教学提出了调查、访谈等教学建议。然而,与课程标准中对地理"田野"教学的高度重视形成巨大反差的是,我国现实的地理教学并没有走出教室,走向"田野"。其原因是多方面的,但教学观念的保守是最本源的因素。

社会媒体报道的户外教育安全事件给学校和家长带来很多压力;教师自身由应试教育培养而来,多数教师的观念也带着深厚的应试教育的影子。在这样的社会氛围下,地理"田野"教学成为课程标准中的空头口号,质疑的声音压抑着中学地理"田野"教学的发展。因此,转变观念,将课标中对"田野"式教学的建议真正落实在教学实践之中,是发展地理"田野"式教学的第一步。

（二）扩宽思路：地理"田野"教育的组织者并非只有教师

从美国的中学地理"田野"教育实践中，不难发现，中学地理"田野"教育的组织者不仅有学校，还有教育部门、旅行社、家长，以及这些组织者的联合组织。参与组织的人员可以是地理教师，也可以是学校的其他工作人员，如其他科目的教师、班主任、行政管理人员；在职的工作人员，如教育部门或旅行社的工作人员；其他人员，如学生家长、高校学生、社会各行各业的志愿者等。

对学校附近的"田野"教学，可以由教师自行组织；对于长途的野外考察和调查，学校可以联合家长及旅行社进行。另外，学校也可以与公益性组织联合，目前我国大部分地区相关的公益性组织尚未兴起，但在上海、北京等地已经初露端倪。因此，在中学地理"田野"教学的实施中，要扩宽教学组织方式的思路，联合社会各方面的力量组织教学。

（三）增强弹性：中学地理"田野"教育的教学时间并非只有地理课

要将学生带到户外，单纯依托每周几课时的地理课是很难实现的。一些富有探索精神的地理教师，会利用短暂的地理课时，在校园内进行简短的"田野"教学。但实施起来也非常困难，一个知识点一节地理课可以讲清楚，实施户外教学则需要三个课时。教学时间不足，成为阻碍我国中学"田野"式教学发展的重要原因之一。

美国的课时安排虽与我国不同，但其地理"田野"教学时间的安排也给我们带来很大的启发。中学地理"田野"教学的持续时间可以是十几分钟、几个小时、几天，甚至几周；时间安排上可以是社团活动、综合实践课程、选修课、寒暑假、秋游、春游等。因此，增强教学时间的弹性，将"田野"教学灵活地与其他校园活动相结合，将为地理"田野"教学带来更多实施空间。

第三节　澳大利亚地理"田野"教育的现状与启示

"田野"教育一直是澳大利亚地理教育十分注重的教学形式，其内容分布于可持续发展、人文与社会科学等课程中。2010年5月，澳大利亚联邦政府颁布了《可持续发展课程框架》，作为相关课程开发者和政策制定者的指导性文件，其内容凸显了实践性的特征，涵盖了地理"田野"教育的相关内容。2013年12月始，全新版本的澳大利亚国家课程标准开始颁布与实施。① 新的澳大利亚国家课程标准,包括国家地理课程标准,取代了之前各州独立的、地区性的地方课程标准,成为一部普遍性的、国家性的课程标准。② 本节将对上述两个课程规定中地理"田野"教育的相关内容进行解读与评析,并结合具体案例说明澳大利亚的地理"田野"教育给我国中小学地理教育带来的启示。

一、澳大利亚《可持续发展课程框架》对地理"田野"教育的建议③

该课程框架按照学龄水平分为K～2(幼儿园到2年级)、3～6年级和7～10年级三个阶段。课程框架的内容围绕三个框架结构展开,即可持续发展行动过程、生态和人类系统的知识、实践的指令系统。(见图2-3-1)在该框架的三大内容结构中,可持续发展行动过程居于中心地位,设置实践的指令系统及生态和人类系统的知识这两部分最终是为了达成可持续发展行动过程的产生。该课程框架指出:"学习如何采取行动以使人们更可持续地生活是该课程框架的中心学习目标,因为假如不能导向有效的行动,则知识和技能的获取将毫无意义。因此,该课程框架内容的中心是可持续发展行动过程。"④

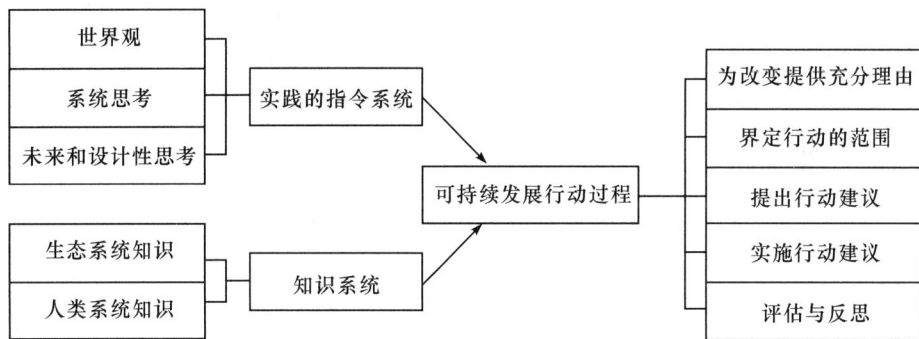

图 2-3-1 该课程框架组织结构关系

① 杨光. 2014澳大利亚义务教育国家地理课程标准评介[J]. 中学地理教学参考,2015(3):62-65.

② Maude A M. Developing a national geography curriculum for Australia[J]. International Research in Geographical and Environmental Education,2014,23(1):40-52.

③ 张建珍.澳大利亚《可持续发展课程框架》的特点与启示[J].课程·教材·教法2011(4):97-103.

④ Sustainability Curriculum Framework:A guide for curriculum developers and policy makers[EB/OL]. (2013-08-20)[2016-10-03]. http://www. environment. gov. au/education/publications/curriculum-framework. html.

(一)可持续发展行动过程

可持续发展行动过程包括下面五个部分。[①]

1)为改变[②]提供充分理由——探索一个可持续发展问题,评估当前的状态,调查可持续发展的观念和观点,陈述改变的理由。

2)界定行动的范围——为了做出改变而进行多方面的探索和选择,从而识别可行的资源和限制因素,寻求共识,形成一致的行动方向的声明。

3)提出行动建议——产生并选择观点,发展并修改观点以便于实施、准备、交流和在行动建议方面取得一致意见。

4)实施行动建议——将建议付诸行动。

5)评估与反思——评价行动的成功程度和行动过程的有效程度,识别出合适的未来发展方向,总结行动中的经验教训。

以上五个方面提供了可持续发展行动过程的框架,三个学龄段都按照这五个方面展开,并列出更具体的内容方案。以 7~10 年级"可持续发展行动过程"中的"为改变提供充分理由"和"界定行动的范围"(见表 2-3-1)为例,可以看出可持续发展行动过程部分是围绕产生一个可持续行动过程的具体步骤或方法展开的,它的内容非常具体,基本上考虑到了一个成功的可持续发展行动所涉及的方方面面,其对产生可持续发展行动的人的心理、行为、外界资源条件分析的深入细致程度令人赞叹。

(二)生态和人类系统的知识

该部分内容梳理了通过各个学习领域可发展,并在可持续发展行动过程中可应用的知识。生态系统知识包括支持地球生物圈功能的生物系统和自然系统的相关知识;人类系统知识包括了与社会、文化、政治、经济和技术系统有关的知识,与影响地球生物圈功能的结构、信仰和行动有关的知识,影响人们可持续生活能力的知识。(三个年级段的知识系统的内容见表 2-3-2)三个年级段的知识体系有相互重叠部分(如"生命周期"的知识在 K~2 和 3~6 年级段都有,但学习内容的难度则是螺旋上升的),也有独有部

---

① Sustainability Curriculum Framework:A guide for curriculum developers and policy makers[EB/OL]. (2010-08-20)[2016-10-06]. http://www. environment. gov. au/education/publications/curriculum-framework. html.

② 在澳大利亚有关可持续发展的计划文件中经常可以看到"改变"(change)这个词,意思是如果人们要建立一个可持续的未来,现在就必须采取改变现状的行动,因此,"改变"意味着对当前不可持续的生活、生产方式的变革。

分(如信息交流技术只在 7～10 年级出现)。

表 2-3-1　7～10 年级"可持续发展行动过程"的部分内容

为改变提供充分理由	1.在当地环境或周遭环境中识别可持续发展问题,为此,可通过: ●搜集关于社区、国家或全球可持续发展的信息并对此做出反应 ●考虑可供选择的理论、观点和价值观 2.对学校、地方社区、国家或全球的可持续发展做出总体评价,为此,可通过: ●从可持续发展宽广的视角来识别一个系统里显著的进程和联系① ●产生一个系统模型,该模型代表一个系统里显著的进程和联系 ●用该系统模型识别最关心的趋势并提供原因,批判性地评估过去针对该问题的政策和管理,识别和评估处理该趋势的可能的杠杆反应② ●评价可靠性、可能性和风险时考虑数据资料和基于这些数据资料的评价 3.调查支撑评价的观点或概念,包括如下概念:生态系统、健康、可再生能源和不可再生资源的库存和消耗/补充比、人类幸福指数 4.陈述改变的理由,为此,可通过: ●为利益相关者或决策者提供一个报告 ●呈现并宣传改变的理由
界定行动的范围	1.探索行动的不同选择,为此,可通过: ●针对所选择的可持续发展的问题咨询利益相关者的期望 ●针对该改变的案例对预期的美好未来进行设想,通过设想系统思考未来 ●在预期的未来的背景下识别在自然环境中、系统或过程中、他人的行为中不同选择的行动 ●反思、肯定或改变自己的观点、价值观时考虑有可持续发展意义的问题和行动 ●对信仰、道德、价值观、利益相关者的需求寻求更广泛和深入的理解 ●与利益相关者商谈以确立判断改变是否成功的标准 2.通过评估不同选择、运用确立的标准来评估下列内容,并确定行动的方向: ●朝向预期的美好未来而改变的潜能即可能的行动的杠杆潜能 ●利益相关者和其他人(指那些在经历行动的结果时可能存在风险的人)的适合性和公平性 3.识别资源和限制,包括: ●可行的时间、资金和其他资源 ●能提供帮助的专家 ●限制行动的因素包括政府的规定和审批程序 4.陈述行动的概要,包括: ●描述要执行的行动可以在多大程度上得到赞同 ●确立评估行动是否成功的标准 ●主要的里程碑、预算,以及相关资源的细节 ●风险和可能的利益的评估 ●与利益相关者商议的方法

注:①可持续发展涉及社会、自然、经济、技术等各个系统,此处是说从可持续发展的宽广的视角,将识别出的可持续发展问题置于这些子系统组成的复合系统的角度来思考系统内部的联系与进展。

②杠杆反应是指一个较小的举动产生一个较大的反应或效果。

表 2-3-2　三个年级段"生态和人类系统的知识"内容简介

年级段	生态和人类系统的知识	
K～2	1.生命周期、生长和变化 2.生态系统和当地环境 3.天气和气候 4.季节 5.水 6.能源	7.社会系统和文化 8.公民 9.所有权和价值 10.材料和废物 11.人工环境 12.农业和食物
3～6	1.生命周期 2.生态系统和当地环境 3.生命的进化 4.生物系统的变化 5.天气和气候 6.太阳系和能源 7.水 8.社会系统和子系统 9.评价生态可持续性的方法	10.历史变化的过程 11.公民 12.物权和财产权 13.经济系统和消费 14.材料和生产 15.建筑环境 16.交通 17.农业和食品
7～10	1.生物 2.生命的主要形式 3.生物化学 4.生态系统及其联系 5.生命的进化和生物圈 6.生物圈过程 7.描绘、监控和评估生命系统的方法 8.力量和能源 9.地球的结构 10.太阳系 11.气候 12.社会系统和文化	13.子系统 14.评估生态可持续发展的方法 15.历史的评价和历史变化的过程 16.公民 17.所有权和产权 18.经济系统和消费 19.水技术 20.材料和产品 21.人工环境技术 22.交通 23.农业和食品生产 24.信息交流技术

(三)实践的指令系统

实践的指令系统是知识和实践的结合体,它通过各种学习领域实施,并在可持续行动过程中应用,包括"世界观""系统思考"和"未来和设计性思考"三个部分。世界观部分包括与反映、理解、商议和改变基本信仰、知觉定向、道德原则和价值观联系的实践;系统思考部分包括与复杂性、不确定性和风险理性理解和工作相联系的实践,以使学生能有效地管理自身知识;未来和设计性思考部分包括为了达到预期的美好未来、规划可行的解决方法而对观点、产品、环境、过程和系统进行设想、建模、选择和发展的实践。下面以3～6年级段"实践的指令系统"的"世界观"内容为例进行说明(见表 2-3-3)。

表 2-3-3　3～6 年级段"实践的指令系统"的"世界观"内容

3～6 年级世界观	1. 感知、情感和价值观	●对自己和他人对生物和自然环境的认知和感觉有意识并能分享,通过: —在各种自然和人工的环境中尝试孤独的时刻 —描述、回忆(再现)、用讲故事的方式叙述(自然和人工)环境,说明人与环境之间的联系 —学习他人的感知方式,并叙述个人改变对环境的感知的经历 —通过发展性的系统理解来描述环境感知 —在各种各样的环境中工作,并关心照顾各种各样的环境及其动植物
	2. 信仰、道德和行动	●讨论自己和他人对关于生命和宇宙起源的各种信仰 ●描述和讨论"为什么我在乎"各种事物或问题,并对关心不同事物的人产生移情 ●反思和讨论自己和他人的价值观和道德原则,通过: —从可持续发展的角度解释为什么一个特定的行为是正确的或是被期望的 —与持不同观点的同伴或成人商议取得一致意见 ●识别自己的信仰、价值观和道德原则与他人的不同之处在哪里,并讨论可能的原因 ●在承认和接纳信仰和价值观差异的基础上,为了在一个项目上合作,商议共同的立场 ●运用各种汇合的信息来思考人类的需求、幸福、健康

二、该框架的特点

(一)实践性

在可持续发展教育(或环境教育)的课程内容框架方面,一般来讲是按照教育目标分类来进行架构的。例如,美国学者亨格福德(H. Hungerford)等提出的环境教育课程开发目标包括四个层次,即生态学基础层次、概念意识层次、调查和评价层次、环境行为技能层次。[①] 我国教育部 2003 年下发的《中小学环境教育实施指南(试行)》(以下简称《指南》)将环境教育的学习内容按照情感态度与价值观、过程与方法、知识与能力来架构。而澳大利亚的此课程框架结构非常独特,它并不以学习或知识的分类作为框架的结构,而是按照"如何促使学生产生可持续发展实践行动"的思路,将其内容分为可持续发展行动过程、生态和人类系统的知识、实践的指令系统三个部分。这

---

① 祝怀新.环境教育的理论与实践[M].北京:中国环境科学出版社,2005:40-41.

些课程开发内容的规定是建立在对一些关键问题即"如何让学生产生可持续发展行动""可持续发展行动的产生过程包括了哪些具体的步骤和方法"的深入、细致分析与思考基础之上的。人类产生行为的过程既有其心理机制的影响（有产生该行为的动机），也要有相关的知识基础（知道事情是怎样的），还要有价值判断（知道怎样才是对的），更要知道做一件自己认为是对的事情的具体程序是怎样的。而澳大利亚颁布的该课程框架囊括了刚才所述的几个部分的内容，这就从技术上保证了实现其课程开发的最核心目标，即致力于产生学生的可持续发展行动。正如该课程框架的介绍部分的第一句话就开宗明义地指出："可持续发展教育帮助学生学习设计与实施导向更可持续未来的行动"。[①]

课程目标明确以后，在内容方面又如何确保该课程框架能真正导向学生产生可持续发展的行动呢？该框架紧紧围绕对产生一个可持续发展行动所需的步骤、方法、资源支持、可能遇到的障碍等的深入细致的分析确定内容。例如，在"可持续行动过程"部分，首先将其分成为改变提供充分理由、确定行动的范围、形成行动建议、实施行动建议、评估与反思五个步骤。接着又进一步对这五个步骤进行深入细致的分析，如"为改变提供充分理由"包括"探索一个可持续发展问题、评估当前的状态、调查可持续发展观念和观点、陈述改变的理由"等内容，根据该内容进一步将其分成四个步骤，并对达成这四个步骤的方法和途径进行了深入的分析，细化为更具体的方法和步骤。

笔者将该课程框架与我国 2003 年颁布的《指南》进行了比较，发现该框架更具体和具有可操作性。例如同样是"评估与反思"部分的内容（见表 2-3-4），澳大利亚的课程框架指出评估与反思过程中所需考虑的标准、方法、数据和资料来源、图表的运用、需要考虑的群体等方面，而我国的《环境教育实施指南》仅提出要评估、反思，但具体如何操作并未明确说明。

① Framework SC. A guide for curriculum developers and policy makers[EB/OL]. (2010-08-20)[2016-10-08]. http://www. environment. gov. au/education/publications/curriculum-framework. html.

表 2-3-4 "评估与反思"部分比较

中国《指南》7～9 年级段	澳大利亚可持续发展课程框架 7～10 年级段
●内容与要求 　实施环境行动方案并对结果进行反思 ●活动建议 　参与校园建设,反思并评价行动效果	●评估与反思 1.评估行动,包括: 　根据每一个成功标准,设计方法、运用适当的定量和定性资料来评定行动 　精确地解释特殊的行动怎样影响短期或长期发生的事 　使用系统原型或因果循环图来描绘识别出的短期结果 　基于对可预见的风险和利益的定量评价,对学校或社区行动的未来可能性做出判定 2.反思行动考虑下列因素: 　在环境和利益相关者方面的短期和长期的可能影响 　对行动价值和过程的个人感觉

又如实践的指令系统包括世界观、系统思考、未来和设计性思考等,这部分内容相当于我国的情感态度与价值观部分的内容,所不同的该部分内容将形成学生可持续发展行动所必备的心理、情感、价值观细化为具体可操作的内容或步骤,这是该课程框架的一个突出特点,如 3～6 年级的"实践的指令系统"的世界观部分的内容(见表 2-3-3),这也为我国可持续发展情感态度与价值观教育提供了有益的启示。

（二）发展性

该框架的可贵之处在于从可持续发展教育自身的视角对儿童在特定的阶段该学习些什么内容、学到什么程度进行了识别和梳理。正如该框架所言:该框架是为了"帮助课程开发者对各个学习领域的相关内容进行排序,如此使开发出来的课程支持教师对学生在特殊发展阶段的可持续发展的理解和技能有深入的理解。"该框架三个年级段的结构相同,根据儿童的发展规律对具体的学习内容和要求进行了差异性安排。主要表现在不同阶段儿童在空间、探索方法、知识内容上的差异性。

在空间上,学习内容的范围从儿童的周遭逐渐扩展到世界范围。例如,"可持续发展行动过程"这一组织结构下的第一个子内容"为改变提供理由"部分就分三个阶段设计,以体现儿童的关注、探索范围从家庭、学校（K～2年级）—家庭、学校、当地社区（3～6年级）—社区、国家、全球（7～9年级）的变化。

探索的方法上,也体现了尊重儿童发展规律的特点。如在"可持续发展行动过程"结构中的"实施行动建议"部分,三个不同年级段的要求就体现了充分尊重儿童发展规律的特点。例如在装备和资源的使用方面,K～2 年级是"在指导下利用工具、装备和资源";3～6 年级是"当被要求以高效率调整行动时,选择和使用工具、装备和资源";7～10 年级是"当被要求调整实施过程来提高有效性和更好地符合成功标准时,运用工具、装备和资源",这些都体现了在儿童使用工具的独立性以及其他要求方面的逐步提升。

课程知识的设计体现了螺旋上升的特点。如"生态系统和当地环境"的内容在 K～2 阶段和 3～6 年级都有,但二者在课程内容的深度和广度上有很大的差异。(见表 2-3-5)

表 2-3-5　不同年级段"生态系统和当地环境"内容比较

阶段	"生态系统和当地环境"的内容
K～2	●环境提供给不同物种满足其需求的方式 ●物种之间的简单联系、生态系统联系和食物链联系 ●我们如何通过一段时间的观察、采样、测量、比较,以及讨论所获得的结果等方式来评价自然环境和社会的健康
3～6	●当地花园和自然生态系统中的真菌、动植物物种及其自然环境之间的适应、作用和联系 ●当地陆生和水生生态系统的特征及其变化和这些生态系统的健康情况的指示器 ●人类对不同生态系统和地方的管理 ●在一年中的不同时间人类关照和描绘不同生态系统的方式 ●管理一个教室或自然地域的问题和不同选择

(三)协调性

从杜威开始,课程究竟是为儿童当今的生活而设,还是为儿童不可知的未来而准备一直是课程领域争论不休的话题。在课程开发领域,究竟其指向是儿童当下的生活,还是未来的生活似乎是一对非此即彼、不可调和的矛盾。儿童既是未来社会的主人,又是当今社会的成员;可持续发展教育既指向未来的可持续发展社会,而这种可持续发展社会的形成又是建立在今日社会成员努力的基础之上的。因此,可持续发展教育的课程开发必须很好地协调当今和未来的指向。该课程框架通过从当下的问题着手,在做与行动的过程中,培养学生指向可持续未来的能力,实现当今与未来的协调。笔者总结其设计思路(见图 2-3-2),由图及对该框架内容的分析可知,该框架非常注重对现状的"反思""批判性思考",注重对未来愿景的设想和对未来的设计性思考,主张系统性的思考(所谓系统性思考包括纵向和横向两个方面,纵向指从时间维度上的变化与趋势来看待事物;横向指从大处着眼,将一个事物或事件放在系统里去思考,理解事物之间的联系与相互影响)。

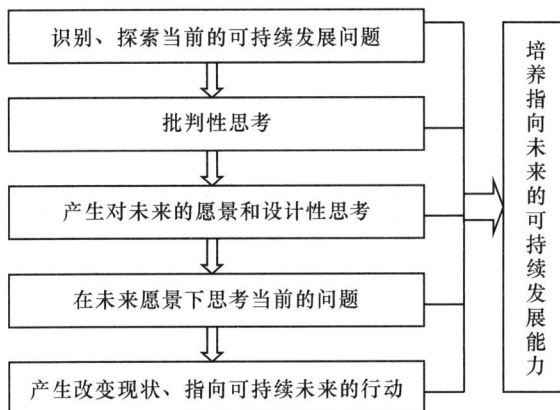

图 2-3-2　该框架协调当今和未来指向的思路

（四）弹性

　　该课程框架的弹性突出表现在其对一个主题的步骤、方法、程序等方面规定得较为具体,而对具体如何做,采取什么内容做又不做规定,这就给课程开发者和教师留有余地,鼓励各地开发特色课程。这是因为澳大利亚面积辽阔,各地自然环境差异很大,在课程开发的过程中非常注重结合当地的实际,突出各地的特色,包括各地的文化、自然环境特征和出现的可持续发展问题等。例如,该框架规定要"识别可持续发展问题"并对识别可持续发展问题的步骤程序进行了具体的描述(见表 2-3-1),但具体识别何种问题,需要教师及其他课程开发者根据各地课程资源的实际确定。而我国的《环境教育实施指南》在方法的指导方面显得不足而对活动的建议方面又规定得过死。如我国《指南》在 7～9 年级"过程与方法"部分对环境问题的探究调查这一块内容中,只规定了"围绕身边的环境问题选择适宜的探究方法,确定探究范围,选择相应的调查工具"。但具体选择什么方法、如何选择、如何确定探究的范围、如何选择调查工具,则未做说明。在"活动建议"部分明确指出了"设计家庭节水和校园节水的调研方案、围绕化肥和农药的使用及其影响设计调查方案"。笔者以为,该建议是否考虑了全国各地不同的情况值得商榷。澳大利亚可持续发展课程框架既做规定又保持适度的张力,在对全国的指导上实现了"收"与"放"的有机结合,既对课程开发提供有效的支架,又给予课程开发者充分的自由和弹性,以保持各地可持续发展教育课程开发的特色。

第三章　地理教育走向"田野"的价值

第一节　地理"田野"教育与"自然缺失症"

近年来,随着科技的飞速发展,越来越多的儿童沉浸于室内的虚拟电子世界,其结果就是人与自然的分离,从而使儿童患上"自然缺失症"(naturedeficit disorder)。地理教育走向"田野"是防治自然缺失症的有效措施。

一、"自然缺失症"的提出

"自然缺失症"是美国作家理查德·洛夫(Richard Louv)在其名著《林间最后的小孩——拯救自然缺失症儿童》中提出的一种现象,指出它并不需要医生诊断或服药治疗,而是当今社会上出现的一种非常危险的现象:儿童在自然环境中度过的时间变少,从而导致了一系列心理和行为上的问题。他在书中的调研数据可以充分说明这个问题的严重性:1998 年,根据美国卡内基·梅隆大学(Carnegie Mellon University)的研究发现,上网频繁的人比上网次数较少的人更压抑和孤单;2000 年,美国国家疾控中心的调查数据显示,在 1989—1999 年之间,2～5 岁的美国儿童超重人口数增加了 36%。研究同时表明,看电视的时间长短与儿童肥胖程度成正相关;2004 年,西雅图儿童医院经调查后认为,学龄前儿童每天看 1 小时的电视,会使 7 岁前出现多动症的概率增加 10％。① 当人类切断与自然环境的联系时,身心都会发生紊乱。理查德·洛夫认为,"在过去三十年里,儿童越来越少的自然体验"对社会的影响是深远的,不仅会影响未来儿童的健康体质,而且最终将会对整个地球的生态环境产生巨大的影响。

林未延从教师角度指出,为防止学生患上"自然缺失症",教师应做到亲近自然、热爱山野,言传身教。② 杨东平认为,儿童与自然的脱离会对人体感官造成很大损害,不利于儿童审美及智力的发展。要想恢复儿童与自然的内在联系,必须改变现代城市与自然的隔绝状况,改变将城市与自然对立的城市空间规划,提出建设"野生化的城市"的概念,这个概念强调对真实存在的自然环境及形态的保留与兼容,主张通过设计建筑、规划用地等将城市中的一些公共空间转化成适合野生生物栖息的地方,并使之成为多样化基因的自然生物走廊。③ 向朝春指出,我国目前的基础教育存在自然缺失的问题,我们应该更加理性地看待网络学习在教育中的作用,避免盲目的技术崇拜。④

二、"自然缺失症"产生的原因及危害

(一)"自然缺失症"产生的原因

1."去自然化"的城市建设

随着我国城市化进程的加快,城市建设规模越来越大,建设水平也越来越现代化,但能提供给儿童玩耍的"野地"却越来越少。即使是在某些城市有生态公园,但通常带有浓重的人工建设的气息。生活在现代城市的小孩,出了家门就是被水泥硬化的地面和马路,仅存一点的绿化带上,也包含着太多人工留下的痕迹:景观花草都被人工修剪得整整齐齐,而自然生态下的野花野草却不见踪影。

近年来,我国很多城市都在打造所谓的"山水宜居"城市。但城市化的结果,肯定不单单是"发展城市",更重要的是要让广大人民群众共享社会文明发展的成果。城市建设,本来就应当让人们的生活变得更加美好。而在

① 理查德·洛夫.林间最后的小孩——拯救自然缺失症儿童[M].郝冰,译.长沙:湖南科学技术出版社,2013:30-48.

② 林未延.别让儿童患上自然缺失症[J].科学课,2013(5):96-97.

③ 杨东平.重建孩子与自然的联系[J].科学课,2013(5):94-95.

④ 向朝春.自然缺失视角下的网络学习反思[J].重庆三峡学院学报,2013(4):145-148.

城市建设里面，肯定也应包含充满生机的自然空间——"野地"，给孩子留下足够的空间接触自然。有些城市公园和自然保护区对人们进出进行限制，或是竖着"不要随意践踏自然植被"的告示，更进一步地减少了儿童接触自然的机会。

2.逐渐兴起的"宅"文化

城市化在改变人们居住状态的同时，也在不断地重塑人们的价值观念。在这个生活节奏加快的社会，每个家庭都安装了一道坚固的防盗门，不仅反映出社会可能存在的不安全风险，还建构了"宅"这种独特的生活习惯。"宅"从本质上体现了个体与社会、自然之间联系链条的断裂，对城市儿童而言，"宅"在家里，既是一种被迫适应，也是一种主动选择。一方面，大多数家长为了保证儿童的安全和卫生，往往将孩子的活动范围限定在较狭小的空间里，还告诫孩子"户外充满危险"；另一方面，城市里的孩子从小就生活在城里，对自然风景并没有过于强烈的情感，"宅"这种生活方式，便成为他们的最好选择。

3.充斥过多的电子产品

随着现代科技的发展，电子产品对人们的影响也越来越大。孩子接触电脑、手机、平板电脑等电子产品习以为常，容易被其中的画面、声音所吸引，从对感官刺激的角度而言，这些刺激远比自然界中的风雨声、鸟叫声"动听"，以至于使孩子产生错觉：在电子产品中同样能感知到真实的自然。电子产品，对自控力较弱的孩子而言，一旦接触便可能很难抗拒，很容易沉迷其中并出现种种问题。最直接的影响就是孩子的视力，当孩子较近距离、长时间地看着电脑、手机、平板电脑等电子屏幕时，容易导致眼肌性视疲劳，造成近视。

假如孩子的注意力全部集中在电子产品上，专注力的宽度就会变得狭窄，久而久之就会失去本应该主动探索发现的时机。现代电子产品的大部分内容是完成具体的游戏、任务单元。而对学龄前儿童而言，专心地通过文字输入形式，利用搜索引擎主动学习知识几乎是不可能的。绝大多数儿童对电子科技产品的利用，仅停留在接受—反应的强化练习阶段，即利用电子产品上现成的游戏或视频动画进行娱乐。

儿童除了天性好动之外，往往还具有较强的"专注力"。从心理学角度来讲，亦可称其为"注意力"。专注力一般都集中于儿童真正感兴趣的事情上，是儿童主动探索发现未知世界的动力。当儿童专注地完成某一项任务时，他会有很强烈的成就感。但是，儿童表面上的专注，并不是真正意义上的注意力的发展。例如,一个儿童在公园草地上一直拿着平板电脑打游戏,就没有机会观察不同草本植物的区别,不会注意到自然界各种生物的叫声,也不会体验到自然界的生机勃勃。当然,这些能提升孩子对自然感知的学习机会,是离不开教师、家长陪伴和引导的。如果成年人能够为儿童提供更多真实生活的环境,儿童获得的感知能力将深刻得多。而这些感知经验,才真正有利于孩子对未知生活做好准备。

同时,因盲目跟风而滥用电子科技产品的做法,也剥夺了孩子们接触、探索大自然的机会,阻碍了孩子各方面的发展。由于孩子长时间对着冰冷的电子产品进行人机对话,减少了与父母、同伴的交流机会,阻碍了孩子在自然活动中发展创造性思维能力的可能。社交能力和语言运用能力将受到很大程度上的限制,此外,还将会限制孩子想象力的发展。电子科技产品最重要的操作手段就体现在人机互动方面。假如让儿童长期对着电子产品进行人机对话,从表面上看,好像是电子产品中"好玩的游戏"暂时吸引住孩子的注意力,让孩子变得"不亦悦乎",而实际上却缩减了孩子与父母、同伴之间的沟通交流,严重阻碍了孩子在活动中发展创造性思维的可能。每天晚上睡觉前的美好时光,是家长和孩子沟通交流的重要时间;各种聚会可以成为孩子互相交流、嬉戏的美好时光;而周末带着孩子去公园游玩,也能给孩子创造与陌生小朋友游戏玩耍的机会。但是,假如每个孩子都捧着自己心爱的平板电脑独自玩耍,那么他们的社交能力和运用语言的能力如何能得到发展呢?

4. 以安全教育为借口的管理

户外自然体验活动对儿童生理、心理和社会属性发展具有无法替代的作用,对他们未来的身心发展亦具有重要的影响。但是,许多调查却发现,接触自然、喜爱户外活动的孩子变得越来越少;同时,孩子们进行户外自然体验活动的时间也大大缩短。我们在户外活动空间中,越来越难看到孩子们放肆玩耍的场面。分析其原因,出于安全方面的考虑,不管是家长,还是教育工作者,对孩子们的户外自然体验活动都是持谨慎态度。"禁止嬉水""禁止追逐""禁止野外活动",一个个"禁"字成为防护罩,就像满天乌云遮住了儿童头上的灿烂阳光。

5. 繁重学业的压迫和阻挡

最近,中国儿童中心联合对全国五大城市小学生进行调查,并发布了《中国城市儿童户外活动蓝皮书》(以下简称《蓝皮书》),调查以访谈和线下问卷相结合的形式展开,对象包括来自北京、广州、上海、合肥、西安等 5 座城市的 5441 名小学生(其中,男女比例近 1:1)。调查根据不同层次、不同区域的几所小学来随机选取样本,争取全面而真实地反映我国城市儿童在校外时间的户外活动情况。

调查认为,户外活动对于促进儿童身心健康发展有着良好作用,城市儿童普遍需要进行户外活动。但在目前的教育环境下,在学业竞争压力的推动下,家长通常比较关注孩子的知识学习和物质生活,从而忽视了他们精神世界的发展。为了让自己的孩子"赢在起跑线上",家长宁愿将孩子送进兴趣班、补习班,也不愿带孩子走进大自然,呼吸新鲜空气,探索野外世界。于是,孩子逐渐远离户外活动,变得越来越"宅"。《蓝皮书》发现,虽然有大约80%的学生家长对孩子进行户外活动持支持态度,但随着孩子学习任务的加重,他们对户外活动的支持度也在下降,导致孩子对户外活动的参与度也随之降低。超过一半的孩子认为,是作业太多导致自己不能参加户外活动,在课余的时间里都要参加课外辅导培训班,即便是小学一年级的学生,也已经充分感受到课业的沉重压力。虽然,国家教育部门要求学校在小学三年级前不能给学生布置手写作业,但调查结果显示:一年级的小学生平均每天要花大约 1.7 小时来写作业。繁重的学业负担占据了孩子的大部分时间和精力,剥夺了他们与自然界平等交往的机会。随着时间的流逝,他们会失去对自然的兴趣。而且,入学形势严峻,使得广大青少年忙于学习书本知识,没有更多的时间来亲近自然,走进"田野"。

(二)"自然缺失症"的危害

1. 儿童对于自然界缺乏敬畏

生活在现代社会里的儿童很难知道日常食物的来源,他们处在"衣来伸手,饭来张口"的环境里,很少花时间去思考自然界中的食物链,基本不能分辨出家乡自然界中的动植物,也对乡土地理失去了兴趣。从本质上来说,人类属于自然界的一份子。而儿童与大自然的亲切感是与生俱来的,大自然是儿童生命的摇篮,给予儿童无限的生机活力。儿童随着自然界万物的变化而不断成长,与自然界有着天然的和谐关系。19 世纪,俄国著名教育家卡普捷列夫曾提出:"儿童应该尽早而且长时间地投身于大自然,从中吸取对它的印象,体验大自然在每个人心中激起的思想和感受,儿童需要亲眼观看太阳和月亮的起落,一句话,必须与自然界形形色色的现象融合在一起。"[1]

---

① 丁小卒.家庭美学[M].西安:陕西人民出版社,1987:122-123.

近年来,由于人类生存环境不断恶化,开展环境教育、提高环保意识成为社会各界的共识。相关研究表明,儿童时期亲近自然的情感对于长大后保护环境的责任心具有重要作用。而生活在现代社会的儿童,却因在童年时期患有"自然缺失症"而缺乏对自然万物的敬畏。

大自然是儿童获得具体知识的最直接途径,在与自然环境相互作用的过程中所形成的最初感性的知识,是他们在儿童时期开展其他活动的基础。众所周知,人类在童年时期获取知识主要是通过感觉器官来实现的,儿童在这段时期的思维活动具有直观性、形象性,而大自然环境所拥有的直观可感的特征,正好与儿童的思维发展规律相一致。在儿童面前,自然环境中的事物也以其多变的形式出现,不断刺激着儿童的好奇心,驱使他们主动探索、发现自然界存在的秘密。而且,他们会把自然界中的花草树木都当作有生命的个体,在与自然环境的相处过程中,可以发挥他们无限的想象力,从而认识生命、体验生活。因此,我们在小学科学课程的教学中应积极倡导以自然为师,让儿童参加较多的户外考察活动,通过他们自身各种感官来充分感受大自然的神奇,树立尊重自然、敬畏自然的价值观。理查德·洛夫指出,"在过去 30 年里,儿童越来越少的自然体验"对社会的影响是深远的,不仅对下一代儿童的健康体质产生影响,还将对地球的生态系统产生巨大的影响。

2.多动症和注意力缺乏症的增加

理查德·洛夫在《林间最后的小孩——拯救自然缺失症儿童》一书中指出,美国在 1991 年至 2003 年之间,很多学校不断减少户外体育课程,甚至有些学校还允许学生通过网络学习来完成户外体育课的学分。这样就导致了学校教育离自然环境越来越远、学生有限的学习注意力很难集中。在美国有将近 800 万儿童受精神障碍的困扰,而多动症则是其中较为常见的。多动症多发生在儿童 7 岁之前,但一般到 8～10 岁才被诊断出来。患者的主要症状是:烦躁不安、倾听困难、无法按指令集中精力完成任务,同时患者往往具有较强的攻击性,严重患者甚至有反社会的不良情绪,通常会因为学业困难而使内心遭受打击。相关研究表明,"自然绿色环境有益于'注意缺陷多动障碍'(即俗称的"多动症")的治疗,它可以和药物、行为治疗一同使用,甚至在某些特殊时候还可以取代后者"①。一些研究者向广大家长及教

---

① 理查德·洛夫.林间最后的小孩——拯救自然缺失症儿童[M].郝冰,译.长沙:湖南科学技术出版社,2013:84-88.

师提出了一些切实有效的建议,即利用周末或寒暑假带多动症患者与自然界进行深入接触。在有绿色植物的环境下开展活动,能提高儿童的注意力,减轻"多动症"带给他们的困扰。

3.儿童创造力和想象力的下降

自然环境在儿童成长过程中的作用是不可替代的。由于自然环境会刺激儿童几乎所有的感官,在自然环境中综合运用多种感官,能使儿童智力持续发展所必需的认知体系得到很好的构建。通过提供自由的自然活动空间,激发儿童想象力,可以作为促进儿童创新发明能力的媒介,这几乎是在任何一群儿童身上都可以得到验证的事实。英国教育家西蒙·尼科尔森(Simon Nicholson)认为:"在任何环境中,发明和创造力的程度与该环境中变量的数量和种类成正比。"大自然中"活动零件"玩具是开放的,儿童可以发挥想象力和创造力,采用不同的方式,将它与其他的"活动零件"结合起来,组成一个新的"游戏"或者"玩具"。构成一个自然游戏区的"活动零件"可以是花草树木、水池,以及水池中的各种生物及其他构造物。如果儿童越过这个自然游戏区域,来到森林、田野,那么,就会更加容易获取游戏中所需要的"活动零件",也就更加能激发儿童的创造力与想象力。相反,如果儿童缺少与大自然的真实接触,就会失去获得这种创造力和想象力的途径。在自然环境中游戏和玩耍,儿童是去主动地探索、发现信息;在室内玩电子游戏或者观看电视节目,儿童则为被动地接收信息。因此,儿童患有"自然缺失症"就必然会导致想象力和创造力的下降。

三、地理"田野"教育与"自然缺失症"的防治

儿童与自然环境有着天然而不可分离的联系。在自然环境中成长的儿童,能获得更强大的观察力和想象力。在自然的环境中玩耍游戏,更能激发儿童内在的探索欲,促进儿童的全方位发展。

(一)舒适的自然环境刺激更能促进儿童身心发育

自然环境中舒适而又丰富的感官刺激,能够提高儿童参与户外实践活动的欲望,有利于促进其身体发育。儿童在自然环境中玩耍,普遍能够促进其生理发育,主要是因为自然环境中的各种非人工控制因素(如空气中各成分比重、气体湿度与温度等)较之人造环境,更有利于促进儿童各项感觉器官的健康发展;以自然环境作为背景的儿童玩耍场地与用人工环境为背景的活动场地相比,自然户外环境更能够孕育出多样、连续且相对温和的刺激,更有利于促进儿童先天的好奇心与参与运动的欲望,从而更能激发孩子

参加体育活动的兴趣,并借此促进身心各要素的发展。

以户外天然草坪与人造塑胶草坪为例,前者带着自然生命的气味,且随着日出日落与春夏秋冬四季的变化而发生自然变化,这就能在很大程度上激发儿童内在的探索欲望;相反,后者只是一个无生命特征的人造产物,它的无变化性(如色彩、形态等都未能随季节的变化而变化),因而很难激发孩子特有的探知欲望。人类的绝大多数体育运动项目来自大自然环境,这与大自然环境作为丰富多彩的刺激源是密不可分的。

儿童身心的发展,一般都是从直接的感官刺激反应开始的。在自然中玩耍,能够为儿童提供多元、积极的感官刺激,进一步促进儿童感觉、大脑神经的健康发展。例如,儿童在大自然的草坪上玩游戏,儿童能够感知小草的味道、温度。

(二)丰富的自然情境更能引起儿童的探索欲望

在自然环境中进行玩耍、活动的效果,之所以要优于其他人工环境,是因为自然环境能够激发儿童内在的探索欲望,并表达出内心丰富多样的想法。

如果将儿童单独置于自然环境中,面对身边丰富的自然或非自然的存在,即使是一块很不起眼的石头或者一片掉在地上的落叶,都能成为孩子喜爱的玩具。自然环境创造了多元的社交互动情景,能形成丰富多样、充满想象力的游戏活动,能促进儿童的观察力、动手能力等的发展。

以自制纸船在水中"游行"为例,儿童需准备适当的纸张,折叠能"游行"的船只,放置在水面上,并通过拨水来促使船只"游行"。孩子需要考虑什么样的纸张才能符合要求:吸水性太强的纸张,纸船"游行"的时间肯定会变短;硬度过大的纸张,纸船则容易下沉。儿童还要充分考虑到水中的环境,这是与陆地完全不一样的环境,纸船"游行"的前方可能会有枯枝、石头等障碍物,这时就需要儿童协调好自己拨水的力度及方向。微风时,纸船的稳定性较好;面对不经意间的大风,儿童需要考虑纸船的材质和拨水的力度。当纸船偏离方向"游行"时,则可以借助其他工具来拨动船只的"游行"方向,从纸船的侧面进行拨水,或者从其他各个角度、尝试不同力度进行拨水等。总之,如果需要纸船"游行"到目的地,中途出现的各种突发因素都需要儿童集中精力,充分发挥自己的主观能动性来处理这些问题。

瑞典科学家把处于两种不同环境下的幼儿园小孩作为观察对象,其中一个幼儿园处于高楼环绕之中;而另一个则是在有草地和绿树的果园附近。

研究表明,每天在果园附近玩耍的孩子,比处于高楼环绕之中的幼儿园的孩子有更好的运动协调能力和更强的注意力集中能力。儿童在大自然环境中玩耍,可以积累丰富的关于大自然的感官经验,以及相应的科学知识。以儿童对天然水的相关感官经验与知识为例:儿童在自然环境中参加戏水活动,能够观察到水的颜色、味道、状态,水在不同速度下的不同状态等。儿童在户外进行打雪仗、滑冰等户外冬季运动时,能够知道水在不同的气温条件下可以形成雪、冰、霜、雾等形态。儿童在户外玩耍的过程中所积累的经验与知识,不仅为他们接受相关自然知识的学习做好了准备,也加强了他们进一步探索相关知识的动机。

（三）多元的户外环境更有利于儿童社会性的发展

在户外自然环境中,不同年龄段与性别的孩子更容易聚在同一个地点参加户外活动或休闲游戏。多元化、开放性的自然环境比人工环境更能引起儿童之间的社交互动,儿童也可以从这样的"社交环境"中逐步积累起社会性认知与社会性知识。由此看来,在自然户外环境中活动,不仅能够满足儿童与自然真实环境的联系,更能满足儿童对人际社会环境接触的需求,以达到杜威所认为的"儿童的本能"。所以,为了促进儿童全面发展,要让儿童与自然环境多接触,只有这样,儿童的知识、价值观等才能更好地形成与发展。

多元性的自然户外环境,可以驱使几乎没有任何知识与技能水平的儿童进行属于自己的创造性活动。以小学生在大草坪上放风筝为例,在宽阔的大草坪上,相互不认识的小学生聚集在一起放风筝。在这些小学生中有对放风筝技术掌握娴熟的熟练者和对放风筝技能一无所知的初学者。熟练者能够轻松自如地放着风筝,并向初学者分享自己的经验。由于自然户外环境的开放性,初学者不会因为技术水平低而产生较大的群体压力感,他们更不会产生较大的自卑与胆怯心理。相反,在这样轻松与开放的自然环境中,更能激发初学者提升自身技能的欲望,使小学生之间形成自然且轻松的互相学习的氛围。

此外,儿童在自然环境中活动较之在其他场所活动,几乎不会感受到来自同辈或父辈的压力;儿童能够带着自然户外环境为其创造的独特自信心,跟随自己内在的想法去探索丰富多彩的外在世界。这些方面可以在一定程度上提升儿童的注意力,并促进其认知能力的发展。

（四）多样的自然经历更能加强儿童对生命的体验

自然界的草木山河、飞鸟虫鱼都具有不可比拟的美，是所有美好事物产生的源泉，不需要任何刻意的装饰便能激起人们对美好事物的向往。儿童置身户外自然环境之中，能够极其自然地感受它的灵气和魅力，能够培养起热爱大自然的情怀，形成以体验生命为取向的审美态度。

以儿童在自然海滩上玩沙子与在人工营造环境下玩沙子为例，当沙子被装到玻璃容器中，它就失去了其原有的自然氛围，由此看来，它与自然沙滩上的沙子虽为同一种物质，但意义却已经完全不一样了：对儿童来说，玻璃容器里的沙子仅仅只是沙子而已，只是一种具有自然属性的物质存在；而海滩上的沙子，就在儿童看到大海的那一刹那，沙子与大海、蓝天、海鸥等构成一种无与伦比的自然意境，一种能给儿童带来精神体验的意境。儿童在自然环境活动中所形成的审美体会，对孩子审美观的形成与发展及人生职业的选择均会产生一定的影响。

此外，在大自然环境中进行活动，更有利于激发儿童保护大自然的欲望，进而促进人与自然的和谐相处。通过在大自然环境中的亲身体验，孩子可以获得对自然生物发展过程的直观感受，这些直观感受能够激发儿童在今后的学习生活中出于对自然的关爱而不断学习并保护自然的动机。

以农村孩子在夏天的晚上搜集萤火虫为例。夏天宁静的晚上，几个孩子聚在一起捕捉萤火虫，然后再将经过全体成员努力而捕捉到的萤火虫放置在玻璃瓶中作为"灯光"观赏。在整个过程中，孩子逐渐掌握了萤火虫的生活习性，例如，萤火虫在夜间出来活动，通常会在水边、草丛中进行繁衍生息；体会萤火虫个体生命的脆弱，感受萤火虫在夏天给人类带来的浪漫与温馨。当孩子逐渐长大，有机会去探究更多有关生命的知识及其带给人类的影响时，他们在儿童时期所形成的关于萤火虫的体验将会更加激发他们的探索欲望。当他们发现，假如自然环境遭受严重污染，就会导致这种带给人类浪漫想象的动物无法生存时，就会激发他们对自然环境的无限关爱，并在以后的生活中用行动来践行环保理念。

第二节　地理"田野"教育与空间素养的形成

地理空间素养作为地理素养的核心成分,其培养日益受到教育界的广泛关注。地理"田野"教学是中学地理教学特有的方式,在中学生地理空间素养的培养方面有着独特的优势。目前,国内外关于地理空间素养和地理"田野"教学的研究都还处在探索阶段,更鲜有研究将地理"田野"教学与中学生地理空间素养的培养结合起来。因此,本节在继承前人相关研究的基础上,对二者的结合做了研究,以期丰富地理素养教育的理论体系,体现地理"田野"教学的价值,为培养中学生的地理空间素养提供实践指导。

一、已有研究与相关概念界定

（一）国外研究现状

国外的相关研究,大部分是关于空间素养和空间思维的,以及有关地理空间能力和空间观念的研究。

1. 空间素养和空间思维的研究

"空间素养"这一术语,最早是由美国国家科学院下属的全美研究委员会（National Research Council）提出的。该委员会认为,一位精于空间思维的人即具有了空间素养（spatial literacy）。"精于空间思维"即符合"了解空间概念、利用表征工具（呈现工具）和进行空间推理过程"这一标准。除此之外,全美研究委员会在 2006 年发表了专题报告,该报告指出,空间素养在当今信息经济社会充当着重要的角色,与人们的日常生活、学习和工作乃至科学发现紧密相关。美国心理学界提出,将语言技能和计算机技能同空间素养一起列为人在现代教育中应具有的三大基本能力。[①]

空间思维包括空间知识、空间技能和空间思维习惯。它作为一种思维形式,是人类认知能力的综合体现。《空间思维——GIS 与 K-12 课程的整合》一文中提出,如果一个人能够运用已经具备的空间知识和空间能力来进行思考和行动,那么他便具有了基本的空间素养,即具有运用空间思维进行

---

　　① 　Newcombe N S. A plea for spatial literacy[J]. The Chronicle of Higher Education, 2006,52(26):20.

思考的习惯;具有在获得充足信息的情况下发展空间思维;审慎地利用空间思维;能依据已有的空间信息评估观点是否合理。①

尽管前面的研究对与空间思维和空间素养相关的内容进行了定义,但关于空间素养和空间思维具体的定义、构成等还没有达成一定的共识。在现实中,与空间素养相关的名词如空间认知、空间概念、空间能力、空间推理、环境认知、心理地图等概念,被人们广泛地运用着。②

2. 关于地理空间能力和空间观念的研究

Catling 在总结了前人研究的基础上,制订了儿童空间概念发展计划。他试图找出空间区位、空间分布、空间关系这三个主要的地理学概念与儿童空间理解能力发展的三个不同时期之间的关系。结果显示,它们之间有螺旋形的联系,也就是说儿童描述心目中空间的能力,是根据他们对周围空间环境的了解,进而来丰富自己的经验而定的。③

法国学校董事会在一篇名为"为了学校"的文章中指出,"理解空间和时间"将成为学生必学的六个基本技能之一;④中国台湾地区较为重视运用地图进行教学和学生空间思维的培养,对学生识图能力培养和空间能力培养方面的研究也比较多,尤其在小学阶段对运用地图和空间能力的培养比较重视;日本强调"从地域的角度出发去认识世界",经过培养使学生学会使用地图,并具有能够运用地图处理地理信息,及独立测绘的技能。

美国《国家地理标准》提到的空间观(spatial perspective),要求学生能够认识空间的位置、要素、结构,并且能够说出它们之间是怎样相互联系和影响的,同时可以从空间的角度思考问题,并解决实际生活中的问题。例如《国家地理标准Ⅲ》中提到,从空间的角度考虑问题对理解和运用地理知识非常重要,能够使学生参与到解决他们周围有关人文、区域、环境等问题的过程当中。掌握空间的思想能够帮助学生思考过去、现在和未来空间组织结构的基本问题,进而判断在一定的地理条件下,各个地区可能发生的事件和结果。⑤

---

①②　Geographical Science Committee. Learning to think spatially-GIS as a support system in the K-12 curriculum [M]. Washington D. C: The National Academies Press,2006.

③　Lean G. Celements M A. Spatial ability,visual imagery,and mathematical performance[J]. Educational Studies in Mathematics,1981,12(3):267-299.

④　袁书琪. 地理教育学[M]. 北京:高等教育出版社,2001.

⑤　National Geographic Society: geography standards[EB/OL]. [2016-02-13]. http://www. national geographic. com/xpeditions/standards/03/index. html.

（二）国内研究综述

在阅读和分析文献的过程中，我们发现，国内对于地理空间素养的研究比较少，大多数研究集中在地理素养培养和学生地理空间能力培养等领域。

1. 关于地理素养的研究

袁孝亭、王向东在《中学地理素养教育》这一著作中，对地理素养教育的内涵及构成要素进行了概述，并且对地理素养教育的内容进行了系统的阐述。同时针对地理素养教育的现状，提出了一定的对策，为中学生地理素养教育提供了借鉴。①

范红梅认为，地理素养作为我国公民素养不可缺少的组成部分，其很多构成要素对现代公民的发展都起着重要的作用，并从理论角度对地理素养进行了界定，对中学地理素养的现状做了分析与总结，提出了中学生地理素养的培养对策。② 付颖在新课程的背景下，阐述了地理素养的基本要求，以及培养中学生地理素养的必要性，并提出运用 GIS 和地图等方法来提高中学生的地理素养。③ 刘文勇对地理素养的内涵、特点、表现、培养策略等做了一系列阐述，并分析了培养中应注意的问题。④ 李丽认为提高地理素养是地理新课程的核心目标，并结合中学生的具体情况，提出了中学地理素养教育的实施策略和实施方案。⑤ 姚艺苹采用文献分析的方法，探讨了科学素养、中学生科学素养和地理科学素养的内涵及其要素，阐述了加强中学生地理科学素养培养的重要性和迫切性，将案例教学与中学生地理科学素养培养相结合，提出在培养中学生地理科学素养的过程中，案例教学有其特别的优势，是适应课程改革的一种新型教学方法。⑥ 侯燕飞从培养学生地理空间察觉能力的角度探讨了对中学生地理素养的培养。⑦ 张良良在对地理素养进行了界定之后，将高中生应具备的地理素养简练地概括为知地、明理、懂图、质疑和析事。⑧

① 袁孝亭，王向东.中学地理素养教育[M].北京：高等教育出版社，2005.

② 范红梅.高中学生地理素养现状与策略研究[D].长春：东北师范大学，2007.

③ 付颖.新课改中学生地理素养的培养问题研究[D].大连：辽宁师范大学，2005.

④ 刘文勇.高中地理教学中地理素养的培养[D].大连：辽宁师范大学，2008.

⑤ 李丽.新课程背景下初中地理课堂教学中的地理素养教育探究[D].济南：山东师范大学，2006.

⑥ 姚艺苹.案例教学与中学生地理科学素养的培养[D].福州：福建师范大学，2005.

⑦ 侯燕飞.培养学生的地理空间格局觉察力——提高学生地理素养的探讨[J].探索·反思，2011(13)：139.

⑧ 张良良.浅析高中生地理素养的培养[D].长沙：湖南师范大学，2011.

韩金荣、马小伟将谷歌地图与学生的地理空间素养培养相结合,提出了利用谷歌地图培养中学生地理空间素养的方法,并对利用谷歌地图进行地理空间素养培养的策略进行了实证分析研究。[①] 胡二伢探讨了谷歌地图提高中学生地理空间素养的方法与功效及具体的表现形式。[②]

2. 关于空间能力的研究

关于地理空间思维能力,卢万合对空间思维和地理空间思维的内涵进行了阐述,进而论述了地理空间思维培养的意义,并针对不同类别的地理空间思维能力提出了策略。[③]

袁孝亭在《利用地理空间要素发展学生空间思维》一文中指出,地理空间包含了地理空间的形状、大小、距离和方位等主要内容。在教学中联系空间要素的基本内容对学生空间能力的培养具有独特的价值,进而以地理空间形状和大小为出发点,设计了学生空间思维发展培养的教学案例。[④] 黄习认为空间定位能力是地理空间思维能力不可或缺的一部分,同时将地理空间思维能力与空间概念和空间要素之间的关系进行了总结(见图 3-2-1)。[⑤]

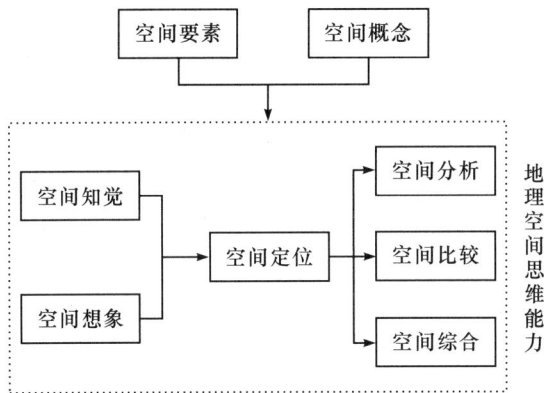

图 3-2-1 地理空间思维能力与空间概念和空间要素之间的关系

---

① 韩金荣.基于中学生地理空间素养培育的 GE 运用策略研究[D].长春:东北师范大学,2009;马小伟.基于 Google Earth 培育中学生地理空间素养研究[D].武汉:华中师范大学,2012.

② 胡二伢.借助 Google Earth 来提高中学生的地理空间素养[J].政史地教学与研究,2010(51):162-163.

③ 卢万合.中学生地理空间思维能力及其培养[D].长春:东北师范大学,2005.

④ 袁孝亭.利用地理空间要素发展学生空间思维[J].课程・教材・教法,2009(8):62-67.

⑤ 黄习.高中生地理空间思维能力的系统培养[J].文教资料,2007(10):98-99.

关于地理空间定位能力,赵杰将地理空间定位能力定义为人在认识地理事物的空间位置时,能够从地图或者示意图等空间视角出发,从中获得有用的地理信息,进而能对相关的问题进行结论性的解释而表现出来的能力。戴荣菊、潘东勋指出,学生地理空间定位能力的培养应通过位置定位、经纬网定位、地理景观定位、区域轮廓定位、地理原理定位、根据特定地理事物和现象的空间分布定位等方法来培养。

关于地理空间认知的研究,鲁学军等人将地理空间认知模式划分成空间对象和空间特征两个基本单位,以及空间格局认知、空间特征感知、空间对象认知三个基本层次。[①] 王晓明、刘瑜和张晶从认知过程的角度出发对地理空间认知所包括的地理表象、地理知觉、地理知识的心理表征等方面进行了综述。[②] 李洪玉等人对510名中学生进行了空间认知能力倾向测试,主要从图形分解、数学关系形象化表达、组合能力、空间意识、心理旋转能力等方面进行了测试,结果表明高中生和初中生的认知能力倾向有所不同。[③]

袁书琪认为空间能力主要包括空间定位,空间信息搜集,信息加工处理、存储和提取等,以及空间思维等能力,应从扩大空间活动、培养空间意识和空间能力、形成和利用心理地图等方面培养学生的空间能力。[④] 于永德对地理空间能力的相关概念,以及各学科对空间能力的研究进行了综述,同时对地理空间能力的内涵做了阐述,并针对高中生地理空间能力的现状提出了培养策略。[⑤] 徐志梅在其博士论文的研究中,对国内外地理空间能力的研究进行了综述,分别对地理空间思维能力、地理空间知觉能力和地理空间想象能力等地理空间能力的构成要素进行了探讨,并对中学生的地理空间能力培养情况和水平进行了调查研究,提出应利用一系列教学辅助工具来提高学生的地理空间能力。[⑥]

① 鲁学军,周成虎,龚建华.论地理空间形象思维——空间意象的发展[J].地理学报,1999,54(5):401-408.

② 王晓明,刘瑜,张晶.地理空间认知综述[J].地理与地理信息科学,2005(11):1-10.

③ 李洪玉,林崇德.中学生空间认知能力结构的研究[J].心理科学,2005(28):269-271.

④ 袁书琪.地理教育学[M].北京:高等教育出版社,2001.

⑤ 于永德.高中生地理空间能力现状分析及其教学策略研究[D].长春:东北师范大学,2008.

⑥ 徐志梅.中学生地理空间能力及其培养研究[D].长春:东北师范大学,2011.

（三）相关概念界定

1.地理空间

"空间"这一概念,在不同的领域有着不同的定义和理解,因此在生活中我们常常听到各种关于空间的说法,如数字空间、生活空间、地理空间,等等。但在地理研究中,我们可以把空间理解为一个范围、一种地理空间,是地理现象发生区域的一种定义或划分,是具有地理定位的几何空间。[①] 由于地球表面的一切地理现象、地理事件和地理过程,都发生在地理空间之中,所以地理空间作为地理学的核心概念,往往被看作地理学独特性的一个重要标志。从空间的角度看待一切是地理学的基本科学态度,如果不去研究地理空间的分布、组成、结构、规律等内涵,所有地理学的研究都会索然无味。如果有人搬走了地理学的空间,就等于搬走了地理学大厦的基石。[②]

《全日制义务教育地理课程标准》指出,地理学不仅研究地理事物的空间特征和空间分布,而且阐明地理事物的空间差异和空间联系,并致力于揭示地理事物空间运动、空间变化的规律。

2.地理空间素养

地理空间素养为学生在学习有关空间位置、空间分布、空间过程、空间格局等内容的过程中,在掌握了地理空间知识和形成了地理空间技能的基础上,能够运用这些知识与技能解决有关地理空间问题的内在修养。

二、地理空间素养培养与地理"田野"教育结合的适切性

地理学不仅研究地理事物的空间特征和空间分布,而且阐明空间之间的差异和联系,并致力于揭示地理事物的空间运动和空间变化规律。[③] 空间性是地理学最基本的特征,同时也是地理学区别于其他学科的最大特征。

研究表明,空间信息中有80％的地理空间信息为人们所接受。空间素养是学生学习地理、地球科学和环境科学等学科所需要掌握的重要技能之一,而且在科学和数学等学习领域,学习者的成绩与空间素养水平有着密切联系。所以,在培养学生空间思维能力和空间素养水平时,地理学科应该承

---

① 郭庆林,黄远林,郑春燕,等.空间推理与渐进式地图综合[M].武汉:武汉大学出版社,2007.

② 湖南教育出版社.普通高中地理课程标准实验教科书选修Ⅶ[M].长沙:湖南教育出版社,2005.

③ 中华人民共和国教育部.全日制义务教育地理课程标准(实验稿)[M].北京:北京师范大学出版社,2001.

担更多的责任和义务。如果不重视学生地理空间素养的培养，那么地理学在促进学生发展方面将会失去其独特的价值。

对于地理学科而言，"田野"具有多重意义。它不仅是研究对象，也是重要的研究方法。"地理学科离开'田野'，就如同化学学科离开实验室。"一直以来"田野"调查都是研究地理科学的主要方法。地理"田野"教学可以让学生走出课堂，感受课堂以外的地理空间，获得真实的直接体验。

具体而言，地理"田野"教学对地理空间素养的培养具有下列意义。

（一）有利于地理空间概念的学习

地理科学知识在地理科学素养中处于基础地位，是培养地理科学技能、方法、意识和精神等的载体。[①]　由于地理学科的知识复杂抽象，地理过程漫长而多变，许多地理空间概念知识的学习，仅凭教师的言传身授、学生的洗耳恭听是无法达到良好的教学效果的。地理"田野"教学可以将一些抽象的地理概念直观、生动地呈现出来，从视觉和触觉等多方面给学生以刺激和感知，为他们学习地理空间概念奠定基础。在教授一些抽象的地理空间概念之前，地理教师可以通过带领学生到室外考察，为学生提供"先行组织者"，使其在获得感性认识的基础上，理解抽象的地理空间概念，从而突破学习的难点，顺利实现地理科学知识的构建。例如，讲授城市的空间结构这一节课时，教师可以先带领学生去教室以外的地方走走，找一个比较容易观察整个城市空间结构的地方，让学生自己观察整个城市的空间区位，了解城市周边是怎样的，为学习城市的空间布局特点等知识奠定基础。

（二）有利于地理空间表达能力的培养

近年来，学校教育的目标是培养学生成为一个全面发展的人，学生不仅要学习知识，还要掌握学习的方法，学会沟通与表达。但研究发现，有相当一部分学生无论在上课过程中回答教师的问题，还是在课下做题目的过程中，总会出现词不达意、书面表达与问题本身相差甚远，不能对题目已有的信息进行分析和整理等问题。面对这种情形，教师要注意在以后的地理教学中适当增加"田野"教学的内容，在"田野"教学的过程中有意识地培养学生的空间表达能力，让学生在户外学习的过程中感受地理空间分布、地理空间格局。这样，学生在遇到空间位置表述或者是空间位置分布等问题时，就可以用自己亲身经历过的感受来进行描述。通过不断的培养提高，学生不仅能提高地理现

---

①　袁孝亭，王向东.中学地理素养教育［M］.北京：高等教育出版社，2005.

象及地理过程方面的表达能力,在教师潜移默化的影响下,学生还可以学会用地理术语来表达地理问题,更加凸显了对中学生空间素养培养的价值。

(三)有利于解决现实的地理问题

无论什么样的地理问题,都存在于一定的地理空间当中。我们平时生活中的穿衣、吃饭、旅游、住房、交通工具的选择都与我们所处的地理环境有着十分密切的联系。除此之外,一个地区的气象气候、农田里农作物的生长,工厂的区位选择也都受到地理环境的影响。在地理"田野"式教学的过程当中,在推进了中学生地理空间概念的学习及地理空间表达以外,还培养了学生在实际的地理空间中解决现实问题的能力。例如,在学习正午太阳高度角这一知识时,教师可以组织学生在校园内对当地的正午太阳高度角进行观测,这不仅有利于学生学习正午太阳高度角这一概念和描述正午太阳高度角的空间分布,而且在学生亲自参与了正午太阳高度角的测量之后,可以利用自己的经历来解决现实生活中太阳能热水器集热板的放置问题,以及选择楼房时注意两幢楼房间距的问题,等等。

(四)有利于培养地理科学精神

地理空间素养是一种修养,包含地理空间观点、地理空间情感等因素。地理"田野"教学与常规课堂教学相比,学习空间更为广阔,学习过程更为多彩,教学方式更为多样,有助于学生学习状态的调整和学习兴趣的激发。地理"田野"教学可以将抽象、复杂的地理现象直观、生动地呈现出来,给学生以视觉冲击、心灵震撼,对培养学生对地理学科的热爱,增强对地理学习的兴趣是非常有益的。在地理"田野"教学的过程当中,为达到预期的教学效果,学生必须了解所在的地理空间环境,这样就进一步促进了学生对空间感的认知,增强了学生对地理空间的情感,同时也有助于培养学生踏实认真地做事的态度。在地理"田野"教学过程中,学生在大自然这一复杂多变的环境中完成学习,所以他们必须克服一切障碍来完成任务,这样就磨炼了他们的意志,培养了他们团结协作的精神。

三、基于地理"田野"教育的中学生地理空间素养培养策略

(一)培养原则

1. 主体性原则

新一轮的课程改革倡导"以学生为主体,教师为主导"的理念,注重学生的主体性地位是教学的基本原则,更是地理"田野"教学要遵循的原则。开

放的地理空间中的多元刺激，有利于激发学生的探究兴趣，从而调动学生参与活动的主动性和积极性，正是这一点使得地理"田野"教学在地理空间素养培养方面具有室内教学无可比拟的优越性。例如，在培养学生地理空间位置概念的时候，教师首先要创设情景来激发学生求知的欲望，提高其在活动中的目的性，然后让学生亲自参与空间位置的确定，感受空间位置的不同，这样才能更好地在"田野"教学中提高地理空间素养。

2.开放性原则

所谓开放性，主要体现在两个方面。一是在地理"田野"教学时间的安排方面和教学场所的选择上体现开放性。由于地理"田野"式教学是在教室以外的活动场所进行的地理教学活动，所以在教学空间的选择上可以选择教室以外的校园，如在学习正午太阳高度角及其规律这一内容时，就可以选择在校园内进行，培养学生地理空间概念的形成；也可以走出校园，到野外或者城市的郊区进行地理教学，如学习地球表面形态的内容时，可以到野外寻找褶皱、断层，促进学生地理空间呈现的能力。另外在教学时间的选择上也具有开放性，由于是在"田野"进行教学，所以不一定要利用上课时间，可以利用活动课或是周末带领学生进行"田野"教学活动。二是在教学资源的开发上，也要注重开放性原则，这主要是强调教学资源开发主体的开放性，教学资源的开发不仅仅局限于任课教师，学生乃至学生家长、社区等都可以参与到教学资源的开发当中，利用一切可以利用的资源，为地理"田野"教学开发更广阔的教学平台。

3.针对性原则

地理"田野"教学是自然地理教学的一个重要方式，但是并不是所有的内容都适合采取这一方式，也就是说要结合学生的实际情况和学校的实际情况，以及户外教学的各个因素，有针对性地综合选择教学内容来培养学生的地理空间素养。另外，地理空间素养由不同的要素构成，采取地理"田野"教学时，要根据教学内容有针对性地选择某一空间要素进行培养，也就是说并不是所有的地理空间素养构成要素都适合通过地理"田野"教学这一方式来培养，所以选择时要具有针对性。除此之外，中学生的地理空间素养在性别、文理科等方面都存在差异，所以在地理"田野"教学时也要注重性别差异和文理科学生间的差异，针对不同学生的情况，有差别地进行教学。

4.过程性原则

地理空间素养的形成是有一定过程的，只有通过各种方式的培养，学生在各阶段的地理空间素养水平才会提升。那些省略、剥夺学生自主学习过程的地理"田野"教学是不科学的,同样也达不到预期的教学效果。同时,教师也要认识到学生地理空间素养的培养并非通过几次地理"田野"教学就可以迅速提高,这是学生自身修养提升的过程。地理"田野"式教学仅仅是地理空间素养培养的一个重要手段,因此地理教师应该树立起为学生终身地理空间素养服务的意识,让地理空间素养成为其一生的修养。此外,在对学生地理空间素养进行评价时,也要注重过程性评价,落实新课程倡导的形成性评价和终结性评价相结合的方式,注重对学生平时学习的评价,改变只注重学习结果、考试成绩的落后观念。

(二)培养对策

1.明确教育目标

教育目标作为课程目标、单元目标、教学目标的上位概念,明确了教育发展的总体方向,是教育期望达到的程度或水平,更是教育发展的总体方向。[①] 基于地理"田野"教学的中学生地理空间素养培养是将地理"田野"教学和空间素养的培养结合起来进行的。因此,一定要在实施之前建立完善的目标体系,使"田野"教学和中学生地理空间素养的培养向着一个目标迈进,使其有一定的指导方针。

基于地理"田野"教学的中学生地理空间素养教育,要明确地理"田野"式教学的教育目标和教学目标。对于地理"田野"教学来说,它的培养目标就是通过地理"田野"教学,补充课堂教学的缺陷,让学生亲自体验地理学习的乐趣,使学生在地理科学知识、地理野外操作技能、地理情感等方面都获得均衡的发展,从而使学生具有探索精神、实践能力、科学和人文素养及环境意识。而地理空间素养教育要以学生为主体,促进学生地理空间概念、地理空间表述、地理空间推理等各个地理空间素养构成要素的协调发展,并使这种素养成为学生一生的修养,可以用来解决实际生活中的各种问题。

综上所述,基于"田野"教学的中学生地理空间素养教育的目标,就是通过地理"田野"教育有意识、有目的地培养学生的地理空间素养水平,使学生在地理空间概念、地理空间表述及地理空间推理方面有长足的发展,同时培养学生的创新精神、实践能力及环境意识。

---

① 　袁孝亭,王向东.中学地理素养教育[M].北京:高等教育出版社,2005.

2.提高中学地理教师的自身修养

(1)教师要转变教育教学观念

由于基于地理"田野"教学来培养中学生的地理空间素养是一种较新颖的理念,传统的教育观念已不适应中学地理空间素养教育的发展要求,所以教师必须树立一种全新的科学教育观念,由应试教育向素质教育、素养教育转变,由封闭式教育向开放式教育转变,由知识讲授向能力培养、方法培养和观点培养转变,树立以学生为本的教育主题观和开放式的教学观,在新的教育理念下培养学生的地理空间素养。

(2)教师应提高自身的专业知识和技能

地理"田野"教学实施现状的调查结果显示,有些教师由于自身能力有限而不能开展"田野"教学。对几位教师进行访谈后也发现,有些教师只是对书本的知识有所了解,但一旦到野外,就深感地理考察能力薄弱、相关知识缺乏,比如常见岩石矿物的识别、地形地貌的判别,等等,说明地理教师的"田野"教学能力亟待提升。因此,教师要不断汲取新知识、新技术、新信息,不断更新和完善自己的知识结构,促进知识的优化重组。同时,教师也要经常开展地理考察活动,提高地理考察能力,这样才有可能带领学生进行"田野"教育。

此外,教师也应提高自己的地理空间能力,明确地理空间能力的培养目标和培养方式,探寻通过地理"田野"教学提升学生空间素养的独特教学方法,这样才能更好地在"田野"教学中培养学生的地理空间素养。

(3)教师要适应地理空间素养教育要求的角色

学校的教育目标是通过教师的指导和学生的学习使学生获得长久而健全的发展。这就要求教师不仅要"传道、授业、解惑",还要"启智、陶情、冶性、锤志、健体"。在基于"田野"教学的中学生空间素养培养的过程当中,教师更应该适应这样一个角色,即教师在"田野"教学中是学生的促进者和指导者,在教学中发挥主导作用,引导学生完成地理空间能力的培养,由居高临下的权威人员转向学生户外探索的合作伙伴,由地理学习的管理者转变为技术的支持者,适应"田野"式教学中空间素养教育的教师角色。

3.注重特殊性与普遍性相结合

每个学生都有自己的个性和特长,教师在地理空间素养的培养过程中一定要注重学生的个性差异,针对每个学生的不同特点进行培养;同时地理空间素养的培养是一个长期、整体的过程,对每个学生都要进行培养,地理空间素养的培养又具有普遍性。因此,在户外教学中培养学生的地理空间素养,更要注重特殊性与普遍性相结合。

(1)注重个性差别

调查中发现,男女生的地理空间素养水平存在差异,所以教师要注意性别差异,了解男女生在空间素养的哪些要素方面存在差异,进而了解差异存在的原因,因材施教。

首先,要培养女生在地理学习中的独立性。教师必须认识到男女生在空间感、定位能力等方面的差异,鼓励女生扬长避短,变劣势为优势。尤其是在户外培养学生的地理空间素养时,男生本来就比较活跃,教师可鼓励女生积极参与户外教学实践,培养其空间素养。

其次,要关注男女生在地理空间素养各要素发展方面的差别。通过对空间素养现状的分析,以及对前人研究成果的分析发现,男生在地理过程的推理和地理事物的想象方面要优于女生,因此在地理"田野"式教学当中,教师要多注重培养女生的地理空间想象能力和推理能力,专门为女生设计一些活动来锻炼其在这些方面的能力。另外,也要关注男生的不足之处。男生在地理空间概念方面的学习没有女生领会得快,所以在学习地理空间概念时应特别关注男生。如学习地形时,应多关注男生的反应,注意其领会的程度,达到男女生均衡发展。

(2)达成地理空间素养培养的普通目标

调查发现,实验班和普通班学生的地理空间素养水平有一定的差距。通过访谈发现,实验班的任课老师在平时的地理教学中比较注重学生地理空间素养的培养,而普通班的教师有时候可能忽略了学生地理空间素养的培养,导致实验班和普通班学生的地理空间素养水平的差异。

所以在对高中生进行地理空间素养培养时,一定要注重对所有学生的培养,地理空间素养是一个人修养的体现,无论是实验班的学生还是普通班的学生都应该发展这方面的素养。无论是地理"田野"教学的内容安排和课时安排,还是"田野"教学的教学设计,都要考虑到全体同学,注重普遍培养的策略,让每个学生的地理空间素养都能得到发展与提升,成为每个人一生的修养。

4.采用多种教学方式

由于地理"田野"教学是在教室以外的活动场所进行的教学活动,包括自然的野外,也包括社区等,如田野、车间、家庭、科技馆、社区等场所,所以"田野"教学场所类型繁多,要根据不同的活动场所特征采用不同的教学方式;同样,地理空间素养也包含多个要素,从内容上看涉及空间位置、空间分布、空间过程、空间格局等内容,从学习目标上看涉及地理空间概念、地理空间表述、地理空间推理等方面,不同的学习内容和学习目标要采用不同的教学方法。因此,在"田野"教学中可以采取多种教学方式对学生地理空间素养进行多方面培养。

对于在地理"田野"教学中培养学生的地理空间素养的方式,一般有野外观察、野外考察、野外调查等方式。例如进行正午太阳高度、地形、月相等内容的教学时,就可以采用野外观察的方式,组织学生到校园或者野外进行一段时间的观察,这样就可以在地理"田野"教学中培养学生地理空间概念知识的学习。如进行地质地貌、岩石和矿物、土壤等内容的学习时,就可以由教师利用课外活动或者周末的时间带领学生到地质地貌比较典型的地区进行考察。学习喀斯特地貌时,可以组织学生到喀斯特地貌比较显著的地方进行考察,如浙江省的学生就可以到金华双龙洞、建德灵栖洞、桐庐瑶琳仙境、杭州灵山洞、常山三衢石林等地进行考察。在对一些地理现象进行野外考察的过程中,学生的地理空间表述能力会有所提高,因为学生亲身考察,亲眼观察,所以描述地理事物的空间分布就会容易很多。在学习气象气候及影响城市的区位因素等内容时,教师可以组织学生到当地的气象站、自来水厂、工厂等进行实地调查,或者在校园内做一些关于大气温室效应的小实验,这样就可以让学生亲自了解地理现象发生或发展的过程,培养学生的地理空间推理能力。总之,可以采用不同的"田野"教育方式对学生地理空间素养的各个方面进行培养。

5.加强课程资源开发

中学地理空间素养教育要通过课程资源这一载体才能更好地实现,有了相对应的课程资源,地理空间素养教育才会比较系统、有条理地进行下去,同时教育目标才会全面地实现。尤其是在地理"田野"式教学与地理空间素养教育相结合的初期,地理课程资源还比较缺乏,所以一定要促进基于"田野"教学的地理空间素养培养相关的课程资源开发。

(1)加强地理课程资源的筛选与管理

基于地理"田野"教学的中学生地理空间素养培养的课程资源涉及范围较广,既包括地理"田野"教学的课程资源,又包括地理空间素养教育的课程资源,所以在课程资源筛选时首先要把两者共有的资源整合起来,选择对地理空间素养培养有用的资源。其次,在综合的基础上,要把已有的课程资源进行分类管理,建成检索系统,制成地理课程资源档案,方便各个地区和学校的教师使用,这样就可以实现地理空间素养培养的普遍性和课程资源的共享,同时也有利于地理空间素养教育目标的实现。

（2）充分注重和利用各级各类资源

对于当代的地理教学而言,教科书已经不是唯一的资源,尤其对于地理"田野"教学来讲,可利用的课程资源多种多样,具体可分为三类:第一类是校内的课程资源,如图书馆、实验室及校内实践基地等;第二类是校外的课程资源,如当地的图书馆、科技馆、博物馆、科研院校、旅游景点,甚至是工厂、农田都可以作为培养中学生地理空间素养的课程资源;第三类是现代信息化课程资源,如校内信息技术的开发利用、校内外的网络资源、传媒等,还有电视栏目等都可以作为培养学生空间素养的课程资源。另外,学校教师、学生,以及与教师、学生有关的社会各行各业的人员等都可以加入课程资源的开发与管理当中。

（3）编写基于"田野"教学的中学生地理空间素养培养教材

鉴于在"田野"中进行学生空间素养的培养这一理念比较新颖,前人很少做过这方面的研究,所以可以根据与这方面类似的研究或者这两方面单独的研究来编写基于地理"田野"教学的中学生地理空间素养培养的教材和规范。内容可以包括培养中学生地理空间素养的内容、户外教学的方法及教学设计,等等,为广大地理教师在进行"田野"教学培养中学生地理空间素养方面提供参考和借鉴。

第三节　地理"田野"教育与地理概念的习得

地理概念是对各种地理事物本质属性的概括,是学好地理的基础。在现阶段的地理概念教学过程中,教师充分认识到概念教学的重要性,但采用的概念教学方法往往比较单一,不能激发学生的学习兴趣,从而导致学生对其他地理知识理解无法深入。

在前人研究的基础上,本节尝试把户外地理教学与地理概念的习得相结合,通过调查问卷的形式分析了当前地理概念教学中存在的问题,以及师生对地理概念的认识和对户外地理概念教学的意见和建议;以必修模块为例,分别对高中必修的地理概念进行整理和分析;在此研究基础上提出地理户外教学中地理概念教学的策略,并进行了实证研究和地理概念习得在户外地理教学中进行的教学设计。

基于户外地理教学的地理概念习得,应以学生为主体,教师是组织者,通过观测实验、参观调查、考察旅游、制作操作四大途径进行教学设计，带领学生按照走出去、动起来、写下来、讲出来的步骤，在户外地理概念教学中深入理解地理概念，学生亲自在大自然中获得无处不在的地理知识，并形成良好的情感态度和价值观。

一、地理概念学习呼唤"田野"教育

（一）地理概念学习的重要性

地理概念是地理知识这座"大厦"的基石，学生要想学好地理，必须首先掌握地理概念，从而进一步把握以概念为体系而构建的相关知识网络，最后在此过程中，提升自己的知识水平和学习能力乃至情感、态度和价值观。地理概念本身给人一种比较抽象和枯燥的感觉，教师往往又没能针对不同的概念采取不同的教学方式，通常在新课的开始就匆匆把概念进行简单说明，就开始地理过程和问题的解释和分析，如此，学生在没有真正完全理解概念的基础上就进行问题的分析，不仅会局限思路，甚至会出现完全不理解地理现象和问题的状况。

高中地理知识的学习，几乎每节新课、每个知识点都离不开对概念的表述和教学，也只有在对概念有了深刻的认识后，才可能进一步学好其他地理问题。之所以觉得越到后面，地理学习越难，究其原因就是没有对之前的概念理解透彻。例如，如果能够清晰地理解热力环流的概念，即热力环流的形成原理，那么"城市风""山谷风""海陆风"等概念自然就很好理解了。

（二）地理概念教学呼吁"田野"学习

地理概念的学习之所以会成为地理教学的难点，究其原因，与地理学科的综合性、实践性特征有很大关系。地理学科中的地形地貌、气象气候、土壤水文、城市规划等相关学习内容中的概念，单一采用室内教学，学生看似理解文字表述的"概念"，实际上当他真正进入"田野"去观察与之相匹配的千变万化的地理现象时，往往发现他并没有真正掌握这些概念。因为地理概念所涵盖的地理事象会由于自然界和人类环境的千差万别而产生许多"变式"，若没有进入"田野"进行地理概念的教学，则其地理概念的掌握难以全面、深刻。

然而，基于"田野"教学的地理概念教学有何独特的教学策略？

现阶段高中地理概念教学有哪些缺失与需求？户外地理教学又可以填补哪些缺陷？基于高中地理户外教学的地理概念习得有何效果和意义？这些问题，在现阶段的研究中仍缺乏确切的答案。因此，基于高中地理户外教学的地理概念习得,是一个非常值得探究的课题。

二、地理概念与户外地理概念教学的界定

(一)概念

在哲学上,概念是指人脑对客观事物的本质特征的反映。概念有自己的内涵(事物特有的性质)和外延(概念所指的事物范围),一定要搞清楚。例如"褶皱"的内涵是岩层在构造运动的作用下,因受力而发生一系列连续的波状弯曲变形,外延是背斜和向斜。心理学的理解相对更广泛,认为概念是对事物本质属性的认识。心理学上的概念都被视为客观现实的主观反映。[①]

但是,对于同一事物,或者说同一概念,儿童和小学生,小学生和初中生,高中生和大学生的理解是不完全相同的。也就是说,在教学过程中,随着学生年龄的增加,教学层次的逐渐提高,学生建立起的概念也要渐渐深化。在教学过程的不同阶段,学生建立起的概念允许有不同程度的片面性。例如"南北回归线"的概念,高中学生只要知道地球围绕太阳公转时,太阳的直射点在南、北纬 23.5°之间做回归运动,所以称南北纬 23.5°为南北回归线。但在大学地理学科专业的相关考察教学中,还要让学生知道南北回归线不仅仅只是南北纬 23.5°这么简单,它是会变化的。

(二)地理概念

什么是地理概念? 袁亚兵在《中学生地理概念学习心理变量及指导策略研究》一文中指出,地理概念是对地理事物本质属性的认识。[②] 地理概念应包含以下三层含义:地理概念是一种思维形式;地理概念所反映的对象都有一定的范围;地理概念反映的是本质属性。[③]

纳斯鲍姆(Nussbaum)和诺维克(Novik)提出了地理概念的三步教学模式[④],这种地理概念的教学模式,也给教师提供了很多启发,值得学习和思考。其实在平时的教学之前,学生通过以往的学习、生活经验会对一些概念

---

① 褚亚平.地理学科教育学[M].北京:首都师范大学出版社,2000:121.

② 袁亚兵.中学生地理概念学习心理变量及指导策略研究[J].中学地理教学参考,2005(4):38-39.

③ 易雅丹,谢献春.新课程理念下地理概念教学的意义建构[J].新课程研究,2011(3):64-65.

④ 蔡铁权,姜旭英,胡玫.概念转变的科学教学[M].北京:教育科学出版社,2009:93.

产生自己的认识，即所谓的前概念，教师需要充分地分析学情，了解学生的情况，进而选择合适的教学方法引进新概念，促进学生形成相关的概念图。

（三）户外地理概念教学

户外地理概念教学则是指地理教师在户外环境中对地理概念的教学，把平时局限在教室内的地理教学拓展到户外。在地理概念的教学中运用户外教学，即教师在设计前对地理概念进行分析，确定该概念的教学是否需要户外地理教学的形式，或者某概念在户外地理教学的模式下对学生的学习更有帮助。对于需要户外地理教学的地理概念，进行教学设计，学生通过观测实验、考察旅游、参考调查、制作操作等方法获取相关地理概念。

本书根据开展户外地理概念教学的形式，将户外地理教学归纳为以下类型。

1. 观测实验型

观测实验型采用的方法主要是观测和实验，具体包括气象观测、天文观测、地理实验等。地理作为一门科学，需要用科学的方法进行学习，对于气温、降水、风速等地理概念需要带学生到气象站或者当地的一些气象报告厅进行观测，这样学生就会更深入全面地理解概念，而不仅仅是把概念停留在文字表面。此外，对于星座、日食、月食、太阳黑子、耀斑、月球等概念，可以把学生带到天文台，通过天文望远镜进行观测，条件允许的话还可以让学生自己动手寻找天体，学习天文望远镜的操作，这样不仅可以提高学生的兴趣，更好地掌握地理概念，还会激发一些学生的爱好和潜力。

对于户外实验法，一些地理概念是可以通过实验的形式来演示、测量、计算的，例如"太阳高度角""热力环流"等，学生亲自动手设计实验来演示或者通过实验来测量，会对这些地理概念产生更全面的认识和深刻的记忆。

2. 考察旅游型

考察旅游型户外地理概念教学主要指通过考察和旅游的形式进行地理概念的习得。例如各种矿物和岩石的识别，包括"花岗岩""玄武岩""石灰岩""大理岩"等岩石的认识，以进一步理解岩浆岩、沉积岩和变质岩的概念；再如《不断变化的地表形态》[①]中对内力作用与地表形态和外力作用与地表形态的学习中，不乏很多需要考察的地理概念，如"褶皱""断层""风化""侵

---

① 朱翔，等.普通高中地理课程标准实验教科书必修Ⅰ[M].长沙：湖南教育出版社，2014:36.

蚀""搬运""沉积"等对地表形态的影响,如果教师可以组织学生到相关地形中进行考察,学生不仅可以对概念产生形象的理解,还有助于下一步对地理问题的分析。

此外,对于一些地理文化气息比较浓厚的、具有游览价值的文化旅游地区,也可以组织学生进行旅游考察,或者以布置任务的形式请学生在日常的家庭旅游中进行有目的的名胜古迹的参观游览等。例如,对于"旅游者""旅游资源""旅游服务业"等旅游类地理概念,经过户外体验,学生不仅可以把握概念,提高地理学习的能力,更容易形成一定的情感态度和价值观。

3.参观调查型

参观调查型主要包括对某一个区域里的人文地理和区域地理相关内容的参观和调查。例如教师指导学生对某个区域(一座城市或者一个村子,又或者一个小的社区),对它的人口情况进行分析和调查,从而使学生理解"人口的自然增长率""机械增长率""人口迁移"等概念;再如,组织学生参观调查某一区域的城市化过程,在整个过程中,学生不仅可以更好地理解城市化的概念,还可能意外了解城市化引发的一系列问题,包括"郊区化""逆城市化"等。在对地理概念和知识有了系统的认识后,可以提高学生的分析能力并形成一定的情感、态度和价值观。

除了组织学生到某一具体的区域内进行人口、环境、交通等人文和经济情况的调查,教师还可以带领学生到具有典型性的工厂、博物馆、车站等地进行参观,学生通过参观和调查搜集取得资料,并进行资料的分析和整理,既可以提高分析整理资料的能力,又可以增强思维能力。

4.制作操作型

制作操作型是指学生自己动手制作地理模型、操作学具、模拟实验,达到对地理概念的理解。

例如,制作地形时,对于《地球的结构》[①]中出现的概念如"地壳""地核""地幔""莫霍面""古登堡界面""软流层"等概念,需要进行大量的记忆,包括位置、特征等。学生通过制作地球结构的模型,不仅能加深对位置、特征等的理解、记忆,还能较好地区分概念,还可以深入了解地球结构的特点等,一举多得。

对于地质构造方面的"褶皱""断层""冲积扇"和"火山"等,都可以制作

① 朱翔,等.普通高中地理课程标准实验教科书必修Ⅰ[M].长沙:湖南教育出版社,2014:25.

模型:对于地球的运动部分的概念,学生如果制作地球仪等学具,就可以很好地把握。此外还可以设计操作自流井、大气环流等模拟实验。

(四)高中必修地理概念的整理分析

本书主要对高中地理课程中的必修模块进行了分析,其中必修包括三部分:必修一、必修二和必修三。必修一介绍了自然地理的基础知识;必修二主打人文地理的主体知识;必修三则是在前两者的基础上对区域进行了分析。三个模块看似相对独立,其实联系密切。整体地理必修课程的教学是系统学习地理知识的重要环节,其中的概念更是重中之重。高中地理概念的学习不仅要记忆概念,还要在记忆的基础上理解概念,最后能够灵活地运用概念,从而形成完整的概念学习体系。[①]

本书以湘教版高中地理必修模块为例,对高中地理概念进行了整理分析。高中地理必修模块的课程结构,主要包括自然地理、人文地理、区域地理三个部分。

1. 必修一——复杂多样的概念

必修一主要是自然地理的内容,包括宇宙中的地球、自然环境中的物质运动和能量交换、自然环境的整体性和差异性、自然环境对人类活动的影响四部分,强调自然环境对人类活动的影响。

其中出现的地理概念大多是展现自然地理本质属性与过程的概念,在对必修一概念进行整理分析后,我们发现,在必修一中,概念类型多为单独的地理概念,如《行星地球》中的"卫星""行星",以及《太阳对地球的影响》中的"太阳黑子""耀斑",还有《地球的结构》中"地壳""地幔""地核"等概念,都相对较为独立,概念的系统性不强,不利于学生的记忆与理解。但是必修一中的概念也不乏系统性较强的,例如《大气环境》一节中,此部分的内容丰富,难度较大,而且前后联系密切。"热力环流"就是一个非常重要的概念,学生只有理解其概念,才能把握其他有关联性的地理概念和地理原理,对"大气的水平运动""气压""三圈环流""季风"等概念的理解都有较大影响;此外"大气环流"等概念对第三章的"洋流"等知识点的学习也很重要。

而户外地理教学,可以加强学生的直观感受,使学生对此部分的地理概念有更直白更深入的理解,即使是零散的概念,一旦深层次地掌握,也不会成为学生学习的障碍。此外,还有利于概念之外地理问题的学习和应用。

---

① 江晔.地理概念教学的问题与对策[J].课程·教材·教法,2013(33):75-79.

对于必修一的部分,主要可采用观测实验型、考察型、制作操作型的方法进行户外地理概念教学。

2.必修二——系统完整的概念网

与必修一相比,必修二的地理概念的系统性更为突出,具体包括人口与环境、城市与环境、区域产业活动、人类与地理环境的协调发展等四个部分。每个章节的概念都能形成一个较为完整的概念体系,章与章之间看似比较独立,实则相互关联,而且这种概念体系在结构上都是以某一概念为核心并向外辐射式。

第一章人口的相关概念"人口的增长率""人口问题"等是学习第二章"城市与环境"的基础,如"城市化""城市问题"都涉及"人口问题";此外,"农业"和"工业"的相关概念学习中也都少不了"人口""劳动力"等问题。所以必修二中的四个章节在概念上的关系较为密切,可以称为"系统完整的概念网"。

在户外地理概念教学中,对于此部分内容多采用旅游型、参观调查型的方法进行学习,学生需要多调查、搜集资料、分析资料,对概念做深入的分析和理解。

3.必修三——案例展示的概念圈

必修三是以区域的案例形式来呈现地理知识,包括区域地理环境与人类活动、区域可持续发展和地理信息技术应用三部分,首先第一部分介绍区域的相关概念;第二部分以案例形式呈现知识点,同时该部分也是本书的精华,在案例分析过程中渗透着概念的学习,也需要调动必修一和必修二的知识储备来更好地完成必修三的学习;第三部分地理信息技术应用相对独立,是对地理信息技术部分内容的简单介绍。

必修三的内容概念零散,特别是案例部分,不同的案例间知识点的差别较大,但是概念学习的方法和流程是相似的,特别是很多概念建立在对必修一、二的理解之上进行学习和整理,而且必修三更注重案例的应用,特别是要通过户外地理学会充分利用本土地理进行概念的习得。

4.必修概念的整理

根据高中必修的地理概念,以及开展户外地理教学的类型,将教材中的地理概念进行了整理和分类(见表 3-3-1)。

表 3-3-1 高中必修地理概念户外教学分类

观测实验型	考察旅游型	参观调查型	制作操作型
月球、星座、日食、月食、太阳黑子、耀斑、气温、降水、风速、地转偏向力、太阳高度角、地方时、区时、气团、热力环流、气象灾害(寒潮、台风等)、锋面(冷锋、暖锋)、洋流等	岩浆岩、沉积岩、变质岩,外力作用(风化、侵蚀、搬运、堆积),喀斯特地貌、冲积扇、三角洲等地貌类型、地质构造,自然带,荒漠化,盐碱化等	人口自然增长率、人口迁移、城市形态、城市化、中心商务区、工业区、住宅区、城市化问题、农业地域类型、工业集聚、工农业区位、地理信息技术等	地球的圈层结构(莫霍面、古登堡界面、地壳、地幔、地核、软流层、岩石圈、生物圈、水圈)、火山、大气环流、地球运动、洋流、区域联系与区域协调发展(西气东输、南水北调等工程)等

三、高中地理概念教学的现状分析

为了解清楚高中地理概念教学现存的一些问题和师生对地理概念教学及户外地理概念教学的想法,我们设计了调查问卷。调查内容分为学生问卷和教师问卷,被调查对象为河北张家口和浙江金华市区的几所高中的教师和学生,部分采用网络问卷调查的方式。

本次共发放调查问卷 270 份。回收有效问卷 240 份,其中教师问卷为 80 份,学生问卷共 160 份;30 份为无效问卷,不计入统计。

(一)学生问卷调查结果分析

1. 调查对象

本次问卷发放的对象包括河北张家口和金华市区多所中学的学生。其中市重点中学的学生占 25%,区(县)重点中学的学生占 35%,普通中学的学生占 40%(见图 3-3-1)。在学生的年级分布上,以高一为主,高二、高三学生比例相当(见图 3-3-2)。

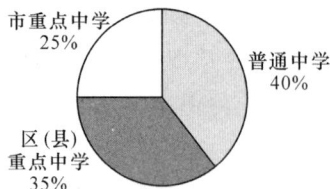

图 3-3-1 被调查学生所属学校类型统计

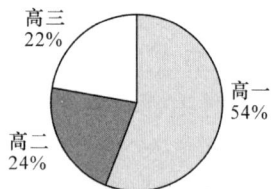

图 3-3-2 被调查学生所属年级统计

2. 结果与讨论

表 3-3-2 是关于学生对高中地理概念的认识和对户外地理概念教学的看法问卷的统计结果。从表 3-3-2 可以得到以下结论。

表 3-3-2 学生地理概念学习现状问卷调查结果

问卷内容	选项内容	统计结果
你认为地理概念对地理学习的重要性	A. 非常重要	20%
	B. 比较重要	53%
	C. 一般重要	19%
	D. 不重要	8%
你认为地理概念对学习其他地理知识的影响程度	A. 影响非常大	36%
	B. 影响比较大	55%
	C. 有一定影响	8%
	D. 没有太大影响	1%
在学习地理概念教学时,你认为最重要的是	A. 概念的记忆	8%
	B. 概念的理解	28%
	C. 概念的运用	62%
	D. 概念的发展	2%
你学习地理概念的兴趣	A. 十分感兴趣	5%
	B. 感兴趣	14%
	C. 一般	59%
	D. 不感兴趣	22%
下列哪部分高中地理内容的学习最能吸引你	A. 地理概念	4%
	B. 地理原理	15%
	C. 区域分布	32%
	D. 地理问题的分析	49%
你是否希望开展户外地理教学	A. 非常希望	87%
	B. 较希望	7%
	C. 一般	5%
	D. 不希望	1%

续表

问卷内容	选项内容	统计结果
你觉得在高中阶段最适合户外教学的地理概念是	A.区域地理相关概念	32％
	B.自然地理概念	44％
	C.人文地理概念	24％
你是否接受过户外教学方法进行概念学习	A.是	23％
	B.否	77％

（1）对于地理概念学习重要性的认识

对于地理概念在高中地理学习中的地位，73％的学生已意识到地理概念的重要性，27％的学生认为地理概念并不是十分重要。而地理概念的学习，可为以后掌握地理原理和分析地理问题打下基础。

（2）地理概念对地理知识迁移的影响

对于地理概念对其他地理知识学习与迁移影响的调查中，有91％的学生认为地理概念对其他地理知识学习与迁移的影响较大，9％的学生认为影响较小。由此可见，学生已经较为充分地认识到地理概念对学习其他知识的重要性。在地理概念教学中，绝大多数学生认为最重要的是概念的理解和运用，相对来说概念的记忆和发展不是很重要。

（3）对较为抽象、枯燥的地理概念的学习兴趣

在高中地理学习内容中，学生对较为抽象的地理概念学习兴趣不是很大，高达81％的人认为一般或不感兴趣，仅仅19％的学生认为有一定的兴趣，可见在平时的教学中教师需要加强概念教学的趣味性，而基于高中地理户外教学的地理概念教育可在一定程度上改善这一局面。

（4）对户外地理概念教学的认识

高中地理学习的内容主要是地理概念、地理原理、区域分布，以及地理问题的分析，通过调查结果显示，对地理概念感兴趣的学生只占4％。而对于是否希望开展户外地理教学的问题，94％的学生表示非常期待。他们认为最适合高中阶段户外教学的各类地理概念中，区域地理相关概念占32％，自然地理概念占44％，人文地理概念占24％。可见，学生认为与自然地理相关的概念更适合户外教学。

（5）户外地理概念教学的开展情况

对于是否接受过采用户外教学方法进行概念学习的问题，有77％的学生表示没有接受过，这一数据与学生对地理概念户外教学的期待相去甚远。

(二)教师问卷调查结果分析

1. 调查对象

问卷发放的对象包括河北张家口和浙江金华市区几所高中的地理教师。在教龄分布上,0～4 年的占 19%,5～15 年的占 61%,16 年以上的占 20%(见图 3-3-3)。其中 25% 的教师执教于市重点中学,39% 在区(县)重点中学,36% 在普通中学(见图 3-3-4)。

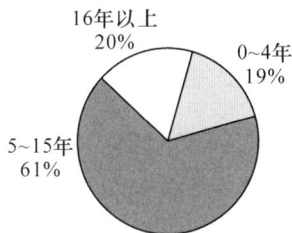

图 3-3-3　被调查教师的教龄统计

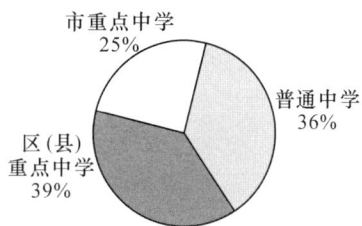

图 3-3-4　被调查教师所属学校类型统计

2. 结果与讨论

教师的问卷调查结果见表 3-3-3。

表 3-3-3　教师地理概念教学现状问卷调查结果

问卷内容	选项内容	统计结果
您对地理概念教学的重视程度	A.非常重视	46%
	B.比较重视	43%
	C.一般重视	10%
	D.不重视	1%
您认为地理概念对其他地理知识学习的影响	A.影响很大	35%
	B.影响比较大	62%
	C.有一定影响	2%
	D.没有太大影响	1%
进行地理概念教学时,您最常用的方法是	A.讲授法	69%
	B.发现法	4%
	C.实验法	3%
	D.自主学习法	24%

续表

问卷内容	选项内容	统计结果
您认为学生对学习地理概念的兴趣	A. 十分感兴趣	3%
	B. 感兴趣	14%
	C. 一般	50%
	D. 不感兴趣	33%
在地理概念教学中,您认为最难的是	A. 引发学生学习概念的兴趣	26%
	B. 解释清楚地理概念的含义	32%
	C. 厘清概念之间的关系	20%
	D. 创设情境,让学生自主学习概念	22%
您认为开展户外地理教学的必要性	A. 非常有必要	46%
	B. 较有必要	48%
	C. 有没有都行	4%
	D. 不需要	2%
您觉得在高中阶段最适合户外教学的地理概念是	A. 区域地理相关概念	19%
	B. 自然地理概念	47%
	C. 人文地理概念	34%
您是否尝试过用户外概念教学类的方法进行概念教学	A. 是	33%
	B. 否	67%

由表 3-3-3,可得出以下结果。

（1）对地理概念教学的重视程度

问卷调查结果显示,89%的教师都很重视地理概念的教学,相比之前学生的问卷调查结果,可见师生都认识到了地理概念的重要性。

（2）地理概念对其他地理知识学习的影响

高达97%的教师认为,地理概念对其他地理知识学习的影响较大。地理概念是其他相关地理知识学习的基础,在充分掌握了地理概念之后,再对其他地理知识进行理解和分析就会容易很多。

（3）地理概念教学所采用的方法

讲授法在地理概念的教学中所占比例最大,占69%;其次是自主学习法,占24%,教师很少使用发现法和实验法。虽然地理概念的重要性不言而喻,但是教师的教学方法过于传统,多以教师讲解为主,缺少学生的自主思考和师生互动。

(4)对学生地理概念学习兴趣的认识

有 50％的教师认为学生对地理概念的学习兴趣一般,有 33％的教师认为学生对学习地理概念不感兴趣。结合之前对学生的问卷调查结果,可见学生对学习地理概念的兴趣确实较低,而概念的地位又如此重要,所以要适时改变教学方法,改变教学环境,提高学生的学习兴趣。

(5)地理概念教学中面临的最大难题

在地理概念教学中,有 26％的教师认为引发学生学习概念的兴趣最为困难;32％的教师认为清楚地解释地理概念的含义最难;20％的教师认为厘清概念之间的关系最难,22％的教师则认为创设情境、让学生自主学习概念最难。引发兴趣和解释清楚含义所占比重较大。

(6)开展户外地理教学的必要性

对于开展户外地理教学的必要性,94％的教师都认为有必要,结合学生调查问卷的结果,可见开展户外地理教学是人心所向。

(7)高中阶段最适合户外教学的地理概念

对于高中阶段最适合户外教学的地理概念的调查中,有 19％的教师认为是区域地理相关概念,47％的教师认为是自然地理概念,34％的教师认为是人文地理概念。

(8)户外地理概念教学开展状况

有 33％的教师尝试过用户外概念教学类的方法进行概念教学(包括在实验室和室外)。现在一些学校,或设有天文观测室,或开展研学旅行等,教师也在试着推动地理教育走向"田野"。

(9)对适合户外地理概念教学的概念的思考

通过问卷调查,学生和教师都给出了其所认为适合户外地理教学的地理概念。其中包括月相、黑子、耀斑、地球运动相关概念、各种岩石、千姿百态的地表形态(如喀斯特地貌、丹霞地貌、雅丹地貌、外力作用等)、水循环、洋流、植被带、农业地域类型、城市形态、区位因素、荒漠化、城市的空间结构,等等。

在地理概念的学习方法上,教师所采用的方法较为古板老套,学生的学习方法也比较单一;在学习兴趣方面,学生对地理概念的兴趣不大。不论是教师和学生都明确地理概念学习的重要性,也同样期待通过户外地理概念教学来改变现行教学上的漏洞和弊端。

总之,在概念教学中存在的主要问题有:概念的教学方法单一,对学生不具有吸引力,导致学生出现厌倦心理。此外,在概念的教学中缺乏联系实际的环节,仅仅强调知识的理论性,没有联系实际问题解决学生学习概念难的问题;学生在学习中依旧很被动,没有主动性,很少参与到概念的形成过程中来。教师和学生都很迫切地希望改变现状,希望通过户外地理概念教学解决部分地理概念学习难的问题。

四、基于"田野"学习的地理概念习得的教学实施

(一)通过"田野"教育习得地理概念知识的模式构建

并不是所有的地理学习都要走向户外,当然也并非所有的地理概念都要进行户外教学,对于一些无法进行或者在平时的课堂教学中学生已经可以很好地习得的概念,就无须采取户外教学的方法。所以,地理概念教学的第一步是要对地理概念进行分析和思考,选择合适的地理概念教学方法。

一旦决定进行户外地理概念教学,就要思考如何更有效地组织户外教学以促进地理概念习得。本书通过对概念的分析和对户外地理概念教学的认识提出基于"田野"学习的地理概念学习的一般步骤:走出去、动起来、写下来、讲出来。综合户外地理教学中学生和教师角色的不同,我们设计了以下模式(见图 3-3-5)。

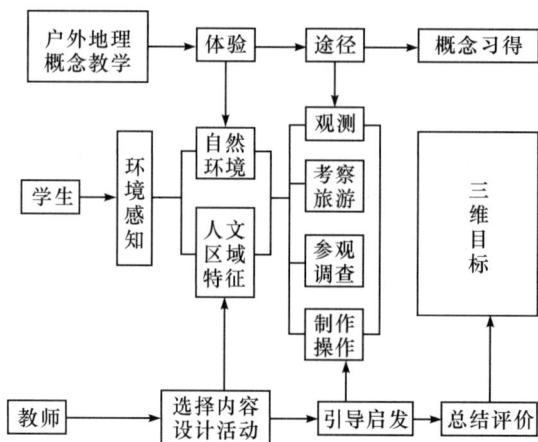

图 3-3-5　户外地理概念教学模式

1. 带学生走出去

首先实施户外地理概念教学的第一步,是让学生走出去。地理知识、地理概念存在于我们生存的自然或人文环境中,这种特性本身就给了学生走

出教室、走进大自然的条件。"走出去"并不是特指走到学校外面,而是根据不同概念的特点,以及本书将户外地理教学归纳的四种类型进行教学地点的选择,可以是地理实验室、气象园、天文台,可以是校园内,也可以是大自然中的某一特定区域。

《兰亭序》中王羲之曾说,"仰观宇宙之大,俯察品类之盛",打破原有教室环境的局限,把学生带到户外,给学生一个自主探索概念、分析概念、掌握概念,以及应用概念的自由天地,就能在最大程度上进行有意义的教学活动。

只有让学生走出去,离开教室,走向户外,才能保证户外地理教学的开展和实施。

2. 学生必须动起来

新课程反复强调学生在学习中的主体地位,呼吁学生一定要动手、动脑,甚至要调动全身各个器官来进行学习。虽然在传统的课堂概念教学中学生也需要动起来,包括动耳听讲、动脑思考、动手做笔记,但是这种"动"更多地表现为"被动",而且是被动地接受教师归纳好的知识结构体系。

而在户外某个特定的环境中,学生更重要的是动手做,实地观察、观测、调查、制作、思考,又或是在教师的启发下,学生动手设计实验、制作操作,并进行自主分析和思考,积极主动地理解知识。这里说的"动",不仅包括动手,也包括动脑思考,以及主动发现问题并交流问题、解决问题。

因此,学生要动起来,参与到户外学习中去,自己或者分组进行活动的设计、模型的制作、资料的搜集,等等,积极思考,动脑思考,发现户外隐藏的地理知识。这种直接、具体的体验会比单纯的课堂听讲效果要好,理解也会更深刻。

3. 学生要写下来

户外地理教学中进行的活动,不论是观测、参观、调查,还是实验、制作操作,学生在"动起来"的同时,还要把学习的时间、地点、过程、结论做记录,此外还包括观测的数据、实验报告、考察时的图示、地形地貌的简单图绘、制作操作模型的数据也都需要写下来,甚至在户外学习中得到的感悟和未解决的问题也都可以写下来。因为仅靠眼睛看、耳朵听是不行的,这些都是一时的,随着时间的推移和内容的不断充实、丰富,学生会对知识有所遗忘和混淆,但是如果能较好地把户外学习的过程写下来、记录下来,学生可以在课后随时较好地回忆和巩固。

学生随时把户外学习的情况和内容记录下来,不仅可以尽可能减少因时间的推移而遗忘的偏差,而且可以增强学生记录文字、绘制草图及描述地理事物的能力,大大提高获取地理信息的技能。同时为户外教学之后的整理和学习感悟的交流打下良好的基础。

4. 学生想讲出来

经过户外学习后,学生一定有很多的感触和收获,想要迫不及待地进行沟通和交流,这就需要教师组织学生及时进行交流和总结,让学生积极表达自己。

这里的"讲",一个是指学生之间的交流,即学生在一起进行知识的获取,一起进行实验的设计、数据的观测、模型的制作,每个人都有自己独特的视角,有自己的感触。学生之间可以自由交流,也可以分小组讨论,然后小组和小组间进行交流。这样不仅有利于集思广益,还可以增进学生间的友情。

此外仅仅学生间进行交流显然是不够的,还缺乏一个升华的过程,所以,"讲"还需要教师在学生交流的基础上进行点评,对学生交流的内容进行总结,这样的交流就有了更进一步的意义,使得学生对户外地理概念习得的目的更为明确,收获也更为丰富。

在与学生交流心得体会时,教师应及时肯定学生的奇思妙想。此外,在户外学习中,学生所产生的情感体验,由此激起的情感态度和价值观,教师更应适时地加以引导,使学生的情感进一步升华。

(二)基于"田野"学习的地理概念习得的实施案例

根据开展户外地理概念教学的四种类型,我们做了如下教学设计。

1. 湘教版"地球运动——太阳高度角"教学设计

太阳高度角,特别是正午太阳高度角的计算、应用及其与经纬度的关系,一直是高中地理地球运动部分学习的重难点,学生难以理解,不会计算。涉及此部分的内容,大部分学生的回答漏洞百出,很多同学甚至感到茫然,不知所云。高中地理教材中对太阳高度角的描述为"太阳光线与地平面的交角",它与地球的运动有什么关系,与经纬度又有什么相关性,到底如何计算。受生活经验的限制,学生对太阳高度角的概念不通过实践是很难清晰地掌握的。

在教学中,一些学校为了讲清楚地球运动部分的知识要花费近半个月的时间,对于太阳高度角部分的知识至少需要两节课的时间来解释并让学生计算,但给学生的感觉还是太难、太复杂;还有一些学校的做法则是直接简化此部分的知识,有的原因竟是考试很少考,即使考到分值也不高。学生之所以觉得太阳高度角的知识很难,主要还是对其概念没有深刻的认识和理解。

对于地理学科的教学来说,特别是自然地理部分,要努力创设环境,以生活为载体,培养学生的地理探究意识和实践能力。因此,有必要基于地理户外教学使学生更好、更全面地习得地理概念。

根据教学目标、学情分析,对教学内容进行了如下教学设计。

【教学案例 3-3-1】

●学情分析

1.原有认知发展分析

通过前面课程对相关内容的学习,学生应该认识到户外实践考察对理解地理空间概念的重要性,在户外观察中学习读图方法,逐步提高读图能力。

本节课的另外一个特别之处就是利用户外实践观察"图解法"求正午太阳高度角。虽然是简单的数学运算,但是可以发展学生关于立体几何、三角函数等数学知识、户外基础测量等知识的能力。

2.原有知识结构分析

通过上一课时的学习,学生已经了解了太阳直射点的移动规律,但不一定知道太阳直射点的移动会导致哪些现象。同时,学生已掌握了平面几何及三角函数的相关数学知识,但不一定能将其与本节课的内容很好地结合起来。

●教学目标

1.知识与技能

(1)了解太阳高度角和正午太阳高度角概念的具体内涵。

(2)明确和掌握太阳高度角、正午太阳高度角与经纬度的关系。

(3)延伸太阳高度角和正午太阳高度角在生活中的应用。

2.过程与方法

通过对太阳高度角和正午太阳高度角概念的分析与探究,掌握研究问题的方法和步骤,提高分析地理问题的能力。

3.情感、态度与价值观

通过对太阳高度角和正午太阳高度角概念的分析与探究,提高学习地理的兴趣,养成科学探究的精神。

●教学重难点

1.教学重点

(1)太阳高度角和正午太阳高度角的概念和测量。

(2)计算当地经纬度。

2.教学难点

正午太阳高度角的测量过程设计。

●户外教学场地、工具

操场、杆子、卷尺和记号笔。

●教学过程(要点)

1.走出去

学生在教师的组织下来到操场，选择利于观测影子、做标记、测量的场地。学生每 2～4 人为一组，组内进行分工，做好记录和观测。

2.动起来

教师首先阐述太阳高度角的概念，学生利用杆子和影子，试着根据概念的表述测量当时某一时刻的太阳高度角，教师辅助。然后让学生自己思考什么是正午太阳高度角，给出时间让学生思考怎么设计测量正午太阳高度角，教师在这个过程中给予辅助和提示。最后结合经纬度的概念和应用，引导学生发现其与太阳高度角的关系。

3.写下来

在实验过程中，教师要时刻提醒学生进行记录，并且把实验过程用草图绘制出来，此外，一些问题和感悟都可以写下来，方便之后的交流和思考。

4.讲出来

通过对太阳高度角和正午太阳高度角的理解，以及实验中涉及的其与经纬度的关系，引导学生进一步回顾太阳高度角的概念，交流自己的想法或实验感悟。

●教学设计意图

教师在概念教学时，没有直截了当地就定义而讲定义，而是先给出概念，为学生提供思维素材与情境，让他们通过动手测量、思考、数据分析，从而明确正午太阳高度角的概念，最后对概念进行应用。本设计符合地理概念形成的过程，特别是教师只给出课题，学生自己设计实验，推敲概念的进一步使用，可以加深学生对概念的理解。

本设计不仅体现了教师引导学生对科学进行探究的过程，还培养了学生的地理思维能力和动手能力。最后整个教学过程回归生活，在激发学生的学习兴趣的同时,也使他们形成良好的情感态度和价值观。

2.湘教版"外力作用与地表形态"教学设计

对于"地球的表面形态"这一部分内容,课程标准的要求是"结合实例,分析造成地表形态变化的内外力因素",而相对应的活动建议是"根据本地条件,进行地质、地貌、水文等野外观察",特别是对于外力作用中的"风化""侵蚀""搬运""堆积"等概念,只靠讲授,学生是很难理解也很难想象的,尤其是"风化"这一概念一直是学生容易错误理解并混淆的。所以,通过户外地理教学的模式,学生通过亲身体验,实现更深刻地理解外力作用的概念,区分各外力作用的类型。

根据下面几个方面的要求,对教学内容进行了科学教学设计。

【教学案例 3-3-2】

●教材分析

本节课是湘教版高中地理必修一第二章第二节"地球表面形态"的内容。

从微观上看,内容包括:不断变化的地表形态、板块运动与宏观地形、地质构造与地表形态。从宏观上讲,这部分内容在本单元教材中起着承上启下的作用,既是前一节岩石内容的继续,又可以通过了解地表形态变化及原因进一步理解地理环境的整体性和差异性。对于指导人类生产活动、开发利用自然资源,以及防御地质灾害都有重要意义。

根据课程标准"结合实例,分析造成地表形态变化的内外力因素"的要求,本节课重在分析地表形态变化的原因。

●学情分析

1.原有认知发展分析

本节课中概念较多,理论性强,对象又是宏观事物,难以在教室有限的空间展示,因此教师应带领学生走出教室,走向"田野",在户外环境中认识具体的自然事物,便于学生理解接受。

2.原有知识结构分析

初中阶段学习的"地表形态"对本课学习有一定帮助。注意初高中知识的衔接。本节教材概念较多,因此设计为三课时。本节课为第二课时。

3.非认知因素分析

在城市环境中出生和成长的学生,大多缺乏对地形地貌的直观感受,但是他们的阅读面广,可以多列举一些世界各地的实例加强理解。对于在农村环境中长大的学生,应当多采用实际生活中的实例加以解释。

●教学目标

1.知识与技能

(1)说出外力作用的五种表现形式。

(2)掌握外力作用对地表形态的影响。

2.过程与方法

通过野外考察地貌形态,学会结合实例,分析外力作用对地表形态的塑造作用,提高分析地理问题的能力。

3.情感、态度与价值观

通过对地表形态知识的学习和探索,形成探究地理、热爱大自然的精神。

●教学重难点

1.教学重点

(1)板块的两种运动形式与宏观地形的形成。

(2)褶皱和断层形成的地表形态和地貌特征。

2.教学难点

(1)板块构造与宏观地形的关系。

(2)"背斜成谷,向斜成山"的原因。

●户外教学场地、工具

显著受外力作用影响的地貌区、锤子、相机等。

●教学过程(要点)

(1)走出去

教师组织学生到提前考察好的没有安全隐患的地貌区(最好包括显著的风化、侵蚀、搬运、堆积作用的地区),每2~4个学生为一组,组内进行分工,做好记录和观测。

(2)动起来

教师首先阐述外力作用的概念,并找到相应的地貌进一步具体说明。然后学生试着根据自己所理解的概念找到外力作用对地表形态的影响,或者某一地貌是受何种外力作用影响,并试着对其形成过程进行叙述,教师辅助。给出时间让学生小组进行思考、探索,教师在这个过程中给予辅助和提示。

（3）写下来

在考察的过程中，教师要时刻提醒学生进行记录，并把某些典型的地区用草图绘制出来或拍照记录，此外，也可以把一些问题和感悟写下来，方便之后的交流和思考。

（4）讲出来

通过野外的考察，学生一定有很多成果要展示，也一定有很多想法要交流，教师要引导学生回顾外力作用的概念，积极交流自己的想法或考察感悟。如果条件允许，还可以就此问题办一个图片展。

●教学设计意图

教师在概念教学时，首先就通过具体实例进行讲授，进而给出学生思考的时间及对概念的理解时间，明确概念的含义，考察学生是否真正理解了概念。要求学生分组根据理解找出外力作用的表现形式，并进一步分析其对地表形态的影响，符合地理概念形成的过程，使得学生不仅可以理解外力作用的概念，也提高了学生找出问题、分析问题的能力。

本设计趣味性十足，学生可以有效地做到将理论和实际联系起来，也更容易感觉到地理的魅力所在。而且教学过程中，教师始终处在辅助学生自主学习的基础上，给了学生发挥自我、展现自我的机会，也加强了学生的团队合作能力。

3. 湘教版"城市化过程与特点"教学设计

城市化这一内容，在教材中一般包括城市化的概念、特点和城市化对地理环境的影响两方面的内容。而本内容的主要地理概念有：城市化、郊区城市化、逆城市化、再城市化这几个概念。现在的学生对于城市肯定不陌生，他们大部分生活在城市里，但是对于城市化、郊区城市化、逆城市化、再城市化这些动态地理概念，他们很难凭空想象出来。学生往往只能从字面上进行理解，没有切身的体会。我国高中地理新课标的课程理念规定，要重视对地理问题的探究，并且此部分内容的课程标准要求是"运用有关资料，概括城市化的过程和特点，并解释城市化对地理环境的影响"，这一要求的基础是学生必须充分地理解城市化的概念，才能进一步分析其特点并探讨其影响；课标中相对应的活动建议是"搜集所在城市不同时期的地图、照片，或进行走访，讨论城市的变化，交流感想"，可见，此部分内容特别适合通过参观调查的户外教学形式，使学生全面了解城市化，并由此形成分析地理问题的能力和正确的情感、态度与价值观。运用参观调查的方法，不仅有利于本地理概念的掌握,而且十分契合新课标的要求。

笔者以湘教版"城市化过程与特点"为教学内容,把高中地理户外教学融入此课的教学设计中,用笔者构建的地理概念习得模式作为教学过程中的重要一环,即让学生走出去、让学生动起来、让学生写下来、让学生讲出来。通过这四步让学生在教学过程中习得地理概念,同时完成对其他内容的教学。此节内容的教学设计如下。

【教学案例 3-3-3】

●教材分析

从宏观上来说,本节内容是湘教版第二章"城市与环境"中的第二节,前一节"城市的空间结构"是对城市内部功能分区进行介绍,本节课城市化过程与特点是先从宏观上介绍城市,然后进行城市与环境的教学。本节课涉及许多地理概念,这些概念是学习整个第二章的知识基础。

从微观上来说,本节课主要包括三方面的内容:城市化的地理概念;城市化的动力机制;城市化的特点,其中郊区城市化、逆城市化、再城市化三个地理概念是这一部分的重要内容。

综上,地理概念的习得,是本课学习的关键。

●学情分析

从知识基础来说,学生之前只是大概对城市有些了解,但对于城市的具体内涵有什么体现并不清楚;从学生能力来说,学生通过运用图表和调查研究的方式得出地理概念的能力比较欠缺,所以,在教学过程中要注重概念习得方法的提示;从学生心理来说,学生往往喜欢走到户外去观察,愿意通过自己的实践得到城市化的概念,而不是通过阅读进行总结。所以,在教学过程中,教师要循循善诱,制定详细的户外学习任务和步骤。

●教学目标

1.知识与技能

(1)学生理解城市化的概念和城市化的具体内涵。

(2)学生通过阅读相关材料、分析城市化各个阶段的数据,概括出城市化的过程和各阶段的特点。

(3)学生通过对比发达国家和发展中国家的城市化进程,能够说出两者的区别,并用相关表格或曲线图表示出来。

2.过程与方法

(1)学生通过分组搜集所在城市不同时期的地图、照片,或进行走访,提高运用数据和分析图表的能力,以及增强同学间的合作能力。

(2)学生通过调查研究所在城市的城市化进程,增强自身搜集资料的能力、与外界人员交流的能力。

3.情感、态度与价值观

(1)学生树立正确的城市发展观和城市环境观,明白城市化要与保护环境协调发展。

(2)学生通过调查所在城市的城市化,能够增强自身对城市的关注热爱之情,能够更好地欣赏当地城市的城市之美。

●教学重难点

1.教学重点

(1)城市化的概念和概念延伸。

(2)学生通过资料的搜集和整理,分析城市化各个阶段的数据,概括城市化的过程和各阶段的特点。

2.教学难点

(1)学生对资料的搜集、整理和分析。

(2)城市化的动态过程的理解。

●户外教学场地

学校所在的城市。

教学过程中,教师着重介绍通过户外教学的方式获得地理概念的方法,对于其他地理知识、方法等不会特别细致地介绍。

●教学过程(要点)

1.走出去

以往,教师往往用地图的多年变化来展示一个城市的城市化过程,从而得出城市化的概念,但这门课,教师可以让学生自己调查心目中的城市化。城市化的概念课本上就有,但是学生往往对其内涵没有真正理解,也很难据此提升自己实践、调查研究的能力。教师可以学生所在城市作为调查对象组织教学活动。调查任务有三部分:当今城市的面貌实景图片;去政府相关部门询问调查城市的人口、城市用地、城市农业与非农业产值的比例;通过问卷调查的形式对不同阶层的人进行问卷调查或者访问的形式谈谈他们心中的城市。

而对于城市化不同阶段特点中的几个重要的地理概念,如逆城市化、郊区城市化、再城市化,可以组织学生去城市郊区观察郊区城市化,即观察由于城市地价、交通拥挤等因素,许多富裕阶层开始迁往郊区,而不是挤在城市中心。可以让学生用相机记录下来。而对于逆城市化、再城市化，由于我国还是发展中国家，目前还没有出现这种情况，所以，不适合采用户外教学的方法。

2. 动起来

教师首先对城市化概念、进程等进行介绍，向学生布置上述具体三个任务，学生以分组的形式进行资料的搜集。如第一、第二小组用相机记录最近几年城市化进程最快的几块区域，并用照片的形式打印出来；第三、第四小组去当地政府相关部门进行访问，调查档案，对当地城市近些年的城市人口、城市用地、城市非农业产值进行调查，并及时记录在案；第五、第六小组可以通过询问自己身边的亲属、街上的人流等方式，了解被访问者的来源地、是否为城市户口、从事什么工作，从而得到不同阶层的信息。教师对学生搜集的资料进行检查，并做出指导，学生进一步进行资料的搜集与整理。

对于郊区城市化这个地理概念，教师可组织学生到郊区参观，询问此区域的居民为什么要搬迁到郊区而不是留在城市里面，并且搜集此区域以前的图片进行对比。

3. 写下来

在资料搜集和整理的过程中，教师要时刻提醒学生及时对行程和过程进行记录。同时，调查中遇到的一些问题和感悟也可以写下来，方便之后的交流和思考。

对于城市化、郊区城市化的调查所得，以及在搜集资料的过程中，一定要把每组的所思所想及时记录下来。对于逆城市化、再城市化的资料也要及时整理，注重记录。

4. 讲出来

师生一起将搜集到的一手资料进行分析，整理城市化的概念、进程，以及对地理环境的影响，每小组对自己的调查做出报告，教师和其他小组一起进行点评，最后在所有小组表达结束后，教师进行总结性发言，并最后组织学生交流自己的想法或者感悟。

● 教学设计意图

本教学设计强调学生自己动手、自己参观和调查，搜集第一手资料，来分析、总结归纳城市化的概念、进程和对地理环境的影响。培养和发展学生的地理思维，锻炼学生解决地理问题的能力。教师只是活动的组织者并在必要时刻对学生进行指导。

学生通过自己的亲自调查、对资料的亲手分析，并且通过和小组成员一起交流总结形成一份调查报告,是对各方面能力的充足发展,这样学到的知识和经验一定会使学生获益匪浅。

4. 人教版"资源的跨区域调配"教学设计

对于资源的跨区域调配,这是一个大区域的问题,相对来说,离学生的生活较远。他们所生活的圈子很少可以接触到这么宏观的问题,学生很难运用全方位的视角来思考问题。以人教版"资源的跨区域调配"为例,本课的主要内容包括三部分:西气东输的地理概念、西气东输的原因和西气东输对地理环境的影响。此部分内容的课程标准要求是"举例说明资源跨区域调配对区域地理环境的影响",明确指出学生需要掌握资源跨流域调配的概念,本课将会着重阐述如何利用户外教学来帮助学生理解、掌握地理概念。其实,不仅西气东输的资源跨区域配置可以利用地理概念习得的模式,南水北调、西电东送等资源跨区域调配也可以运用这种理论模式。对于西气东输,为了让学生更好地掌握相关概念,教师可以组织学生参观调查"西气东输"的实际线路,或者基于现实经费、时间的考虑,组织学生参观或询问西气东输的政府管理部门和企业建设部门。这不仅可以加强学生对概念的理解,更有助于学生进一步分析其对区域地理环境的影响,甚至还可以讨论线路的优缺点等,进一步升华教学目标。

现根据教材分析、学情分析和教学目标,对教学内容进行以下教学设计。

【教学案例 3-3-4】

●教材分析

从宏观上来说,本课是人教版第五章"区际联系和区域协调发展"中第一节的内容,区域之间加强联系不仅可以体现在资源禀赋上,也可以体现在经济社会联系上。学习第一节"资源的跨区域调配——以我国西气东输为例",不仅可以让学生了解西气东输这个地理概念背后所隐藏的我国资源禀赋存在南北差异的自然地理知识,也可以使学生学习区域联系与协调发展等人文地理概念。

从微观上来说,本书的三大部分内容相互联系,学习资源的跨区域调配是学习后面两大部分内容的基础,掌握西气东输的地理概念是学习后面内容的关键。

●学情分析

从学生知识基础上来说,学生在新闻中可能对西气东输有所耳闻,但是对于西气东输的具体路线、概念,西气东输的原因和西气东输对地理环境的影响并不清楚;从学生能力上来说,学生通过阅读材料、教科书来获取、分析信息是比较容易做到的,但是对于通过户外调查、询问、参观来形成地理概念对学生的能力要求更高,所以,应该注重对学生户外调查方法的指导;从学生心理来说,学生往往只能分析出某一资源配置调配的单一原因,但是用发散的思维去思考、分析问题还需要加以引导。

●教学目标

1. 知识与技能

(1)学生掌握资源跨区域调配的概念。

(2)以西气东输为例,学生可以掌握资源跨区域调配的原因和意义。

2. 过程与方法

(1)学生通过调查询问南水北调的路线、原因,以及对地理环境的影响,提高自身探究自然、实践学习的能力。

(2)学生通过搜集、整理、分析关于西气东输的地理信息,可以了解西电东送、南水北调等资源跨区域调配的地理概念,提高自己搜集、分析地理资料的能力。

3. 情感、态度与价值观

(1)学生通过资源的跨区域调配的学习,认识我国资源的地区不均衡性,培养节约资源的理念。

(2)学生树立合理利用资源的可持续发展观,树立经济与环境、人口协调发展的科学理念。

●教学重难点

1. 教学重点

(1)实施西气东输的路线选择和原因。

(2)西气东输对区域发展的影响。

2. 学习难点

(1)通过对西气东输的学习,加深对其他资源跨区域调配的认识和理解。

(2)学会从多方面分析资源的跨区域调配问题,认识事物的多面性。

●户外教学场地、工具

实验室、中国地图(最好有地形模型)、剪刀、细线、胶水等。

●教学过程(要点)

1.走出去

以西气东输为例,为了让学生更好地理解资源优化配置的地理概念,教师可以让学生联系西气东输的政府管理部门和建设企业,走出教室,在课外的实践中深刻理解当前已经完成的资源跨区域调配的实例——西气东输的地理概念。当然,教师也可以把课文与当地联系起来,如果当地有什么资源调配的实例,也可以让学生去调查、询问,从而学习到自己身边的地理现象,减少调查的时间和费用。

2.动起来

把学生分成两个大组,第一个大组去咨询西气东输的政府管理部门,如西气东输的沿线管理部门,由于西气东输的两条线路如今都已通气,经过的省份也比较多,以江苏为例,学生可以去采访西气东输江苏段的政府管理部门,他们有非常详细的数据和材料,从而得出西气东输的详细信息、修建原因,以及对各个地方的影响,帮助学生全面理解和掌握西气东输的地理概念。

第二大组可以去采访调查某一段西气东输工程的设计、施工、服务部门,以认清西气东输需要解决的困难和可能会遇到的困难,特别是对于地理环境的影响,这也利于学生通过户外学习得出对西气东输相关概念的正确理解。

3.写下来

在各个组对政府部门和建设公司的调查研究的基础上,学生要及时正确地记录,在这个过程中,老师要及时加强监督,鼓励学生利用图表、数据或实验的形式表示出来,特别是对其线路经过的地区进行了解,不留空缺。在此过程中遇到的问题和感悟也要写下来,方便之后的交流和思考。

4.讲出来

通过对模型的制作和制作过程中对沿线地区的了解和思考,学生一定会有很多想法和意见。比如"为什么要经过这个区域,而不经过那个区域",或者"为什么这样设计路线",学生可以充分进行交流和思考,必要时教师可进行指导和总结。

最后,要求学生根据已有的调查分析,搜集关于西电东送、南水北调的信息资料,让学生在已有基础上,运用类似的方法或通过文献综述的方式,展示自己对于南水北调、西电东送的看法,阐述自己对于资源跨区域调配的的概念的新的观点和启示。

●教学设计意图

在整个过程中,学生不仅实现了动手做,而且身临其境去思考,思考线路的选择、资源跨流域调配的原因、意义和影响。学生在做的过程中一定会思考,也会产生各种疑问。这样首先会加强学生对知识的理解和记忆,其次也会帮助学生更深入地思考并分析地理问题,并产生一定的情感、态度与价值观。真正让学生成为知识的主人,乐于学,主动积极地思考,爱上地理也许就在这一瞬间。

第四节　地理"田野"教育与学科创新思维能力培养[①]

怀着对"中国航天之父"钱学森的深深怀念和对当前教育的深刻反思,各界人士都在思考"钱学森之问":我们的教育为什么总是培养不出杰出人才?不同学科背景的人给出了不同的答案。作为地理教育工作者,我们也陷入深深的思考:我们该如何培养学生的创新思维?

一、洪堡、李特尔的成长经历与"田野"学习

亚历山大·冯·洪堡(Alexander von Humboldt,1769—1859)和卡尔·李特尔(Carl Ritter,1779—1859)是德国著名的地理学家,也是古典地理学和现代地理学承前启后的重要人物,被评为 19 世纪科学界中最杰出的人物之一。在回顾地理学发展历程时,这两位伟大的地理学家无不被置于重要地位。而当我们转向地理教育的视角时,我们就会思考,为什么当时的德国会出现两位杰出的影响深远的地理学家?他们的成长经历对我们今天培养杰出创新型人才又有何启示?翻开几种不同版本的《地理学思想史》,我们可以发现,两位地理学家的成长经历都离不开一个关键词:田野。[②]

(一)洪堡:"田野"改变兴趣,长途旅行是学术源泉

"洪堡一开始对科学并不感兴趣",除了受到物理学家马库斯·赫兹(Marcus Herz)以科学为主题的演讲和科学实验的展示的影响外,福斯特是真正引起他对科学产生极大兴趣的人。福斯特曾经随同库克船长环球航行,从他那里,洪堡对植物学研究产生了极大的兴趣,1790 年开始,洪堡与

①　张建珍,夏志芳. 地理教育走向田野:地理学科创新思维能力培养的有效途径[J].地理教学,2011(8):4-7.

②　[美]杰弗里·马丁. 所有可能的世界地理学思想史[M]. 成一农,王雪梅,译. 上海:上海世纪出版集团,2005:139-162;[法]保罗·克拉瓦尔. 地理学思想史[M]. 郑胜华,等,译.北京:北京大学出版社,2007:81-88.

福斯特开始长途旅行。"洪堡说在认识福斯特之后,他才对地理产生了兴趣。"①可以说,福斯特是将洪堡引向地理学的引路人。福斯特之所以能对洪堡产生如此大的影响,主要原因在于他特殊的野外经历。

洪堡的整个学术生涯离不开各种长途旅行,他走遍了西欧、北亚和美洲。凡是足迹所到之处,高山大川无不登临,奇花异草无不采集。在野外考察的过程中,他使用了大量的装备进行观察和记录,他活跃的思维经常使他对观察到的所有事物提出各种新的问题。他主要的学术著作几乎都源于野外考察。如《1799—1804年新大陆热带区域旅行记》即源于他在美洲野外的考察。"洪堡多次强调对自然进行细致观察,以及精确测量的重要性。虽然,他经常试图提出普遍概念,或者就是我们现在所说的抽象模型和理论,但他认为观察是第一位的。在其巨著《宇宙》卷一中他写道:通过思维将感官所感觉到的一切加工成理性规则,我们距离这一目标还非常遥远。另外,对于相互联系在一起的事实的展示,也包括按照现象的理性联系来进行分类,对大量观察结果进行分门别类的归纳,或者试图寻找规律。"

可见,是福斯特野外考察的经历激起了洪堡对地理学的兴趣。此后,又是各种长途旅行成为洪堡开创性的地理研究的源泉。

(二)李特尔:新式教育引向浓厚的自然观察兴趣

不得不承认,李特尔后来在地理学方面卓越的成就与其早年所受的教育密不可分。在杰弗里·马丁(Geoffrey Martin)所著的《所有可能的世界:地理学思想史》(*All Possible Worlds: A History of Geographical Ideas*)中,专门介绍了李特尔所受的教育。在18世纪后期的德国和法国,只注重死记硬背的传统教育方法受到极大挑战。1762年,卢梭在他的小说《爱弥儿》中描述了一种新的教育方式,这种教育不提倡死记硬背,而是鼓励儿童发展自身的潜能。瑞士的教育家约翰娜·裴斯泰洛齐进一步发展了这种思想,认为清晰的思考必须基于对事物的认真观察,文字只有和感知相配合才能变得有意义。弗雷德里希·福勒贝尔(Friedrich Fröbel)进一步发扬了裴斯泰洛齐的方法,认为地理学研究应该始于家中,然后在基于对事实和规律的了解基础上,由自己家庭环境开始向外延伸。当时德国一些致力于教育的人赞同这种思想,并积极付诸了实践。1784年,德国的一位校长克里斯蒂

① 张建珍,夏志芳. 地理教育走向田野:地理学科创新思维能力培养的有效途径[J]. 地理教学,2011(8):4-7.

安·萨尔兹曼(Christian G. Salzmann)建立了一所新式学校来验证这些新主张,而卡尔·李特尔即被选中在这所学校接受学习。①

被任命监护李特尔的教师是地理学家古茨穆斯(J. C. F. GutsMuths),他对观察自然特色有浓厚的兴趣,而且在用新方法进行地理学教育方面已有一定经验。幼年时期的李特尔可以观察到人与其周围自然环境之间的紧密联系。在教师的鼓励下,他建立了自己的关于人和自然方面的概念;从这一地区山地和丘陵变化多端的地理景观中,他得出了"统一多样性"的概念,这后来成为他研究成熟时期作品的基本主旨。②

李特尔在 16 岁进入大学后,经常和他的学生在法兰克福附近从事野外调查。1819 年,他成为法兰克福大学的教授后,坚持每年夏天到欧洲各地进行野外考察。"他坚持认为地理学应该是经验的,也就是说学者应该从对地球的观察来研究普遍的规则,而不是从先入为主的观点或者假说到观察。学者应该从地球表面入手来研究地球自身的规则。"③

由此可知,18 世纪的所谓新式教育所倡导的激发学生潜能与注重实践和自然观察的理念为李特尔后期在地理学方面的伟大成就奠定了基础。

二、创新思维培养与地理"田野"教育的联系

洪堡、李特尔等地理学家的伟大实践,给我们提供了研究创新思维能力培养与"田野"教育的联系的案例。那么究竟地理创新思维能力与"田野"教育有何内在联系呢?"田野"教育能为创新思维培养提供什么呢?

(一)何谓创新思维

创新思维学实际上是一门新兴的正在探索中的边缘交叉学科,思维科学、脑科学、心理科学、哲学、逻辑学、创造学等都有相关论述。因此,不同学科背景的专家对创新思维的概念界定也是纷繁复杂,称谓各异。如心理学家多称其为"创造性思维"或"创造思维",有的哲学家则称其为"创意思维"。④ 从教育的角度而言,创新思维是指一种突破性思维,突破原有的思维范式,重新组织已有的知识、经验信息和素材等要素,提出新的方案,并创造出新的思维成果的各种思维方式。林崇德教授对创新人才进行了长达 25

---

①② [美]杰弗里·马丁. 所有可能的世界地理学思想史[M]. 成一农,王雪梅,译. 上海:上海世纪出版集团,2005:139-162.

③ [美]杰弗里·马丁. 所有可能的世界地理学思想史[M]. 成一农,王雪梅,译. 上海:上海世纪出版集团,2005:139-162

④ 刘培育. 创新思维导论[M]. 北京:大众文艺出版社,1999:13-15.

年的研究,发现创新人才在一定意义上就是创造性思维加创造性人格。(见图 3-4-1)综合前人研究,可以发现,与创新思维密切相关的主要是批判性思维、发散思维、聚合思维、形象思维、直觉思维等思维方式,尤其是对创新思维与批判性思维、发散思维、聚合思维等思维方式之间的关系进行了较多的研究,而创造性人格则具有五个方面的特征,即:

(1)健康的情感(涉及情感的强度、性质、理智感等);

(2)坚强的意志(在意志的自觉性、果断性、坚持性、自制性等方面表现出众);

(3)合理的个性倾向性(创造的需要,特别是理想、动机和兴趣);

(4)顽强的性格(涉及求异的理智、强烈的好奇心、勤奋的行为等);

(5)良好的创新习惯。[①]

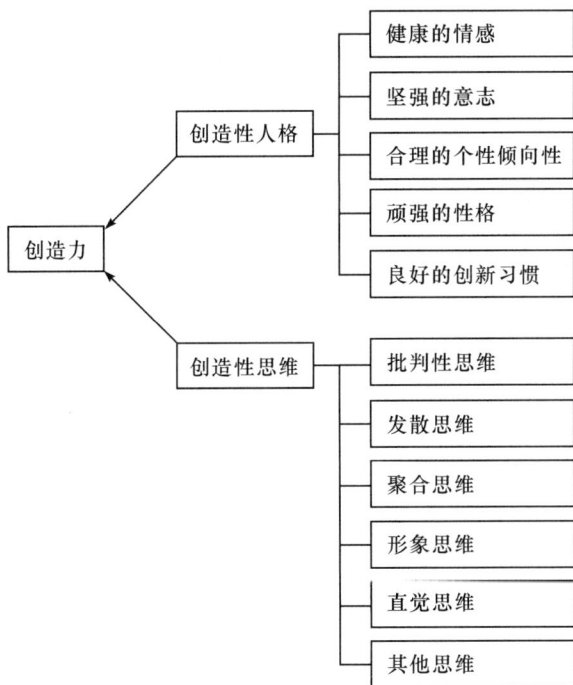

图 3-4-1　创造力的形成

---

① 林崇德,罗良.建设创新型国家与创新人才的培养[J].北京师范大学学报(社会科学版),2007(1):29-34.

（二）创新思维培养与地理"田野"教育的联系

1. 地理教育走向"田野"，激发学生探索兴趣，培养地理创新思维能力

兴趣、好奇是创新的原动力。没有兴趣、好奇作为心理基础，没有探索的行为作为媒介，创新就是无源之水、无本之木。任何创新思维都是人们在一个又一个好奇的问号中，通过不断的探索达成的。广大的"田野"是学生学习地理知识的好场所，更是激发学生好奇心和兴趣的最佳场所。地理教育走出教室，学生对大自然和社区充满了兴趣和好奇心，总会提出许多意想不到的问题，而这些问题往往就是创新思维的起点。

2. 解放教室对学生思维的禁锢，发展学生的批判性思维

从目前来看，我国绝大部分学校的绝大部分地理教育是在教室内进行的。走向"田野"的地理教育是偶尔为之，没有成为地理教学的常态。不可否认，室内教学可以在较短的时间内将人类地理科学成果传授给学生。但这种"填鸭式"的教学脱离了学生的生活实际，很多学生看似懂得了许多高深的地理知识，但对生活中身边的地理事象都解释不了，试想一个连土壤、植被都很少见的学生，他即使会背垂直地带性规律又有何意义？学生长期局限于教室狭窄的空间里，连手脚都无法自由地伸展，他们能做的只是记忆和理解书本上的地理知识和图片，而无从了解真实的世界是怎样的。他们只能相信印在书上的铅字是唯一的真理。他们被剥夺了在真实的生活世界检验、审视、质疑这些"真理"的机会。试想，一个信奉书本权威，没有实践机会的群体如何会有创新思维的发展。

批判性思维指"对于某种事物、现象和主张发现问题所在，同时根据自身的思考有逻辑地做出主张的思考"[1]。众多的研究认为，批判性思维是创新思维发展的重要基础和必备条件。[2] 地理教育走向"田野"，学生学习空间的解放带来学习资源的革命。学生的学习资源从原来教室里的课本、教材走向大自然、社区的万事万物，学习的指导者从教师转变为更多的人群（如社区人员、自然教育人员、农民、工人，等等），检验知识的标准发生了极大变化，学生开始用活生生的生活实践来重新认识书本、质疑书本、教师的"唯一正确性"。这种批判性思维的发展和锻炼是发展学生创新思维和创造力的必备条件和基础。

---

① 钟启泉."批判性思维"及其教学[J].全球教育展望，2002(1):33-38.

② 岳晓东.批判思维的形成与培养：西方现代教育的实践及其启示[J].教育研究，2000(8):65-69.

3.地理教育走向"田野",改变我国教育过于注重学生聚合思维培养的倾向

传统的室内教育导致了对学生的种种禁锢,从而严重影响了学生创新思维的发展。过度寻求唯一标准答案的教学,年复一年的应试训练,赋予了学生过多的聚合思维的训练,而缺乏发展发散思维的训练。

聚合思维以逻辑思维为基础,它十分强调事物之间的相互关系,试图形成理解外界事物的种种模式,追求解决问题的唯一正确的答案。因此,聚合思维是一种有条理、有范围的收敛性思维,它具有方向性、判断性、稳定性、服从性和绝对性等特点。与此相反,发散思维是以形象思维为基础,它不强调事物之间的相互关系,也不追求解决问题的唯一正确答案,它试图从不同角度出发来思考同一问题,提出不同的答案。这种无规则、无限制、无定向的思维,具有灵活性、流畅性、多变性、新颖性和相对性等特点。正如美国康奈尔大学心理学家瑞普所说:"发散思维促使人们改变对生活中种种视而不见的事物的认识,以自我特别的方式来加以重新认识。"聚合思维和发散思维相辅相成,对立统一,两者交互发展、有机结合,便构成了个体创新思维的基础。可以说,没有聚合思维,就没有创新和变革的条件和基础;而没有发散思维,就没有创新和变革的想象基础和动机。①

由此可见,聚合思维和发散思维都是发展创新思维所需要的。我国拘泥于室内教学的地理教育现状,长期地指向唯一正确答案的练习,过多地指向聚合思维的训练而缺少发散思维的开发,这必然不利于创新思维的发展。

地理教育走向"田野",广阔的自然、复杂的社会为学生提供了更大的想象空间和学习、探究场所,对于同一问题的探究会产生许多不同的答案,对于同一问题会有许多不同的解决方法;对于同一事物会有许多不同的观点;逆向思维、曲解思维、脑风暴、夸张思维等方法在走向"田野"的地理教育中可以充分发挥作用,将大大提高学生发散思维能力。因此,地理教育走向"田野"非常有利于学生发散思维和聚合思维的协调训练,从而促进学生创新思维的形成。

4.有助于培养学生解决结构不良问题的能力,提高创新思维能力

创新思维能力的衡量标准在于能否创造性地解决问题,而现实生活中

---

①　岳晓东,龚放.创新思维的形成与创新人才的培养[J].教育研究,1999(10):9-16.

的大部分问题都是结构不良问题，[①]因此，心理学认为结构不良问题的解决与创新思维能力的培养有重大关系。结构不良问题是指具有多个抽象的目标；问题的已知条件可辨别性差，甚至不存在已知条件；问题有多种不可验证的解法，或者没有解法的问题。[②] 许多教师认为，随着课程改革的深入，在教室里也能进行各种探究活动，培养学生的创新思维。不可否认，教师在教室中通过精心设计教学过程和方法、组织教学材料，也能培养学生的创新思维能力。但教室中进行的所谓探究活动毕竟是从现实生活提炼出来的而非真实的生活本身。教师由于教学活动的需要给学生提供的往往都是一些结构良好的问题。学生可能在这些探究活动中达到了预期的效果，解决了教师设计的问题。但是，到了现实生活中，他们会发现这些方法并不能解决现实问题，因为现实问题复杂得多，涉及的面更广，这个问题的解决要建立在其他问题的解决基础上。许多问题环环相扣，形成复杂的问题链，这些问题才是真实的结构不良的问题，才是真实的需要创造性解决的问题。例如，在教室里，教师教给学生工业区须布局在城市的下风向的道理之后，发给学生城市的方位图让学生讨论"如何对城市的功能区进行布局"，学生可以通过讨论解决这个问题。通过这个方法，学生实际上学会了如何运用知识于一个具体的情境。而如果把"如何对家乡的功能区进行布局"这个问题作为探究性题目，让学生走向"田野"、走向社区，学生会发现事情远没有想象中那么简单。如这个城市的下风向刚好是另一城市的上风向，那城市之间的关系如何协调，可以牺牲其他城市的利益来保障自己城市的利益吗？布局在哪里，受到的影响面最小？可以发现，真正走向"田野"的地理教育才更具有培养创新能力的价值。

（三）地理学科的性质决定了培养地理创新思维必须走向"田野"

每个学科都有自己学科独特的研究领域、思维方法。地理学以人地关系作为研究对象，横跨自然与人文，是与生产和生活的世界联系最紧密的学科，有综合性、地域性、实践性等特点。长期以来，野外考察一直在地理学的科学研究中占据重要地位，不仅是洪堡、李特尔，古今中外许多地理学家都

---

① 鲁志鲲.结构不良问题解决研究述评[J].首都师范大学学报（社会科学版），2006（4）：116-120.

② Jonassen D H. Instructional design models for well-structured and unstructured problem-solving learning outcomes [J]. Educational Technology：Research and Development，1997，45(1)：65-94.

将野外考察作为重要的科学研究方法。因为只有通过野外考察不断丰富对各种地理事象的认识,才能为地理创新思维打下坚实的基础;只有通过野外考察,才能将普遍的地理原理与各地具体的地理现象相结合;只有通过野外考察,才能开创性地发现地理差异与变化,寻求解决问题的方式与方法。

中小学的地理教育与科学家的地理科研固然有很大的差异,但通过地理教育更多地走向"田野",可以将书上的地理知识、理论与生活实践相结合,促进地理知识、技能的学习,为地理创新思维的培养奠定基础;通过地理教育更多地走向"田野",使学生学会用批判性思维来思考问题,检验审视书本上的知识,而非崇拜权威,从而激发学生的创新思维;通过地理教育更多地走向"田野",可以激发学生好奇心、兴趣等创新思维的心理基础,从而为创新思维提供不竭动力;通过地理教育更多地走向"田野",可以在"田野"这个特殊的场所,加强学生发散思维等各种思维能力的训练,提高学生解决问题的能力,从而提升学生的创新思维能力。

第四章　地理教育走向"田野"的有效方法

第一节　地理"田野"教育学习心理研究

一、缘起：KOLB 学习圈理论

1984 年,美国教育家大卫·库伯出版了《体验学习——让体验成为学习和发展的源泉》一书,创造性地吸收了杜威、皮亚杰等学习理论成果,经哲学、心理学、生理学等多方面论证,提出了四阶段体验学习圈模型,也称作 KOLB 学习圈理论。KOLB 学习圈是由四个基本阶段构成的完整的学习系统,即具体体验(concrete experience)、反思观察(reflective observation)、抽象概括(abstract conceptualization)和主动应用(active experimentation),如图 4-1-1 所示。[①]

首先,学习者通过亲身参与产生了初步的体验;然后通过对亲身体验进行分析和思考,明确自己学到了什么,发现了什么;再后,学习者把反思和观察到的结果进一步抽象化,形成一般性的结论;最后,学习者在新的情境中检验结论或理论假设的正确性、合理性。学习圈理论指出,学习者具有两种不同获取体验的方式:一是感知,即具体体验;另一种是领悟,即抽象概括。

---

① [美]大卫·库伯.体验学习——让体验成为学习和发展的源泉[M].王灿明,朱水萍等,译.上海:华东师范大学出版社,2008:4.

体验转换涉及两种不同的加工方式:内涵转换与外延转换。前者通过反思观察而缩小内涵的过程,后者通过应用迁移而扩大外延的过程。①

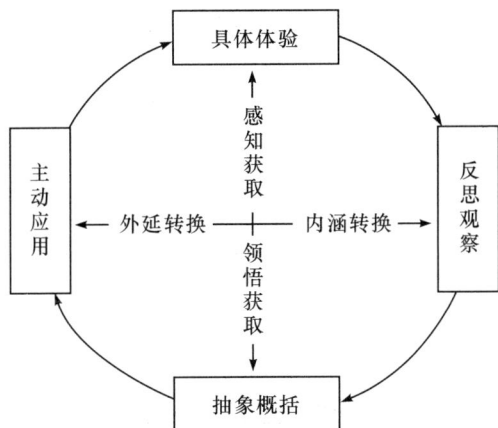

图 4-1-1 KOLB 学习圈

二、寻找:中学地理"田野"教育与 KOLB 学习圈理论的适切性

通过对 KOLB 学习圈理论的研究,可以发现该理论正是中学地理田野教学非常适切的一种教育心理学理论。笔者结合地理学科实践性的特点,可以发现中学地理"田野"教学与 KOLB 学习圈理论之间的适切性,从 KOLB 学习圈视角去解读中学地理"田野"教育,为教师进行"田野"教育提供了一个基于教育心理学的全新视角。

中学地理"田野"教育与 KOLB 学习圈理论适切性的核心就在于"体验"二字。地理学有综合性、地域性、实践性等特点。正如库伯呼吁的那样,"体验是学习和发展的源泉"。注重学生个体的体验,是贯穿地理"田野"教育的宗旨,其理论基础为体验课程论。库伯曾提出这样一个问题:"你怎样能让一个从未吃过梨的人知道梨是什么味道呢?"单纯地描述梨的味道,是多么苍白无力,只有让他真正尝一口,亲自品尝梨的味道,这个问题才能彻底地解决。地理中许多规律和现象对学生来说是陌生的。"田野"教育让学生充分地感知真实的大自然,变教材中抽象的内容为自然界中形象的事物,真正"尝一口梨的味道",学生才能得到彻底、全面的认知。

---

① 朱孟艳.库伯经验学习理论视域下成人学习模式构建研究[D]. 山东:曲阜师范大学,2012.

（一）体验学习圈

体验学习圈（experiential learning cycle）是将儿童的体验学习过程，划分为若干阶段的教育框架模型。由于体验学习圈揭示了体验与学习之间相互关系的过程机制，可以启发户外教育者在组织和实施户外体验活动时应该遵循的体验规律，因此，体验学习圈成为户外体验教育领域内的基础学习原理。大卫·库伯所提出的这个学习模型构建了科学化、程序化的体验过程，也使得其在户外体验教育范围内被积极引用。四阶段体验学习圈所界定的学习方式，是基于学生学习体验的连续过程，包括具体体验（concrete experience）、反思观察（reflective observation）、抽象概括（abstract conceptualization）和行动应用（active experimentation）（见图 4-1-2）。①

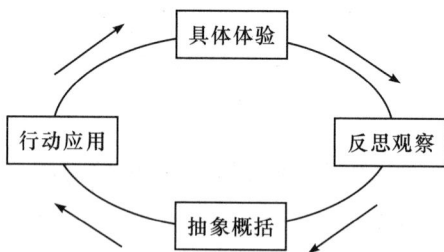

图 4-1-2　库伯的体验学习圈

（二）体验学习的过程机制

从体验、观察、概括到应用四个相适应的体验学习阶段，学习者依次体验了从感知者、观察者、思考者到实践者的角色，突出了体验学习者要经历非常紧张的解决自我冲突的过程。在这个体验学习圈的循环过程中，学习者既要感知自然环境又要思考可能的风险，既要反思观察还要做出行动。这样，具体体验与抽象概括、反思观察与行动应用就形成了两对辩证统一的关系。同样，学习者也正是在解决自我矛盾的过程中产生了有意义的学习效果。这两个不同维度的冲突，恰恰能够很好地反映出体验学习的机制原理。

人类经验根据来源可以分为两种，即直接经验和间接经验。但在传统教学观点看来，间接经验与直接经验、学科知识与个人经验之间是对立的关

① Kolb D A. Experiential learning：experience as the source of learning and development[M]. New Jersey：Prentice-Hall，1984：38.

系。这是在二元思维下人为割裂它们之间关系的结果,它的本质是理性与经验的对立。学生在户外体验学习的过程中,具体的感官体验是通过真实存在的具体觉察来获得的直接经验,库伯把这种直接经验称为感知(apprehension);而抽象概括过程,就是使学习体验者深入内心,并通过概念解释或者符号描述所形成的认知过程,称为领悟(comprehension),它能获得间接经验(见图 4-1-3)。①

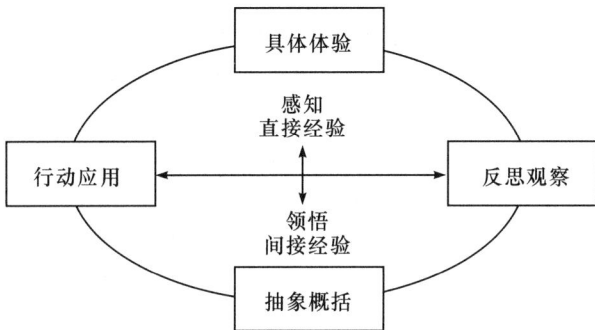

图 4-1-3 体验学习过程机制——感知与领悟

因此,我们要清楚地认识到户外体验学习,不仅要重视根据感官体验所收获的直接经验,还要重视学生通过抽象概括所获得的间接经验。感知经验和领悟认识二者是密不可分的,知识也是从两种不同形式的认识中获得的。体验学习圈原理继承和发展了美国教育家杜威关于经验连续性的教育哲学思想,户外体验循环过程加速了儿童户外体验的改造与重组。所以,需要特别注意的是,体验学习圈,并不是单纯地从具体体验到行动应用的一个阶段,也不是一个平面循环,而是一个螺旋式立体上升的过程,到行动应用阶段也就意味着新的体验又将开始,从具体体验开始阶段再到又一轮的体验循环阶段,这个过程是持续性的,它经历的时间可能是数秒到几小时或更长时间,但每次的户外体验与前一次的户外体验之间有很大程度的不同,从这个意义上讲,所有的户外体验学习都是一个全新的学习过程。

简言之,学习圈理论所强调的个体体验正是地理"田野"教育的基础,学习圈理论也能对学生的户外学习过程和特点进行心理学层面的剖析,为教师进行"田野"教育提供一个基于教育心理学的全新视角。

---

① Kolb D A. Experiential learning:experience as the source of learning and development[M]. New Jersey:Prentice-Hall,1984:41.

三、解读:KOLB 学习圈视角下的中学地理"田野"教育

(一)具体体验

具体体验阶段是指学习者通过亲身参与而产生体验,学生获取经验的方式为感知获取。中学地理"田野"教育中的具体体验可以分为两类:①野外认知类。一些在教室里学习较有困难的地理概念、现象、过程的野外认识,如流水地貌、垂直地带性分布等的实地观察、记录。这一类教学内容可以将学生带领到真实的自然情景中去真实地体验和感悟。②调查研究类。这一类教学内容是带着一些研究性问题的户外考察和研究,如对家乡土地利用类型的调查、家乡河流污染情况的调查等。

在此阶段中,教师要使学生积极主动地与环境、教师互动,在互动中发现新的经验,并将新旧经验结合起来。学生完全投身于学习之中,放开自己,积极主动地投入经验情境中,感受学习的乐趣,从而有效促进其高级认知能力的发展。

(二)反思观察

反思是学生建构新知最关键的一个阶段。学生依据以往的经验、知识和理念对第一阶段获得的具体经验进行观察和反思,缩小内涵,探求资料间的相关性,认识活动与结果之间的关系。[①] 中学地理"田野"教育中,教师作为教学的主导,学生的反思具体体现在教师设计的问题上。《地理教育国际宪章》提出地理学的问题分为:"它在哪里? 它是什么样子的? 它为什么在那里? 它是什么时候发生的? 它产生了什么作用? 怎样使它有利于人类和自然环境?"六类问题。教师可以以此为依据提出问题,引导学生进行反思。例如,在深圳的中学,在学习高中地理湘教版必修三的《区域工业化与城市化进程》这一课时,在带领学生参观深圳博物馆(具体体验)之后,教师引导学生反思:"深圳的地理位置在哪里? 深圳的经济有什么特征? 为什么深圳的工业化与城市化发展如此迅速? 这些变化是什么时候发生的? 工业化与城市化对深圳产生了什么作用? 怎样协调深圳的经济发展与生态环境的关系?"这些问题的解决难度从前到后呈逐步提升的态势,可以在参观的过程中或者参观之后提出,对这些问题的思考将使学生对工业化与城市化有新的更深层次的认识。

----

① 朱孟艳.库伯经验学习理论视域下成人学习模式构建研究[D].山东:曲阜师范大学,2012.

KOLB 指出反思大致分为两类:一是发生在具体体验之中的反思;二是发生在具体体验之后的反思。在体验之后的反思是一种突破性的反思,学生学习的突破性转变通常发生在这一阶段,学生通过反思发现当前的经验和原有知识经验之间的关联,并获得新的理解和认识。

(三)抽象概括

在抽象概括阶段中,学生在对自己的经历回顾和反思的基础上,将思考的方法与知识经验进行归纳和总结,并且总结出体验情境中行为和结果的关系,抽象出一种较为合理的概念并产生新的知识。这个过程是将感性认识上升到理性认识的过程,学生通过领悟获取经验。由于每个学生的感受都是不同的,都印刻着他们不同的生活和学习经验,因此,在"田野"教育中,教师要善于引导学生在反思的基础上,对这些感悟、经验进行深度的归纳和整合,从而帮助学生进一步厘清经验活动的成果,使学习结果由感性上升到理性。

例如,庐山的植被从山麓到山顶分别为:常绿阔叶林—常绿阔叶与落叶阔叶混交林—落叶阔叶林—针叶林,垂直地带性非常明显。在学习高中地理湘教版必修一的"自然地理环境差异性"这一课时,临近庐山的各中学可充分利用这一地理位置优势,组织学生对庐山的垂直地带性植被进行考察。在亲眼目睹庐山从山麓至山顶的植被变化后,通过教师的引导性提问进行深入思考。学生考察过程中亲眼目睹到植被特征的变化,亲身体验到从山麓到山顶温度的变化,通过思考将所经历的表象经过反思观察上升为本质认知,从感性上升为理性。经过此番体验之后,学生抽象概括出的对垂直地带性分布规律的认知必将是深刻的,甚至是终身难忘的。

(四)主动应用

在这一阶段,学生的主要任务是通过实践的方式来干预新情境的发生,学生将在新的情境中检验结论或理论假设的正确性与合理性。在主动应用中通过迁移,扩大外延,获得经验。这一阶段又成为一个新的具体经验,成为进一步反思的起点。

虽然 KOLB 在其著作中强调,主体感知和体验可以是直接的,也可以是间接的。但是,在地理"田野"教育的四个阶段中,具体体验和主动应用两个阶段提供给学生的情景,至少有一个必须是真实的。置于野外或其他非教室场所的情景,并非模拟的、替代性的情景,否则便弱化了 KOLB 学习圈所强调的,学生"主体体验"之"体验"的含义,也将偏离地理"田野"教育的"田野"对学生地理素养培养的重要价值。例如,人教版地理七年级上册的"地图"一课,在地形与等高线的教学中,教师可以先用图片辅助讲解地形与等高线的理论知识,也就是间接的具体体验;再将学生带到校园附近有山地或丘陵等地形的区域,运用理论知识将眼前的地形用等高线表示出来,也就是在真实环境下的主动应用。教师也可以先将学生带到野外,用原有的知识经验尝试画出表示该区域的等高线,也就是直接的具体体验;再给学生详细讲解地形与等高线的理论知识,并展示其他区域的地理景观图,将知识迁移应用,通过扩大外延来获取知识。这里的主动应用就是真实情景下的应用。

值得注意的是,KOLB学习圈不仅仅是图中所示的平面循环,并不是每次循环之后又回到原点,而是一个螺旋上升的过程,从具体体验,到反思观察,再到抽象概括,最后主动应用,之后再次进行新的具体体验,此时的具体体验是带着学生新的经验而进行的。因此,所有的学习,都是崭新的学习。学习圈也并不是僵化的,学习可以从任意一个阶段开始展开,也可以将四个阶段交叉进行,但是这些学习活动都必须完成KOLB学习圈的循环才能使学生的感知和领悟内化。正如在中学地理"田野"教育中,根据学习内容的不同,教师会设计先反思后体验,或体验与反思交叉进行等不同的教学方式。

第二节　地理"田野"教育的主题开发类型及其特征

一、主题来源

地理教学需要走出教室,进行实地考察、调查,发挥地理学科实践性强的独特优势,积极开展课外探究活动。这样做的益处是理论联系实际,增加学生的感性认识,使课堂知识转化为有用的行动指导,更好地使他们掌握一些基本的地理技能,同时将人口观、资源观、环境观和可持续发展观等观念渗透到学习活动当中。

而本节户外教学的主题开发理念借鉴了美国"国家探索"地理活动设计模式,基于建构主义的理论思想,帮助学生在户外教学活动过程中成为主动的知识建构者。主题下各活动以《普通高中地理课程标准(实验)》及《初中地理课程标准(2011年版)》的各条标准为基准来设计,以掌握其对应标准下的知识与技能为活动目标。具体表现为:活动设计均与学生的日常生活有关,并且鼓励学生把自己的理解运用到现实世界中,所有活动设计都提倡学生以探究的方式来学习地理,教师作为知识的引导者,促进学生参与探究活动;活动设计同时都要求学生将地理的视角运用到其他学科,将地理学习与其他科目的学习联系起来。

因此,本书的户外地理教学主题活动主要从以下几个方面展开。

(一)课程标准中的"活动建议"

《普通高中地理课程标准(实验)》及《初中地理课程标准(2011年版)》中的"内容标准"部分,与传统的教学大纲比较,其创新之处是增加了"活动建议"栏目。

"活动建议"是为开展教学活动提供的参考性建议,可根据条件选择,也可自行设计。它与"标准"是对应关系,基本上每项或几项标准对应一项活动建议。其以简练的纲要式表述方式呈现,我们可以从中选择适合的项目作为主题,根据需要设计成活动方案。其中提供的参考性户外探究教学选题,以及在当前教学资源的条件下基本可行的探究方式方法如表4-2-1所示。

表 4-2-1　高中地理课程标准中的户外探究选题

必修	探究选题	探究方式、方法
必修一	天文现象	观察、查阅资料
	地质、地貌、水文	根据本地条件进行野外观察
	大气温室效应	野外大棚模拟观察
	河流的治理和开发	搜集和分析家乡某条河流的资料,进行观测、记录、分析
	地下水	对水井进行观测、记录、分析
	自然资源	探究本地自然资源的开发利用情况
	自然灾害	监测本地经常发生的自然灾害,并实地考察易发生自然灾害的地区(如频发泥石流山地地区)

续表

必修	探究选题	探究方式、方法
必修二	人口发展模式、人口迁移特点	运用本地人口资料，绘制图表
	城市空间结构	搜集所在城市不同时期的地图照片，并走访讨论
	人口或城市文化差异	搜集资料并实地走访对比
	农业地域类型	判断本地农业地域类型，分析形成条件
	工业区位因素	联系本地实际，走访调查某一工业企业的布局特点、原料供应、市场联系
	交通运输线、点的布局	校园周边交通调查及城市公共自行车使用情况调查
	环境治理或生态保护	调查身边环境问题及水污染状况
必修三	区域土地利用	调查家乡某处荒废或利用不合理的土地
	区域生态环境	调查本地主要生态环境问题的危害及保护、治理措施
	地理信息系统	利用 GPS 野外制图

（二）教材中的活动类课文

目前有四家出版社出版的高中新课标教材通过了教育部的审核，分别是人民教育出版社、中国地图出版社、湖南教育出版社和山东教育出版社，其出版的教材相应简称为人教版、中图版、湘教版、鲁教版。四种版本的新教材都在活动课文设计上花了很多工夫，各具特色。如有的以"思考活动""探究活动""实践活动"等方式呈现；有的以"问题研究""研究性学习"等方式呈现；有的则以"双系列"的方式呈现，即在课文内容系列之外，设计了一个探究系列。这类活动课文所占篇幅都在 1/4 以上，而这类活动课文又多是根据"活动建议"编排的。地理主题活动方案的设计，可以教材中的活动类课文作为基础，结合当地实际修改而成。根据高中地理新课标教材中的活动对探究选题进行整理，如表 4-2-2。①

---

① 李倩倩. 高中地理新教材活动设计初探[J]. 中学地理教学参考，2002(5)：32-33.

表 4-2-2　高中地理新课标教材中的探究选题及方式方法

探究选题	活探究方式、方法
地球自转、公转及二者之间的关系	运用地球仪演示
昼夜交替现象、地方时的差异	用灯泡和地球仪演示
正午太阳高度角、昼夜长短	测量当地当日正午太阳高度角
大气的热力状况	观察对比月球和地球的太阳、地表辐射图
热力环流	观察锅里沸腾的开水,燃烧的小纸堆,观察空气流动的路线
气候与人类	小型研讨会
大气污染	调查家乡大气污染状况及措施
岩石	观察、采集岩石标本,参观博物馆
地质构造	对地质构造图进行分析
水循环	讨论
生物对环境的指示作用	搜集当地的实例(进行探究)
气候、植被和土壤在分布上的关系	图示观察分析、观察土壤剖面
陆地环境的区域特征及成因	结合学校所在地区的实际
气候资源的开发利用	调查家乡所在地的气象灾害及防御措施
世界渔场分布与洋流的关系	对比分析世界洋流图和渔业分布图
海底油气资源的开发	查找资料,举例说明
资源开采与环境保护	分析评价所给材料
气象灾害	读图分析
地震带与泥石流的相关性	读图分析
农业区位因素	材料分析
亚洲水稻种植业的特点	材料分析
工业的发展	调查祖、父辈年轻时所穿服装与现在的差异
工业区位因素	找一张学校所在城镇市区图,讨论工厂区位条件
传统工业区	讨论分析山西省煤炭工业的出路
新兴工业区	试论分析所给的温州乡镇企业发展的材料

续表

探究选题	探究方式、方法
城市分布与地理环境的关系	搜集世界早期城市的相关资料，进行讨论
城市的区位因素	读图分析
交通因素的变化对城市区位的影响	阅读分析材料
发达国家与发展中国家城市化的异同	比较分析图表
城市交通问题及措施	对所给资料进行述评
人类活动的地域联系	画一幅平面草图进行分析
公路选线	读图分析资料
车站的选址	分析北京西客站的选址方案
国际贸易	选择一种商品展开调查、讨论
环境问题的表现与分布	根据材料评判谁是谁非
环境问题的危害及原因	调查学校所在地区的环境问题及危害，分析原因，提出防治设想
人类活动对环境的影响	观察分析图片
可持续发展	材料分析

可以看出课本中可利用的思考探究活动与课程标准中的活动建议在活动安排上有一定的共性。首先，活动有难有易，时间有长有短，而户外教育主题安排可以借鉴以上活动，将一些活动结合成一个主题活动，其中难易穿插搭配，以期在一个主题活动中能够包含程序性知识、策略性知识等。其次，探究选题注重所选内容的必要性，一般包含教学的重点及难点。户外地理教育提倡学生以探究的方式来学习地理，因此，本书在构思户外地理主题活动时，会考虑将这些知识点编制在活动内容里。

（三）身边的生产生活实际

高中地理必修模块内容具有极强的时代性和基础性，密切关注人口、资源、环境和区域发展等问题，与我们的生产生活实际紧密相关。如"地球的宇宙环境"，看似与我们的生活很遥远，但"日月星辰的东升西落""昼夜长短的变化""春华秋实夏暑冬寒四季的轮回"等现象，其实就在我们身边。还有如高天流云、风霜雨雪就是大气运动的表现；"海枯石烂、沧海桑田、水滴石穿"内外力共同作用下的自然现象；"铁马秋风塞北，杏花春雨江南"反映了自然环境的差异性；"蜀道难，难于上青天""一方水土养一方人"是自然环境对人类活动的影响;"气候变暖"更成为世界性问题,为全球民众所关注。因此,即使是自然地理内容,同样与我们的生活息息相关,我们可从中挖掘出很多内容作为户外主题活动方案素材。[①]

(四)地理教学三大杂志上常见的选题实例

《中学地理教学参考》《地理教学》《地理教育》是地理教学研究方面的主要期刊,因此,这三本期刊常见的选题实例对于户外地理主题梳理具有很好的借鉴意义。有学者统计了近几年在这三本期刊上刊登的教学设计中出现较多的探究选题,具体如表4-2-3所示。[②]

表4-2-3 地理教学三大杂志上常见选题实例

探究选题	探究方式、方法
当地经度	立竿测影
当地纬度	测量北极星的高度
正午时刻	立竿测影
四季星空	观测
月相变化及原因	观测
地球自转	用压铅法进行实验等
地转偏向力	在旋转的地球仪上滴墨水
恒星日、太阳日、恒星年、回归年	模拟演示
昼夜交替现象	用灯泡和地球仪演示等
太阳直射	制作简易仪器观测等
正午太阳高度	立竿测影等
温室效应	实验
气象	观测
热力环流	实验等
锋面系统	模拟实验
地震	模拟实验

---

① 李志伟.地理主题活动的设计、实施与评价[M].广州:广东高等教育出版社,2014:22.

② 熊国权.地理探究式教学设计研究[D].武汉:华中师范大学,2008.

续表

探究选题	探究方式、方法
流水侵蚀	土壤的流水侵蚀试验等
洋流（风海流）	模拟实验等
酸雨	观测
乡土地理	观察、测量、调查等
海洋环境	观察红树林对海岸的作用、观察海岸地貌
交通运输	画图调查市区主干道交通状况

（五）小结

以上主题活动类型、内容各式各样，但是作为户外教学内容，不能全部借鉴，需要注意两点。

1.课程标准中有些活动并不适合户外教学

首先要考虑活动是否在户外教学更有效，课程标准中有些活动并不适合户外教学，如《初中地理课程标准（2011年版）》在地球和地球仪这一教学内容中的活动建议是用乒乓球或其他材料制作简易地球仪模型等，以及《普通高中地理课程标准（实验）》在必修一中建议运用教具、学具或计算机模拟昼夜更替与四季形成的原因等。

哪些主题适合户外教学呢？①地形地貌、河流湖泊相关主题。地形地貌、河流湖泊等都是比较直观的地理事物，通过对它们的观察、观测与实地样本采集，有助于学生理解地理现象、解决地理问题，因此这类主题活动非常适合采用野外考察的活动类型。如西南地区的学生可通过考察探究喀斯特地貌特征及石漠化现象是如何产生的。②乡土地理的相关主题。乡土地理由于其研究对象为本乡本土的地理事物，所以开展野外考察较为便利。如上海学生可以通过考察苏州河、黄浦江的流速、水质，以及河道弯曲、河床沉积等情况，探究河流特征。③操作性强的相关主题。若探究主题活动的目标设计侧重动手能力，则较适合开展野外考察活动。如尽管可以通过图表的分析了解不同颗粒物的沉积先后序列，但到河流的不同河段采集颗粒沉积物进行比较分析，更有助于培养学生采集、观测、记录、统计等操作能力。[①]

---

① 张建珍.科学探究学习视域中的地理主题活动设计研究[D].上海：华东师范大学，2012.

2.知识内容要具备探究性

要考虑地理教学内容适合采用何种户外教学庐方法,并非所有的地理教学内容都适合户外探究。哪些教学内容适宜户外探究? 一般从三个方面进行考虑。

(1)从知识的属性方面考虑

从地理学科角度来讲,可以将知识分为以下三种类型:生动直观的感性知识、需要通过抽象思维才能获得的理性知识,以及回到现实,需要迁移运用的应用知识。[①]

感性知识主要包括地理名称、地理专业术语、地理事物分布、地理地域景观、地理演变、地理数据统计等地理事实性知识。这些是学习地理最基本的内容。其中地理专业术语对学生的能力要求一般以观察和识记为主,适合采用传统的讲授法。地理景观可以通过户外教学加深印象,但不提倡进行专门的主题探究。而地理演变和地理分布这两部分内容在教学中对学生的要求比较高,一些变化周期短的地理演变,或者演变的过程在地表留下痕迹的,可以适当进行野外探究性教学,将学生带到野外实地学习。

例如,老师带领学生在瓜洲古渡进行考察,观察长江北岸河漫滩和阶地的演变痕迹。河流的演变相对于气候变化是一个中期的地理演变,时间段不是很长,而且留下的阶地在短时期内基本不会受到破坏,地理知识中与河流相关的内容很多、很杂,因此,选取河流作为地理演变的课外探究性学习课题很合理。首先,指导学生判断阶地的状况,使其了解历史上长江河道的变迁游离状况,发现河流中心沙洲在旱季和雨季面积变化状况受河流流量的影响,认识到每年汛期江心洲面积变小,旱季面积相对变大。但是由于上游修水库反而会使江心洲的面积变小,学生分析是由于水库蓄水,水带的泥沙减少。此外,学生使用地质罗盘动手测量了阶地的坡度,画出长江六纤段河漫滩和阶地的剖面图,同时,引导学生对周围企业所在的地貌区域进行解说,分析工厂所建之处是否安全,阶地是否稳定。[②]

地理理性知识是在感性知识学习的基础上通过分析综合、抽象思维、判断推理等逻辑思维方法获得的知识,是回答"为什么这样"的知识,包括地理特征、地理概念、地理成因和地理规律等。这些地理理性知识的学习需要学生具备较强的逻辑思维能力,是教学中的难点。而地理户外教学可以通过在自然界或人文环境中观察、调查、探究等方式,使学生将书本上高度抽象

①② 李炎冰.高中地理课外探究性学习策略研究[D].陕西:陕西师范大学,2013.

概括的地理理性知识与自然界和人文环境中千变万化的地理事象紧密地结合起来，从而突破难点。例如，高中地理涉及的地理规律难度不一，尤其是一些随时间和空间的变化而变化的规律，因此，地理规律教学要讲究教学策略，尤其当学生掌握了某一地理事物的分布规律之后，可以结合课外探究，找出实例来论证规律，由特殊到一般，又由一般到特殊，从而充分认识事物的本质。

例如，一些传统聚落的形态、聚落民居形态都体现了人类依据不同的地形、气候顺应自然，体现了"天人合一"的自然规律。如温州永嘉县的楠溪江流域，背面和西面是括苍山，东面是北雁荡山，南面便是瓯江。在背靠崇山峻岭、面朝大江的独特自然地理环境中，楠溪江流域形成了"耕读文化"浓郁的山地民居建筑，芙蓉、苍坡、林坑、岩头、鹤盛、溪口、蓬溪等山地古村落都在一县之中。可选择其一观察民居形态，探究人与环境如何协调共生。

理性知识中的成因问题，根据内容的难易程度，有的内容是不适合进行户外探究性学习的，有的经过有经验教师的设计却可以成为很好的户外探究性学习题材。李炎冰总结出了一些适合户外探究的地理成因归类，详见表 4-2-4。[①]

表 4-2-4　适合课外探究的地理成因归类

地理成因	简单地理成因	西南水能丰富原因、我国航天基地选址原因、四川盆地太阳辐射少原因、东北地区春汛发生原因、大坝建在背斜原因、在背斜采油原因等
	复杂地理成因	美国海洋性气候成因、南亚季风成因、埃及沙丁鱼减少原因、南美洲温带大陆性气候成因、城市风成因、我国南方冰冻灾害成因等

迁移运用知识是在学习了地理感性知识和地理理性知识的内容之后，通过地理实践活动运用所学地理知识，发展学生的迁移能力，也就是我们所说的策略性知识。研究发现，这些内容采用传统的教师讲授型为主的方式不易掌握，如果采用学习者亲身参与探究，可能使这些知识内化为自己的知识，应用到实践中。这些在实践中获得的地理知识，学生更容易理解，并容易将其应用到实践当中。

例如，对于浙江的学生来讲，在讲到河流的开发与治理方面的内容时，教科书以田纳西河的治理为例，这些离学生学习较远的知识需要教师直接讲授。学习之后可以运用到家乡附近河流的治理中去。因此，教师可以带领学生对家乡的河流展开一系列的户外教学活动，如对不同河段的水质进

---

① 李炎冰.高中地理课外探究性学习策略研究[D].西安:陕西师范大学,2013.

行调查和分析,对相关管理部门进行走访,对河流流域的居民、企业进行调查、访谈,掌握了关于家乡河流的一手资料后,学生再利用书本所学的河流的治理与开发原理,对家乡河流的治理与开发提出自己的观点,寻找方法及对策。

(2)从知识的难度方面考虑

一般来说,知识太难或太简单都不适合进行户外教学,只有中等难度的问题既能引起学生户外探究的兴趣,又不会挫伤学生探究的积极性,较适合学生进行户外探究学习。根据维果茨基的教学理论,教师应该多研究学生学习"最近发展区",把将要探究的教学内容定位于学生的"最近发展区"内是最好的。

(3)从实施的条件方面考虑

户外地理教学往往受到现实教学条件的种种制约,实际教学中还要创造性地对现有教学内容、教学资源进行改造,以利于学生探究。

基于上述考虑,将课本中适合开展研究性活动的"活动"主题进行梳理,得到的结果如表 4-2-5 所示。

表 4-2-5　湘教版教材活动中适合开展户外教学的主题

必修一	月相观察 观测日影,测算学校经度 调查家乡的河流 人类活动与土壤 调查当地工矿企业"三废"排放对环境的影响 结合广西平果县的综合治理方案来调查家乡的生态环境问题
必修二	当地工厂的原料来源及产品市场调查 家乡的工业区位条件调查 调查家乡的农业生产活动并完成调查报告 调查本地四个方位的交通路线和站点的布局,并设计方案 调查家乡商业网点布局和商业活动 调查当地的大气污染状况 调查学校所在地区的环境污染状况 调查风景区中的环境问题
必修三	调查家乡的外来务工者的状况 制作 GIS 专题简报 运用 GIS 技术进行野外调查

二、类型

教学内容的优化主要指通过对教学素材的加工与处理,使其在教学过程中展现出来时能更好地体现新课程基本理念的要求。这需要教师在教学过程中主动发掘"活动"的不同内涵与作用,更好地为教学目标服务。而户外地理教学主题活动属于教学活动的一种。因此,教师可以根据不同的分类要求对各种"活动"进行分类处理,以便对户外教学主题活动进行更好的组织归类。对于地理"活动",基本有以下几种分类方式。

(一)教学"活动"分类

1. 按教学目标分类

高中地理课程标准从知识与技能,过程与方法,情感、态度与价值观三个维度来表达,这三个维度在实施过程中是一个有机的整体。其中,知识与技能是课程目标的基础目标,过程与方法是课程的关键目标,情感、态度与价值观是课程的终极目标。一般而言,一个地理教学活动往往兼具三维目标,同时有所侧重。设计旨在达至不同目标维度的地理户外活动时,必然要采用不同的教学方法,如以过程与方法为主的目标,较多采用户外探究法;而以情感与价值观为主要目标的户外活动,则多采用辩论、体验等户外教学法。因此,本书对湘教版高中地理必修教材"活动"栏目的目标指向进行分类梳理,如表 4-2-6 所示。

表 4-2-6 目标类"活动"分类整理①

	以体现知识与技能为主的活动	以体现过程与方法为主的活动	以体现情感、态度与价值观为主的活动
必修一	时区与经度换算 背斜谷与向斜山是如何形成的 气旋与反气旋的比较 绘制洋流模式图并探讨洋流分布规律 填表生物发展阶段 四川省内交通线路的布局特点和形态特征	地球生命条件探索 地方时和日期的计算与推导 穿越日界线的计算 昼夜长短的探究 正午太阳高度探究 城市热岛效应的等值线图 探究气压带与风带对热带草原气候与地中海气候的影响 实例情景探究洋流对地理环境和人类活动的影响 图示地质时期的气候变化,探究各时期的变化特点	当天气预报员 讨论:水资源是"取之不尽用之不竭"的吗 调查当地工矿企业"三废"排放对环境的影响 结合广西平果县的综合治理方案来调查家乡的生态环境问题

① 张灵华.高中地理新课程"活动"内容教学设计与应用的研究[D].上海:华东师范大学,2007.

续表

	以体现知识与技能为主的活动	以体现过程与方法为主的活动	以体现情感、态度与价值观为主的活动
必修二	总结我国历史人口数量变动的特点和趋势 海口市与武汉市的形成与发展分别与自然地理区位、经济地理区位有哪些关系 结合景观图讨论城市污染类型，谈谈危害及措施 实例分析影响其农业生产活动的主要技术因素 探讨人口增长与自然资源减少之间的关系	总结我国历史人口数量变动的特点 结合北京市区图探讨北京商业网店的空间分布规律 简述图示某镇服装产业的特点及联系与影响 以某一工厂为例，分析其发展优势，限制性因素和改进措施 以纺织与服装工业为例综合讨论产业	查资料了解艾滋病对人类的危害 地球可以养活多少人的不同观点辩论 城市应该优先发展公共汽车和电车，还是小轿车或者自行车，谈谈看法 举行"保护环境，从我做起"的主题班会
必修三	用表格形式比较农业地区、工业地区和城市地区在人口、产业分布、产业结构、对外联系与生态影响方面的区别 填表完成北方地区和南方地区在自然条件和社会经济条件方面的差异	匹兹堡不同发展阶段状况的探究 搜集南水北调资料，谈谈对"调出区"与"调入区"环境的有利和不利影响 根据田纳西河的水力资源开发、工业建设、农业发展状况，分析流域治理的方法 根据珠三角地区城市分布的年代变化，探讨城市分布的特征	模拟旅行四个不同地区，并说出携带的主要生活用品

2. 按能力培养分类

湘教版高中地理必修教材"活动"栏目按能力要求分为"思考""探究"和"实践"三种类型。这些"活动"类型包含了四种能力的形成，这四种能力分别是地理思维能力、知识运用能力、研究能力和表达交流能力。[①]

本书认为这种分类方式会有一定的混淆感，往往探究中包含着思考，实践中包含着探究。地理户外教学就是一种学生在实践中探究成长，自我构建知识的过程。探究学习是户外地理教学的主要方式。笔者对地理科学探

---

① 张灵华.高中地理新课程"活动"内容教学设计与应用的研究[D].上海：华东师范大学,2007.

究学习的主题依照不同的标准进行了较为全面的分类：根据主题的来源划分为生活型主题和学科型主题，生活型主题指探究主题来源于生活中的现象，学科型主题指直接从学科问题出发形成探究主题；按照探究主题的目标指向分为地理学科知识型主题、地理科学方法型主题、元科学型主题；根据探究成果，可以将地理科学探究主题分为事实型主题、概念型主题、科学规律型主题和建构理论型主题；根据探究主题所涉及的学科领域的大小，还可将地理科学探究主题分为跨学科主题、跨方向主题和单一性主题。①

3. 按地理知识内容体系分类

按知识内容体系，可以将活动分为自然地理类活动（如观察、采集岩石标本）及人文地理类活动（如调查探究工厂区位条件）。

4. 按教学的时机分类

地理活动的教学，存在一个教学时机的问题，即在什么时间进行活动是最有效的。为此，按其内容和学生的认知特点把地理活动分为课前活动类、课堂活动类和课外活动类等三种类型。地理户外教学时，可分课前活动的准备、课堂活动的实践，以及课外活动的巩固。②

5. 按问题形式内容分类

第一类，畅想式问题研究。包括"月球基地应该是什么样子""崇明岛的未来是什么样子""家乡的农业园区会是什么样子""我的家乡将怎样发展"。它们并非在现实中已经存在，但也不是与现实毫无联系，均是在本章内容学习完成后，依据所学内容，要求学生展开分析与想象，理解这些地理事物发展的要素及条件。对这类问题的分析，一方面要求学生应用已经学过的知识，另一方面让学生体验到如何有逻辑、缜密地分析问题，还要有一定的创造性思维。

第二类，反思型问题研究。包括"如何看待西北地区城市引进欧洲冷季型草坪""煤城焦作出路何在""如何看待民工现象""为什么停止开发北大荒"。此类活动一般是针对已经出现的问题，让学生通过所学知识来分析与判断或反思人类某些行为的合理性，通过研讨这类问题，体会如何运用所学的地理学知识分析社会问题。

---

① 张建珍.科学探究学习视域中的地理主题活动设计研究[D].上海：华东师范大学，2012.

② 张灵华.高中地理新课程"活动"内容教学设计与应用的研究[D].上海：华东师范大学，2007.

第三类,分析型问题研究。包括"为什么城市气温比郊区高""从市中心到郊区,你选择住在哪里""绿色食品知多少""地理环境为新加坡提供了哪些条件"。此类活动是在学生学习了一些地理原理与规律后,综合运用所学知识来分析具体的地理现象与地理事物。分析这类问题,可以让学生尝试从地理的角度思考问题,体会地理学对决策的作用。

第四类,论证型问题研究。包括"是否可以用南极冰山解决沙特阿拉伯的缺水问题""北京的自行车是多了还是少了""河流上该不该建大坝""南水北调怎么调"。此类活动是针对一个具体的问题,让学生来寻求解决的方案,通过论证一个方案是否可行,将所学知识与技能运用到具体问题当中。[①]

（二）户外地理教学"活动"分类

户外地理教学有别于传统地理教学,但仍属于地理教学。因此,户外教学活动分类的形式与标准也有一定的不同之处。[②]

1. 按活动形式分类

（1）观察调查型

这类活动包括参观采访活动和野外观测活动。参观采访活动多见诸人文地理活动,通过参观采访等实践活动,让学生运用地理知识来解决生活中的实际问题。例如,在学习工业生产时,就可以到附近工厂去参观,了解工厂的原料来源、运输方式、生产流程、销售方式等,并结合所学知识进行分析。此类"活动"还有"调查家乡的河流""调查当地工矿企业'三废'排放对环境的影响""结合广西平果县的综合治理方案来调查家乡的生态环境问题""调查商品等级与市场服务范围的关系""家乡的工业区位条件调查""调查家乡商业网点布局和商业活动""调查当地的大气污染状况"等。在活动中,学生既巩固了知识,又锻炼了实践应用能力。野外观测活动在自然地理活动中较为多见,如组织学生"利用半圆仪、直杆、绳子等简单工具观测北极星的高度""根据当地正午时刻与北京时差的差值测出学校所在地的地理经纬度""组织学生进行月相的观测""野外采集岩石标本""野外褶皱构造观察"等。

（2）实验操作型

这类活动主要是引导学生模仿、学习科学家的实验研究手段,通过简易的实验操作过程来加深对某些地理原理或推理的理解。主要包括地理模拟

---

①②　张晓芹.高中地理新教材活动系统研究［D］.呼和浩特:内蒙古师范大学,2009.

演示实验，如"情景演示地球的自转、公转；地理探索实验"，如"观测日影测学校经度"。

（3）动手制作型

这类活动主要以制成某种地理实物为目的，包括地理简易教具的制作，如"用乒乓球做小地球仪"；地图的绘制，如"绘制圈层图""绘制风带北极俯视图""绘制水循环示意图""绘制城市热岛效应的等值线图"；地理模型的塑造，如"用橡皮泥或泡沫塑料做等高线地形模型"等；编辑地理板报；举办地理展览会，如"办一期保护森林的宣传板报"等。

（4）视听阅读型

这类活动主要指学生对音像资料的收听、收看，以及对图书报刊的阅读。包括收看含有地理内容的电视节目，阅读地理科普读物的有关报刊，浏览与地理知识相关的网站等；通过各种媒体，搜集与课本内容紧密相关的国际热点问题等，包括资料搜集活动等。新课程强调学校教育要充分利用校内外的课程资源，要具有开放性，这类活动可以通过调动学生的积极参与，培养学生从多渠道、多媒体获得信息，整理信息资料，语言表达等各方面的能力。其应用范围较为广泛，只要是学生通过广播、电视、报纸、网络等媒体能够了解到的都可以，特别是与学生生活相关的内容。例如"查资料了解艾滋病对人类的危害"。

（5）论文写作型

这类活动是学生进行了地理户外学习活动并阅读了某一方面的地理资料或学习了某一章节后，经过整理、归纳、加工而写成的。教材中很多谈感受和想法的"活动"内容就可采取此种形式，包括练写心得活动。在以往的学习活动中，学生很少有机会发表自己的见解，新型的户外教学中，教师要善于创造氛围，给学生更多的机会去开动脑筋，培养发散思维，多让学生谈认识、体会和观点，并用心得形式记录下来。这样，既发展了学生的思维，又培养了学生的能力。调查报告用于资源开发、经济发展等人类生产、生活活动的研究性学习。特别是在学习一些与当地的生产、生活相关的知识时，就可以布置学生进行调查研究，撰写调查报告，例如，"调查当地土地资源不合理利用的事例"，分析原因、影响及危害，撰写简单的调查报告；"调查当地某家庭纸厂的情况"，分析其对资源的破坏、环境的污染，并结合自己的想法、建议，以书面形式表达出来。在地理课程中有很多内容具有较强的科学性，教师可以把握有利时机，培养学生求真、求实的科学态度，同时也锻炼他们的综合分析问题的能力。

2.按地理学科内容分类

自然地理中包括地质地貌类、水文植被类、地球类气象气候类、土壤生物类。地质地貌类考察活动是学生熟悉自然地理环境、认识地理环境的基本地质地貌构成的一个重要途径。河流、湖泊及植被是自然地理环境的重要组成部分。气象气候要素是形成区域自然环境的重要因素。天文观测是学生很感兴趣的地理活动,学生在成长过程中所经历的月相变化、斗转星移使学生对神秘的夜空充满了好奇。土壤土地考察既是了解自然地理环境的重要组成部分,也为以后的区域地理环境考察、农业区位考察奠定了基础。人文地理中包括人口与城市类、工业农业类、交通类、人地关系类。[①]

下面根据地理学科内容对主题活动进行了整理,详见表 4-2-7 和表 4-2-8。

其中活动内容中的某山、某河等自然环境可以利用本地乡土资源,也可以利用其他自然资源丰富的地区,通过一个时间段的持续户外地理教学,做成更为独特、更为丰富的主题活动。这样,可以观察更为典型的景观,也可以开展更多的活动。例如,有人对呼和浩特周边地区野外实践活动案例进行开发,主要是从地质地貌类、气象气候类、水文植被类、土壤生物类这四方面展开设计。现已对古楼板、卯德沁、哈拉沁沟、乌素图沟、西沟门、刘家窑、岱海、蛮汉山进行了案例开发。地质地貌类主要为古楼板、卯德沁、哈拉沁沟、乌素图沟这四处;气象气候类主要为蛮汉山;水文植被类主要针对岱海;土壤生物类主要是西沟门、西沟门到刘家窑的土壤生物。这些案例在一定程度上反映了教材中部分章节的内容,因为每个实践活动案例的内容都涉及不同的地理要素,所以户外实践活动呈现出综合性的特点。

表 4-2-7　根据学科内容主题活动归类

体系	类别	主题活动
自然地理	地质地貌类	基本地貌类型的观察(包括海水侵蚀地貌、冰川侵蚀地貌、海水堆积地貌、风力堆积地貌、流水侵蚀地貌、风力侵蚀地貌,可结合具体地区情况,确定具体的地貌观察类型) 基本山地地形类型观察,包括褶皱类型、断层类型、岩层层级、岩石类型观察 结合观察岩层及地质构造,绘制地质剖面示意图,采集岩石、矿物标本,寻找化石,讨论地质构造与地表形态的关系 搜集有关图片资料,结合本地的地貌类型,开展关于地表形态形成及演化的研究性学习

① 陈实.我国中学生现代地理实践素养培养研究[D].武汉:华中师范大学,2014.

续表

体系	类别	主题活动
自然地理	水文植被类	搜集家乡某条河流的资料(包括水文特征,水系特征:水网特点、源地、干流、支流、左岸、右岸、河口等),河流变化的历史(河道变迁、码头兴废等),分析其变化的主要原因,并对该河流的治理和开发提出自己的设想 对水井进行定点、定时观测,记录水位、水色等的变化情况,并分析其变化规律和主要原因 野外植被观察,结合假期旅游,进行纬向地带性植被分布观察或经向地带性植被观察或垂直地带性植被观察,并分析其原因
	地球类	观察日食、月食和流星雨,或者通过虚拟星象仪软件在线演示这些天文现象,并查阅有关资料,说出自己的观察结果并解释这些天文现象形成的原因;通过使用旋转星图,观察四季星空,或者通过 Stellarium,辨认银河,以及大熊座、小熊座、仙后座、天鹰座、天琴座、金牛座、猎户座、狮子座等星座和北极星、织女星、牛郎星、天狼星等恒星 用天文望远镜观察水星、金星、火星、木星、土星及太阳的活动和月球面貌 连续观测半个月以上的月相,记录并总结月相的变化规律,分析月相变化的原因 通过立竿见影法测当地的经度和纬度
	气象气候类	海陆热力性质小实验 大气温室效应小实验 用计算机设计气压带、风带的移动,水循环或洋流运动的动画 观测野外某地气压、温度、湿度、风力、风向 简易天气图分析 调查家乡大气、水等污染状况
	土壤生物类	观察土壤剖面 不同土壤特定成分的测量 不同土壤的保水性、通气性比较 植被观察和标本制作 观测生物小群落变化 调查家乡一片荒废(或利用不合理)的土地,探讨这片土地荒废(或利用不合理)的原因。如果这片土地让你来规划开发,你将作何打算?为什么

续表

体系	类别	主题活动
人文地理	人口与城市类	在乡村集市上对赶集人进行调查,粗略估计集市的服务范围 搜集你所熟悉的城市的地图和有关资料,分析其用地结构和功能分区,看一看有哪些利弊,应该怎样加以改进 选择一个你熟悉的城市,讨论该城市的文化特色,以及如何保护该市的城市文物和历史文化 选择一个你熟悉的城市,讨论该城市存在的城市环境问题,提出具体的解决建议 开展一次关于社区公共服务设施布局的问卷调查,撰写一份调查报告 运用有关资料,进行一次城乡规划的模拟练习。可把全班学生分成几个小组,分别提交规划方案,开展比较评价 模拟"选房购房"活动:通过上网浏览、搜集广告资料、实地考察等多种途径,对几处商品房的区位、布局、设施、环境等方面进行评价 绘制社区主要的文化、教育、体育设施分布草图,分析其布局是否合理
	工业农业类	参观农业生产基地,了解基地农业生产发展经历,分析农业地域类型形成条件 参观本地工业生产基地,了解某一工业企业的布局特点和工业发展的历史,分析该工业企业的原料供应和市场联系
	交通类	模拟设计某地区交通运输线路和站点的布局方案,简述设计理由 校园周边交通调查 调查城市公共自行车使用情况、布局点,以及公交车发车间隔时间,利用 GIS 分析
	人地关系类	调查本地经常发生的自然灾害,并实地考察易产生灾害地区 校园垃圾调查及处理建议 联系本地实际,讨论某工厂对地方经济的带动作用,以及所造成的环境污染,进而提出改进措施 结合学校所在地区的城镇建设实际,讨论城市化进程对于地域发展的推动作用,以及应当注意的问题 调查本地主要生态环境问题所产生的危害

表 4-2-8　呼和浩特周边地区自然地理资源分类

类别	实践活动地点
地球类	可在学校或与其他实践活动地点结合,按实际教学情况灵活选择
地质地貌类	古楼板山区与平原区界限、背斜地貌 卯德沁地质观察;哈拉沁沟灾害地貌 乌素图沟地质地貌与土地利用 托克托县黄河河谷地貌观察、部分黄土地貌
气象气候类	蛮汉山植被土壤垂直带景观与高度关系 小井沟垂直带景观与高度关系
水文类	岱海内流水系与湖水 大黑河河谷变迁 小黑河利用 枪盘河 五一水库
土壤生物类	刘家窑典型草原植被及黄土地层剖面分析 西沟门山口景观综合观察 和林格尔县黄土地貌区草原演替与土地利用关系

资料来源:张丽微.《地理Ⅰ》的野外实践活动案例开发[D].呼和浩特:内蒙古师范大学,2014.

三、地理"田野"教育主题案例梳理

李志伟编著的《地理主题活动的设计、实施与评价》结合佛山市实际资源,为确保全体学生持续有序地参与主题明确的地理实践活动,提出以"地理主题活动"作为培养学生实践能力和创新精神的主要途径,并将其纳入过程性评价范畴,同时开发和建设有地方特色的、系列化的地理主题活动课程资源。

表 4-2-9　地理户外教学主题

必修一	第一节　宇宙中的地球	利用北极星测量当地的地理纬度 制作区时演示仪 制作"太阳光照"演示仪 利用日影测量佛山市的地理经度 测量佛山市某日的正午太阳高度角 利用正午太阳高度角测量佛山市的地理纬度

续表

必修一	第二节　自然环境中的 物质运动和能量交换	模拟大气温室效应 城市热岛效应调查（一） 城市热岛效应调查（二） 大气直接热源实验 模拟热力环流 模拟海陆热力性质的差异 地面与水面温度变化差异调查 模拟沙漠取水 地表水下渗的影响因素实验 山前洪积扇的形成实验
	第三节　自然环境的 整体性和差异性	水土流失实验 不同植被对气候调节作用差异的调查 汾江水质调查
	第四节　自然环境对 人类活动的影响	广东省自然资源调查 广东省自然灾害调查
必修二	第一节　人口与城市	调查家族人口的增长和迁移 民工荒现象调查 佛山市外来务工人员的生活状况调查 佛山市城市变化研究 佛山市城市内部空间结构调查 购房行动调查 高层建筑的利弊调查
	第二节　生产活动与地域联系	家乡的农业地域类型及其变迁 水果"身世"调查 调查某一工业企业布局的影响因素 城市商业布局调查 乡镇商业网点调查 模拟商业活动选址 网络购物发展的调查 校园周边交通调查 城市公共自行车使用情况调查 公交车发车间隔时间调查
	第三节　人类与地理 环境的协调发展	身边环境问题调查 陶瓷业环境污染调查 佛山市水污染现状调查 校园垃圾调查及处理建议

续表

必修三	第一节　区域地理环境与 人类活动	四大区域旅游规划 我的旅行经历 佛山古村落调查 某知名企业产生转移调查 佛山市工业能源消费结构调查
	第二节　区域可持续发展	荒地开发规划 海天酱油厂旧址开发规划 佛山市酸雨问题调查 佛山市旅游线路设计 佛山市汽车产业发展调查 佛山市城市化研究
	第三节　地理信息技术的应用	"3S"应用调查

资料来源:李志伟.地理主题活动的设计、实施与评价[M].广州:广东高等教育出版社,2014:22.

第三节　地理"田野"教育的几种典型方法和模式建构

教学方法是指在教育教学过程中,为了达成一定的教育教学目标,完成教学任务并实现学生的教育性发展,所采取的教与学相互作用的活动方式的总称。它既包括教师的教法,也含有学生的学法,以及教与学相整合的方法。[①] 在任何形式的教育教学中,教学方法都是不可忽视的一个要素。教师运用不同的教学方法,会产生不同的效果。

在研究地理"田野"教学方法之前,首先应该明确这里的"田野"主要是指教室以外的其他场所,不仅是指自然野外,也包括车间、家庭、科技馆、社区等场所。地理"田野"户外教育作为一种"走出去"的教育,同样注重教学的方式方法。我们所说的这种"走出去"的教育是利用各种户外资源,包括自然环境、社会环境等课堂中没有的资源,使学生具体感知所学知识,或是论证课堂上教授的内容,将外界知识内化,从而帮助学生构建自己的知识结构体系。

针对中学阶段的学生,同时鉴于地理学科特色,提出以下几种地理户外

[①] 崔友兴,蔡林,陈瑞君.问题教学法与探究教学法比较分析[J].当代教育理论与实践,2011(8):1-3.

教学方法。但是需要指出的是,在教育教学中,每种方法都不一定是单独存在的,我们所说的教学方法在实施过程中要根据教学内容选择运用合适的一种或几种。

一、地理"田野"教育的典型方法

(一)地理"田野"探究法

1.概念及理论

靳玉乐在他主编的《探究教学论》一书中,给出了"探究"一词的详细解释。探究的过程内容复杂多样,可以从广义和狭义两种范围进行解释。广义的探究泛指一切独立解决问题的活动;而狭义的探究专指科学探究或科学研究。靳玉乐认为科学探究是一种过程、一种技能,其本质是一种思维过程。[①] 现代教育中缺乏的就是这样一种科学探究式的思维过程,因此在20世纪50年代美国掀起的"教育现代化运动"中,美国芝加哥大学教授施瓦布在一次报告中提出了科学的探究教学。他认为教学应该参照科学家进行的科学探究,使教师的教和学生的学都呈现探究的过程,让学生能够像科学家一样在探究过程中主动发现问题、解决问题,并提高思维能力和获取知识、解决问题的能力。从科学探究的角度看探究教学,它本身既是一种思维方式也是一种实践过程。一般的课堂教学或许可以呈现探究的思维过程,但不能很好地完成其实践过程。地理"田野"探究法实际上是一种区别于课堂探究教学的户外教育方法,它可以弥补课堂探究中无法实现的教学环节和实践内容。

"田野"式地理探究法有强大的理论支撑。以皮亚杰为代表的建构主义认为学生的学习不是被动接受的过程,而是在自己已有知识经验的基础上主动添加构建知识体系的过程;知识也不是对现实世界的绝对正确的表征,而是随着人类认知和世界的发展不断变化的。因此,学生需要掌握的不仅是结果(知识),更重要的是获得正确结果的过程(探究方法)。人本主义教育观是另一个理论支撑,认为"人"才是教育中的重点,教师只是学习活动的主导,学习活动的主体是学生,强调"以学生为中心"的教育思想。而探究法则是能够充分展现"以学生为主体、教师为主导"教育思想的一种重要方法。

2.地理"田野"探究法的基本途径

根据学生在学习过程中内在心理机制的差异,可将地理"田野"探究法

---

① 靳玉乐.探究教学论[M].重庆:西南师范大学出版社,2001:2-4.

的实施分为如下基本途径。

（1）观察—发现

视觉上的观察是发现问题最基本的途径。思考固然可以提高思维能力，也是发现问题的重要方法，但这都是有基础的思考。发现问题不能只凭大脑简单的想象，想当然地提出问题，总要有视觉上的"眼见为凭"。课堂教学中要以观看文字、图片为凭，户外教学中要以真实地理事物想象为凭，这是发现问题最直接的途径。

（2）尝试—发现

"尝试—发现"来源于尝试教学法。尝试教学法是江苏常州教研员邱学华对国内外先进教学法进行分析对比，选出自学辅导法和发现教学法进行试验研究所创造出来的教学方法。其应用于课堂教学中的核心思想是"先练后讲"，学生进行尝试阅读、尝试操作、尝试练习等之后，教师对尝试中出现的问题进行指导教学。[①]

而应用于地理户外发现当中，则总结为"尝试—发现"的实施途径。问题产生于实践当中，学习是一个实践过程，只有不断尝试才能发现问题，尝试不论对错。张伟贤提出了"试误—发现"的教学途径：顺着学生的思路进行发现性尝试，通过引导，让学生发现错误，排除错误途径，从而另寻新途来解决问题，发现规律。[②] 这也是"尝试—发现"的一个方面。

（3）对比—发现

众所周知，对比是两者或两者以上的事物相对照、总结事物之间联系或差异的重要方法。有对比就会有一定的发现。例如对比南北方年降水状况，就可以发现南多北少，体现了地理的区域差异性；对比南北方降水对其当地植被的影响，发现南方多为阔叶林而北方多为针叶林，体现了地理事物的内在联系。这样的对比是对地理现象的对比，也是学生在户外学习中最容易发现的问题的对比。除此之外，地理户外教学针对开放式环境，只要与学习内容相关，学生可以在不同事物、不同层次、不同思考方式上进行各种对比，提出多种问题，和同学及老师交流解决。

（4）迁移—发现

迁移是教育心理学上的概念，主要是指先前学习的知识和技能对新学习与获得的知识和技能的影响，而此处的迁移是指将学校学到的知识与生

---

① 赵家骥，杨东.中国当代新教学法大全[M].成都：四川教育出版社，1996：39-50.
② 张伟贤.浅谈发现教学法的实施[J].江苏广播电视大学学报，2006(1)：95-96.

活经验双向联系的过程。理论知识来源于实践,而实践是生活的一部分。"田野"式地理户外教学是走出教室,走向"田野",也是走进生活的教学,生活是验证知识最好的凭证。学生获得的知识最终都要运用到生活中去,因此,将所学知识与生活经验相结合或是在生活中运用地理视角观察事物都是发现问题的重要途径。

(5)启发—发现

与上述四种发现途径不同,通过教师启发,让学生发现问题,虽然发现的主体仍然是学生,但实施启发的主体却是教师。也就是说,如果仅仅针对"启发—发现"这一单一途径,教师是必不可少的。但是"启发—发现"具有其他途径方法所没有的优点:可以保证思考方向的正确性,以正确的思考方式发现有意义的问题,对于没有意义的问题及时判断否定,少走弯路。

3.特点及意义

(1)从学科性质来说,地理"田野"探究法具有活动性与实践性的特点。它符合教育改革中地理课程标准强调的实践性与"生活化"的特点,不仅有利于培养学生的科学探究能力和地理思维能力,而且可以激发学生的兴趣,开阔视野,培养学生的动手实践能力。

(2)从户外教学内容来说,地理"田野"探究法具有主题性和专一性的特点。教师根据教学内容设计一个探究主题,学生就这个主题对相关问题进行探究活动,使学生的思维集中,并拥有了足够的探究学习时间,可以纵向深度挖掘知识。

(3)从学生的学习过程来看,地理"田野"探究法具有自由性与自主合作性的特点。这里的"自由性"并不是完全的自由,是有一定限制、区别于课堂教学的自由。在户外探究过程中,与课堂地理探究不同的是,空间活动的扩展和视野的拓展。学生在一定范围内可以和任意同学交流学习,可以是个人探究,也可以是小组合作探究,学生拥有足够的选择权。在探究过程中遇到自己解决不了的问题,学生能够自发与同学进行交流或向教师求助,在获得知识的同时,更有利于增进学生之间、师生之间的情感。

(4)从教师的教学过程来看,地理"田野"探究法具有引导性与启发性的特点。现代教育理论和中学地理课程标准明确要求"以学生为中心"的教师引导教育。地理"田野"探究法符合现代教育理念且能深刻展现"以学生为主体、教师为主导"的思想。在户外探究中,视野的开阔,思维的拓展,使教师的启发引导更易实施,也更能激发学生的兴趣。

没有了课本文字和空间视野上的局限,学生的探究过程显得更为广阔。

但这也是局限所在,不仅对学生的要求较高,而且也要考虑教师是否有能力掌控整个过程。

4.注意事项

地理教师在组织学生进行户外教学,采用探究方法时需要注意以下两点。

(1)教学过程中,地理"田野"户外探究讲求的是过程,包括思维过程、操作过程(行为过程)等,结果的对错是对过程正确与否的检验。因此,教师不仅要注重探究结果,更要保证探究过程的顺利进行。同时多种探究方法应该相互补充,共同发挥作用。坚持以学生为主体的原则,突出学生的主体地位,对学生的引导要有足够的耐心和信心。学生探究过程中难免会有诸多困惑,会走岔路,这就需要教师给予指导,并且保证指导是正确有效的。

(2)具体操作时,教学内容要符合地理户外探究特点,具有可行性和实际意义。首先要注意因"材"施教,也就是"选内容"。户外地理探究活动要根据教学内容来确定,不是所有的地理问题都可以采用户外探究的方式,应该是课堂中无法实施或是无法得到论证的探究活动。

相关调查问卷中的结果显示,传授陈述性知识不适宜大量采用探究式方法学习,而程序性知识和策略性知识的传授较宜于采用探究式教学方法。[①]

其次,要注意"定主题"。选择的地理户外探究的主题要能够充分激发学生的学习兴趣。探究的核心是学生,如果探究主题不能引起学生的兴趣,户外探究法的实施就失去了意义。

再者,要注意"思难易"。蔡旺庆提出,问题并不是难度越大就越有作用,而是看问题的解决过程能否激发学生强烈的内驱力,引导学生孜孜以求,探究解决。问题应当与学生的实际水平相适应,是大多数学生通过思维、探究都能解决,即跳一跳,能够摘到桃子。[②] 这是一个较为广泛的标准,然而在地理户外探究教学中,除了以上广泛的标准之外,需要指出学生之间的"合作性"。问题设置要充分考虑学生个人解决的难易程度,以及团队合作解决的难易程度。

从学校社会资源方面来说,主要应注意选址和工具,户外教学地点的选择要符合探究主题。

---

① 田军.高中地理探究式教学方法的适用性分析[D].西安:陕西师范大学,2013.

② 蔡旺庆.探究式教学的理论、实践与案例[M].南京:南京大学出版社,2015:77.

（二）地图绘制应用教学法

地图是一种地理语言，是地理教学的重要工具和学习工具。现今地图教学法多是指教师运用地图帮助学生对地理知识进行理解性学习的教学方法，这里的地图就是一种教学工具。《地理教育国际宪章》指出："应把地图的应用列为培养学生技能的主体要求。"中学地理课程标准中基本理念及内容标准中都对地图的应用有明确的要求。吴玉华老师在谈到地图教学法时提到："通过课堂练习，学生虽然对地图有了些感性认识，但学生的课程较多，所涉及的知识面广，学生对课堂中学习的地图远远还没达到熟悉的程度。"由此可见，地图在地理教学中具有重要作用。

1. 概念及理论

地图绘制应用教学是指教师在进行户外教学中，教导学生通过绘制地图、观察地图等形式进行学习的教学方法。地图的定义不同，其类型的界定也就多种多样。陈宝亭给出了较为严谨的定义：现代地图是按照严密的数学法则，用特定的符号系统，将地球或其他星球的空间事象，以二维或多维、静态或动态可视化形式，抽象概括、缩小模拟等手段表示在平面或球面上，科学地分析认知与交流传输事象的时空分布、数质量特征及相互关系等多方面信息的一种图形或图像，包括地图、景观图像、地理示意图、地理统计图、实物图和遥感图像等。[①] 而黄成林指出了在中学阶段使用的教学地图，通常是指专供学校地理教学使用的地图，可以分为课堂教学地图、地图册和课本地图三种。[②] 但无论是何种地图，都有其存在的价值，不同的是应用的情况不同。地图绘制应用教学法针对的是中学阶段的学生群体，且是在户外教育形式下的教学方法，地图的绘制及选取比较简洁和明确。因此，在中学户外教学中，地图并不再局限于上述的概念，还包括适合户外运用的地图。

地图绘制应用教学是"教学做合一"思想、信息加工理论、多元智力理论及建构主义理论的具体体现。例如，从教师指导学生根据户外学习环境绘制简单地图到学生运用地图进行户外学习，体现了教、学、做统一的思想；阅读地图的过程可以看作提取、加工信息的过程，体现信息加工理论的内涵；不论是绘制地图还是利用地图都有利于学生空间思维能力的提升，而地理

---

① 陈宝亭.高中学生地图能力培养的研究[D].兰州：西北师范大学,2007.

② 黄成林.地理教学论[M].合肥：安徽人民出版社，2007:131.

空间能力是人的多元智能之一；建构主义学习理论的基本观点认为，知识是学习者在一定的情境即社会文化背景下，借助其他人的帮助，利用必要的学习资料，通过建构意义的方式而获得。而地图则是地理学习中必要的学习资料。因此，利用地图进行户外教学是十分有利的。

2. 方法运用

地图绘制及应用教学法涉及绘制和应用两个方面。在中学地理教学中，教师利用地图进行教学或是教会学生应用地图进行学习的情况比较平常，且具有明显的效果。但是关于地图绘制方面则有所欠缺。Doug Andersen 提到随着现代科技的发展，各种地图技术也得到迅速发展，但即使是地理教师的自身地图技术修养很高，也不能在教学过程中得到期望的结果。因此他提出了"社区绘图计划"，将动手操作绘制社区图作为一种户外教学的形式和内容，以提高学生的读图测量能力。[1]

（1）地图绘制

根据教育心理学和教育学理论，不论在生理方面还是在心理方面，中学时期是学生发展地理能力的最佳时期。地图绘制不仅可以增强学生对地图的了解，培养空间地理能力和动手绘图能力，还能使学生在绘制编排的过程中提高一定的逻辑思维能力。

（2）地图应用

地图应用就是利用专业绘制的地图进行地理学习。地理户外教学过程中，教师要教会学生如何将地图中的符号表征体现到周围环境中。在课堂上，地图的应用只是"纸上谈兵"，远不如在户外环境中的体验。

不同的地理户外教育要采用合适的地图进行教学。例如，野外考察研究自然环境中，选择地形图；在社区人文环境学习时，选择人文布局图。

对不常见的地图图例与注记进行解释，以探究方式让学生利用地图进行实地观察、研究。

3. 注意事项

（1）正确理解方法含义。地图绘制应用教学法是为教学内容和目的服务的。地理教师采用此种方法时可能会出现因过多关注地图而忽略教学内容的问题，因此需要区分"地图绘制应用教学法"和"对地图的学习与应用"两种不同的概念。方法的运用目的是学生获得知识的和发展能力，所以教

---

① Andersen D. Community mapping: putting the pieces together[J]. The Geography Teacher, 2011, 8(1):4-9.

师在教学过程中不要过多纠结于地图。对地图绘制的要求不需要像专业地图绘制团队那样复杂,能达到有助于理解和掌握内容即可。

(2)教师要有足够的地图知识和技能,可以做到对地图指导过程的收放自如,正确解答学生在地图运用中遇到的问题。

(3)学生自身要有关于地图的基本认知,以及描述上的严谨性,如符号的表示、颜色的标准、地理事物术语的严谨表达等。

(四)游览参观教学法

1.相关概念

David Lambert 与 David Balderstone 在其有关中学地理学校教育的书籍中提出了有关户外教育的内容,其中就地理户外教育的策略方面提出,传统户外教育工作的策略是"excursion",意为远足或是短途旅行,通过这种方法使受教育者提高户外学习技能。[①] 国内对参观法的定义是教师根据教学任务要求,组织学生到自然界或社会场所,通过对自然、人文地理事象的直接观察而获得知识的方法。游览参观法是一种直接体验式教学方法,体验式培训的创始人 Kurt Hahn 也是当代户外拓展(Outward Bound)的奠基人。他创立的戈登斯敦(Gordonstoun)学校设置了多种户外教育内容,包括游戏、骑马、驾船、探险等。[②] 很显然,在国外,户外教育具有自由性、兴趣感,体现生活过程,而国内定义的学术感较强。因此在地理户外教学中借鉴国外,取长补短,通过户外游玩、参观的生活过程体现地理的教育过程,达到教育目的。

2.方法运用

游览参观教学适于在博物馆、植物园等环境下进行,多以培养学生的地理思想情感为主。浙江大学的翟俊卿在其有关户外教育的著作中就提到了"植物园教育"模式,该模式主要是通过对植物园、动物园等的游览参观学习,帮助学生获得相关知识的方法。[③]

游览参观法也可算是教学模式的一种,可以一边游览一边传授知识,也可以是在游览之后统一进行知识的讲解,但大体都是经过游览设计—游览准备—游览进行—感想交流几个环节。它既有游玩的娱乐自由性,又需要

① Lambert D, Balderstone D. Learning to teach geography in the secondary school [M]. 2ed. London: Routledge, 2010: 284-285.

② Freeman M, Hahn K. Inspirational, visionary, outdoor and experiential educator [J]. History of Education, 2012(4): 1-2.

③ Zhai J. Teaching science in out-of-school settings[M]. Singapore: Springer, 2015.

在参观中进行观察和记录。因此，在参观游览之前首先要制订计划，考虑到该方法确实能够培养学生的地理情感思想和知识。之后再选择合适地点进行教学。例如，要培养学生人地关系思想，增进学生对人与环境关系的理解，就选择公园、野外等可以进行短途游览的场所；要增进学生对人文地理的理解和认知，选择博物馆、展览馆等体现地理历史文化的场所。接下来在参观游览过程中，教师引导学生对事物进行观察记录。最后，指导学生将游览参观中观察记录到的资料进行整理汇报，与同学交流感悟。

3. 特点及意义

（1）具有趣味性特点。许多研究证明中学阶段的学生渴望与自然亲近，与户外环境的接触有利于提高学生学习兴趣。

（2）游览参观法将地理教育生活化。地理教师的作用并不是一味灌输理论知识。该方法以周围自然环境和社会为材料，使学生在体验乐趣的同时能够将地理与社会实际和生产生活联系起来，达到不一样的学习效果。

（3）游览参观法以亲身体验为主，体现地理情感观。在理论知识上，学生能够直观了解地理知识原理；在情感体验上，学生能够"感同身受"。

（五）科技辅助教学法

科技辅助教学法，顾名思义就是将科学技术运用到地理户外教学中的教学方法。课堂中多媒体技术就属于其中的一种。它可以使教师的户外教学更为简洁、高效。Welsh 等人总结提出为了提高巩固在户外的学习，教育实践者应该在户外教育中增加技术手段进行辅助教学。为此他们调查统计了不同国家地区在户外教育中使用技术手段辅助教学的情况，包括设备的选择、软件的应用等。结果是台式电脑和便携式电脑的应用较多，尤其是在户外工作开始前和开始后应用最多，而数码相机和 GPS 的应用在工作中使用频率较多；在软件调查上，MS Office tools、e-mail 和 Web-browsing 是常用软件，其他应用较少。①

根据 Welsh 技术手段辅助户外教育时确立的五项目标，在运用科技辅助教学法之前教师需要考虑几个问题：首先，应该明确在地理户外教育中什么时候、什么情况下适合运用技术手段；其次，确定使用哪种类型的技术，主要是指硬件设施和软件类型的选择；再次，要充分明确使用这项技术的原

---

① Welsh K E, et al. Enchancing fieldwork learning with technology: praticioner's perspectives[J]. Journal of Geography in Higher Education,2013,3(37):399-415.

因,对学生的学习会带来什么样的结果;最后,要了解在针对户外教育中使用这项技术可能遇到的阻碍。

户外科技手段主要用于测量、查询、分析等。中学地理在户外教学中能够运用到的科技主要是指 3S 技术:GIS(地理信息系统)、GPS(全球定位系统)、RS(遥感)。

GIS 是进行地理数据的输入、输出、管理、查询、分析和辅助决策的计算机系统。主要由数据库管理系统、图形处理与表达和空间分析工具组成。[①] GIS 在户外教学中的应用多表现为 GIS 地图的应用,实践性强、灵活度大,户外数据的存储和分析也较为方便。

GPS 是全球定位系统,在中学户外教学中,可以使用 GPS 定位仪器,也可以借用手机等设备进行野外地理位置定位。

RS 含义是遥远的感知,不直接接触被研究的目标,感测目标的特征信息,经过传输、处理,从中提取信息,这个过程即为遥感。主要是数字图像的处理,在地理户外教学中应用较少。

与前几种方法不同的是,科技辅助教学法的实施主体是地理教师。地理科技手段是比较复杂的,没有经过专业的培训,很难掌握。但在中学阶段,教师需要掌握基本的使用方法,并尽可能地教会学生使用。在户外教学中科技手段可以帮助教学更高效地进行,节省时间,且提高准确度,虽然是辅助性教学,但却是必不可少的工具。

二、地理"田野"教育的一般模式

开展地理实践教学,特别是野外考察类的实践活动,能够使学生走进大自然,体验自然科学知识的产生过程。了解自然环境及其发生的变化,对于学生加深对自然的了解和喜爱具有重要作用。同时,户外考察实践是一种对学生综合素质要求相对较高的学习方式,在户外考察过程中,学生会遇到各类问题,并要结合其之前的学习经验来解决。所以,通过在中学课程中实施户外观测考察不仅可以增加学生关于自然环境的科学知识,还可以培养中学生包括户外实践在内的多元智能,有利于促进学生的全面健康成长。在中学地理课程中主要涉及的户外地理考察类实践活动可分为:岩石及地形地貌考察、天气类观测、星象观测、河流及湖泊考察、土壤和天然植被观察等。

---

① 段玉山,吴照.信息技术辅助地理教学[M].北京:高等教育出版社,2003:82-91.

一般来讲,教师在设计地理"田野"教学时,要完成确定户外考察主题、设计户外考察方案、户外考察前的准备工作、正式观测与考察、总结与评价等环节。

（一）确定户外考察主题

确定地理野外实践教学活动主题,教师必须综合考虑多方面的因素。首先要参照地理课程标准中的知识标准与活动建议,把握课程标准的具体要求。其次是结合教材内容,控制教学课程进展。由于受各种因素制约,关于中学地理户外实践活动的开展不能过于频繁,因此就要求教师选择适当的时间和恰当的主题来实施。所确定的实践主题要结合学生已有的学习经验进行,且选择考察场所要适合,如在学习完"岩石和矿物"之后,教师选择金华双龙洞景区作为实践活动场所,考察该地岩石类型、矿物成分、地形地貌等多方面的地理内容。因此确定野外考察的主题必须因地制宜,要选择该区域较为典型的场地来进行。

（二）设计户外考察方案

中学地理户外实践考察的活动方案设计必须遵循科学性、可行性、启发性及开放性、安全性等原则。科学性要求主题确定、参与方式、内容设计及实践场地都应当是科学合理的。可行性要求中学地理户外考察内容必须与中学生的认知结构相一致,要符合新课程标准所倡导的新理念;开展户外考察活动所需的材料设备、考察场地的安排都要具有实际可行性。启发性原则即要求中学生在通过对户外考察实践之后能够形成感性认识,加深对自然环境的了解,能够透过自然现象发现一些地理原理知识。最后的开放性原则要求在实施中学地理户外考察的教学过程中,不应该给学生设置过多的要求,让学生自主探究,合作学习,采用多元评价方式来评价学生的户外实践活动。此外,还需特别注意的就是安全性原则,走出学校之后,教师要时刻注意学生的人身安全,保证整个活动过程不出差错。

中学地理户外考察实践活动方案的设计内容主要包括确定户外考察目标、户外考察形式、户外考察内容、户外考察准备工作、活动总结评价等环节。在制定活动方案时要特别注意两点:一是优化确定户外考察地点,即在选择户外考察场地时,要对考察路线、交通工具、人员数量等多方面因素进行综合考虑,至于长时间、远距离的户外实践活动,则需要教师将活动过程中的食住行及安全问题做出细致而周到的安排;二是教师在确定户外考察的内容时,最好事先向学生提出考察过程中的注意事项,并在考察实践中予以指导。

（三）户外考察前的准备工作

中学地理户外考察实践教学前的准备工作主要涉及三个方面：一是物质方面的准备，罗盘、地质锤、工具包、记录本及在考察过程中所需的其他设备；其次是学生工作方面的准备，按照所制定的实践方案，将学生合理分组，并指定小组长；此外，还有考察前的知识储备，教师应在考察前将考察过程中会用到的相关知识给学生进行讲解，然后再让学生在实际考察中将所发现的现象与课本知识进行对照，提升学生的户外实践能力。教师不仅要详细告知学生本次户外考察的时间、地点、形式、内容、任务等，而且要教会学生使用常见的户外考察工具（罗盘、放大镜等）。

教师在进行中学科学户外实践考察活动时，首先要进行预考察。也就是在正式带领学生考察前，教师应先考察活动场地，对场地的食宿、交通、具体考察路线等做初步了解，为制定科学可行的考察方案提供第一手资料，同时教师在预考察活动过程中，要尽可能发现可能存在的各种潜在危险因素，确保正式考察时的安全。预考察活动的主要目的是让教师充分考虑各种情况，包括各种突发状况，以保证考察活动顺利进行。

其次，根据户外实践活动的学生人数及需要完成的考察任务，将学生合理分组，确定小组负责人，并强调在户外实践考察过程中的纪律和安全问题。

最后，教师根据事先户外考察情况来编写考察提纲，并详细告知学生考察路线、集合时间及地点。教师还要发放相关资料，指导学生事先预习相关知识。

（四）正式观测与考察

根据教师制定的户外实践考察活动方案，来正式进行中学地理户外实践考察活动。在户外实践考察活动中，要体现学生的主体地位，教师将考察内容与关键要点告知学生后，要以学生自行考察为主。在户外考察过程中，应注意对学生进行适当的指导，鼓励学生个人之间及小组之间进行讨论交流，通过这一过程来发现户外考察中所出现的问题，并结合教材内容使学生进行知识内化。

在中学地理户外实践考察活动中，教师带领学生进入考察场地后，首先应再次强调纪律及安全问题；其次让学生按照事先确定好的活动方案进行考察，同时，教师也要特别注意学生的安全问题，防止意外事故的发生；最后，教师应为学生创造出有利于学生进行团队合作的轻松学习环境，加强学生之间的相互交流与沟通。

（五）总结与评价

对于科学户外实践活动的评价方式,笔者认为分小组进行成果汇报更有利于学生自身的发展。学生通过亲自参与户外实践考察来获取相关知识,又以自身的智慧将考察中所学知识表达出来,这一过程就是对感性知识的一种良好运用。户外考察成果汇报的方式多样,要根据具体的考察主题来确定,例如以照片展览、手抄报、论文心得体会等形式。这种将感性知识内化的户外实践学习评价方式,不仅能够达到预期的教学效果,也可以促进学生全面发展。教师可以结合学生在实践过程中的表现与后期的汇报表现来综合对学生进行评价,评价时应以激励性、肯定性的评价为主,提高学生科学户外实践考察活动的积极性,促进小学生更多地走进大自然。

每开展一次户外实践考察活动,教师都应结合学生的评价及实践过程找出户外考察实践活动存在的不足之处。同时,也要总结优秀的户外实践经验,争取下一次科学户外实践考察活动能够开展得更好。

【教学案例】

金华双龙洞景区地形地貌考察

●考察主题

本书选取的这个案例是野外地质地貌考察,这一部分知识内容是在高一"岩石和矿物"及"地球表面及其变化"中涉及较多。在常规的课堂教学中,这一部分内容可能比较枯燥乏味,导致学生学习积极性不高。现在教师带领学生进行野外考察,让学生亲自去搜集岩石标本,认识常见的岩石,可以提高学习积极性。另外,通过对不同地表形态的考察,认识不同的地形地貌,切实感受大自然的巨大力量,从而热爱自然,尊重自然。地形地貌是中学地理课程中的重要组成部分,选取金华双龙洞景区作为地形地貌考察地,首先,是因为双龙洞是在多方面力量的共同作用下形成的,而且景区的地表形态、历史痕迹保存较完好,更易于学生考察;其次,双龙洞景区是金华著名的风景名胜区,能够提升学生热爱家乡的乡土情怀;最后,双龙洞距离市区较近,交通便利,且旅游开发较早,基础设施较完善,安全性较高,因此选择金华双龙洞景区作为中学地理课程实施野外地形地貌的考察地。

●具体考察方案

1.考察目标

认识几种常见的岩石;认识地表形态;了解流水的作用;培养学生观察

自然的能力,提升学生对大自然及家乡的热爱之情。

2.参与对象与时间

金华二中高一年级部分师生,2015 年 10 月 10 日。

3.考察地点

金华双龙洞景区。

4.开展形式

以小组合作考察为主。

●考察准备

物质准备:罗盘、地质锤、放大镜、小刀、铅笔、橡皮、标本袋等。

知识与技能准备:考察前学习主要的地表形态、河流对土地的作用、常见岩石的判断方法、罗盘与地质锤的使用等相关知识。

其他准备工作:取得学校和家长的同意。

●考察过程

以小组为单位,主要考察以下内容:

1)岩石的观察:沉积岩特点及成因分析(重点考察由石灰岩形成的喀斯特地貌);

2)采集岩石标本:泥岩、页岩、砂岩、石灰岩;

3)观察不同地表形态及其成因;

4)观察水土流失现象并提出解决措施。

教师:教师在实践过程中要主动关注学生户外考察进程,及时给予学生帮助与指导,鼓励学生大胆发言,并及时纠正学生的知识性错误。

学生:利用随身携带的考察设备,采集岩石标本,绘制简图,记录相关的资料与数据,积极思考,大胆提问。

●考察汇报与评价

以小组为单位来制作以金华双龙洞景区地形地貌为主题的野外考察汇报;举办有关此次野外考察的主题班会,展示个人的收获。

●野外考察总结

在本次关于金华双龙洞景区地形地貌考察实践教学的过程中,笔者发现,学生在进行野外考察之前就已经热情澎湃,认真学习将要实践考察的课本内容,这本身就有利于学生将感性认识和理性认识相结合,从而促进学生更好地发展;学生积极参与野外考察前的准备工作,与教师合作完成考察方案的制定;在野外实践考察过程中,同学之间互帮互助,对一些具有争议性的问题进行讨论交流,在知足而快乐的氛围下完成此次野外考察之旅;考察之后开展了相应的主题活动班会与野外考察照片成果展览，大部分学生都能积极分享自己在这次野外考察中的收获。

笔者发现，此类野外实践考察活动是学生最喜爱的教学方式。学生走入自然环境，尽情释放自己的思维，享受作为一个孩子本有的天真。教师要敢于尝试不同的教学方式，这样不仅可以提高学生的学习兴趣，还能发展学生的多元智能。但是，开展此类野外考察实践活动也存在一定的难度。按照上文介绍的小学科学户外实践教学方法，教师在正式带领学生考察前进行预考察是一个非常重要的环节。只有教师把准备工作做好了，才能保证在后面的考察活动中取得较好的教学效果。另外，在野外实践考察过程中经常会看到学生拿着一些特征不明的岩石来询问带队教师，而许多带队教师也很难说出答案，这也就要求小学科学教师必须提升专业素养。

第四节　走向基于信息技术的地理"田野"教育

在电子信息时代，开展基于信息技术的地理户外教学不仅可以有效地缓解"电子时代后遗症"，同时也能改进传统的纸笔户外教学，使地理户外教学融入现代科技。但与欧美日等发达国家相比，长期以来，我国相关研究更多的是关注地理信息技术在中学地理室内教学中的使用或者在高校户外教学中的应用情况，从而忽视了地理信息技术在中学阶段地理户外教学中的应用研究，本节针对这一缺失而展开研究与论述。

本节在对地理户外教学与地理信息技术的相关概念界定的基础上，首先分析了地理信息技术与地理户外教学的适切性，探讨了地理信息技术在教学中的推广条件，对信息化地理户外教学的历史脉络进行了梳理，并分析了地理信息技术对地理户外教学的意义，将信息化地理户外教学与传统户外教学进行了比较，并基于我国中学地理教学现状，提出基于地理信息技术的地理户外教学的设计依据和注意事项。再根据地理户外教学设计的影响因素、组成元素与学生的认知模式建构了基于地理信息技术的地理户外教学模式，阐述了在教学设计中，不同阶段该如何具体操作。最后参照该教学模式设计了一则详细的教学案例。通过研究发现，当前基于地理信息技术开展地理户外教学的可行性较强，教学设计要遵循简单、实用的原则，不能为使用地理信息技术而使用地理信息技术。百度地图、Google Earth 等电子地图在户外教学中有着最广泛的应用,而地理信息系统、遥感等技术对中学师生而言难度较大,这些技术在地理户外教学中的使用有待进一步完善。

一、研究的必要性

随着课改的进行,我国基础教育阶段对学生的要求不断提高。新课程除了要求学生掌握基本的学科知识外,对学生的实践能力也提出了更多的要求。以高中地理课程为例,《普通高中地理课程标准(实验)》课程基本理念的第 3 条指出要"注重对地理问题的探究",要求让学生能进行地理考察与地理专题研究等地理实践活动;第 4 条则强调了信息技术在地理教学中的应用。这两条理念很明确地强调了地理学科的学习要与日常生活的地理环境密切结合起来,并要跟上信息时代的节奏,而融入地理信息技术的地理户外教学不失为实现新课程地理教学目标的有效途径。

(一)信息时代的潮流

随着科技的发展,信息技术已经渗入人类活动的各个领域,教育界亦不例外。美国联邦教育部于 2000 年颁布了第二个美国国家教育技术计划——数字化学习,并提出了五个目标,重点强调了教师要有效地运用信息技术帮助学生学习,学生需具备信息技术方面的知识与技能。[①] 英国国家教育与就业部在 2003 年颁布了《潜力的实现:在教与学中使用信息技术》。日本也在 2001 年制定了"e-Japan 战略"。可见,进入 21 世纪以后,很多国家都很重视信息技术在教育界的应用。

而地理学科又有它自己的特点,自 20 世纪 60 年代"地理信息系统"这一术语出现之后,[②]地理信息技术开始蓬勃发展。如今,面对海量的地理信息,诸如地理坐标、地理模型、地理景观等,传统的纸质地图已经难以满足地理学研究与教学的需求,高效的地理教学迫切需要融入地理信息技术。此外,在信息时代,由于电子产品的普及,青少年在成长过程中会普遍面临"自

①　黎加厚.美国第三个国家教育技术计划及其启示[J].远程教育杂志,2005(1):22-26;Department of Education. e-Learning:putting a World-Class education at the fingertips of all children[EB/OL].(2015-11-12)[2015-11-30]. http://www2. ed. gov/about/offices/list/os/technology/reports/e-learning. pdf.

②　[美]苏珊·汉森.改变世界的十大地理思想[M].肖平,王方雄,李平,译.北京:商务印书馆,2009.

然缺失症（nature-deficit disorder），[①]而地理学由于学科的特点，适合开展户外教学，这在当代教育界得到了充分的肯定。为了防止青少年沉迷于虚拟的电子世界，同时又要让教学跟上信息时代的步伐，将地理信息技术融入地理户外教学，是一种值得推广的教学形式。

（二）国际地理户外教学的趋势

在国外，首先地理户外教学的开展比较普遍，而在近几年，地理户外教学中使用地理信息技术的频率也不断提高。

美国的 STEM[②] 教育中大力倡导将地理信息技术应用于户外教学。在 STEM 教育中，大量出色的研究都是在户外完成的。在户外，学生利用地理信息技术可以搜集关于自然现象与自然过程的地理数据，这在教室与实验室内是无法完成的。学生在户外可以用 GPS 采集数据，用相机拍摄照片，最终把这些数据资料输入地理信息系统（GIS）进行分析。[③]

日本最新的国家课程标准中提出的地理技能包括"获取地理信息，制作地图"，GIS 对这一技能的习得有着重要作用。[④] 此外，日本也很重视户外教学的开展，结合 WebGIS 开展地理户外教学，已经有很多日本中学进行过实践。[⑤]

在英国，结合地理信息技术开展的地理户外教学是非常成功的。英国皇家地理学会（Royal Geographical Society）专门编写了"*Field Techniques：GIS，GPS and Remote Sensing*"，介绍如何将地理信息技术应用于地理户外教学之中，并进行了广泛的实践，取得了较好的效果。

（三）国内地理户外教学的现状

首先，国内的地理户外教学未能普遍开展，因此关于地理信息技术在地

---

① Louv R. Last child in the woods：saving our children from nature-deficit disorder [M]. North Carolina：Algonquin Books of Chapel Hill，2005.

② STEM 指科学（science）、技术（technology）、工程（engineering）、数学（mathematics）四门学科。

③ Esri Education Team. Connecting GIS to STEM education[M]. California：Redlands，2005.

④ Ida Y，et al. Geography education in Japan，international perspectives in geography [M]. Tokyo：Springer Japan，2015.

⑤ Hosoya N，Yamamoto K. Web-GIS based outdoor education program for junior high schools[J]. World Academy of Science，Engineering and Technology，2011，5(12)：1479-1485.

理教学中的应用研究主要集中于室内教学,而关于如何将地理信息技术应用于地理户外教学的研究便更少了。广大教师都认为,地理户外教学就是走到户外,亲近自然,很少会联想到把地理信息技术和地理户外教学结合起来。如何在地理户外教学中选择合适的地理信息技术,如何在户外教学的实施过程中有效地应用地理信息技术,如何结合地理信息技术进行户外教学的设计,这些问题在当今都没有得到很好的解决。笔者在论述基于地理信息技术的地理户外教学的理论基础上,将侧重于分析以上问题,以通过研究为中学地理户外教学的开展提供一些参考与建议。

二、地理信息技术与地理"田野"教育的适切性

(一)地理信息技术在地理户外教学中应用的历史追溯

1.地理信息技术的本质及其推广条件

地理信息技术属于信息技术,是对地理数据进行储存分析的一种技术,从这个角度分析,在教学中推广地理信息技术应与推广信息技术有着相似的条件(见图 4-4-1)。[1] 在人文方面,地理信息技术在教育中的应用很大程度上受到教育管理人员的理念与一线教师态度、自身素养的影响,当教育管理部门及学校达成共识之时,便能提供充足的经费,并对教师进行必要的技能

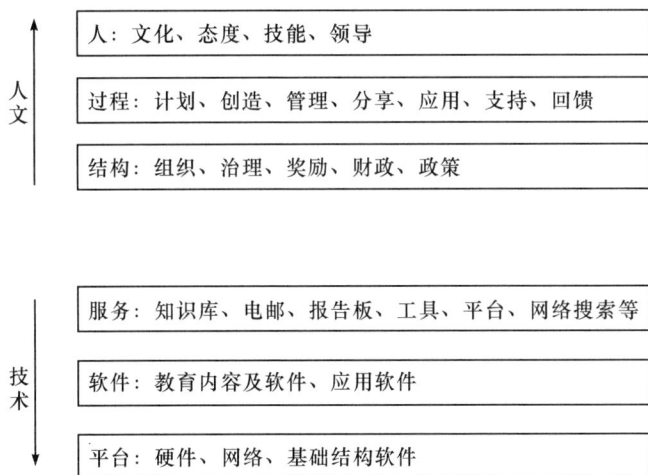

人文
- 人:文化、态度、技能、领导
- 过程:计划、创造、管理、分享、应用、支持、回馈
- 结构:组织、治理、奖励、财政、政策

技术
- 服务:知识库、电邮、报告板、工具、平台、网络搜索等
- 软件:教育内容及软件、应用软件
- 平台:硬件、网络、基础结构软件

图 4-4-1 影响信息技术教育推行的因素

① 赖灵恩,黄丽贤,林智中.香港中学地理科推行 GIS 的现状及前景[J].电化教育研究,2007(8):89-93.

培训，以确保教师有过硬的素养，为地理信息技术在教学中的推广提供基本保证。此外，技术方面的影响并不亚于人文方面，特别是在技术平台与软件的选择上，当经费充足时，就可选择性能优良的软硬件，以便教学实践中地理信息技术能顺利使用，避免出现技术上的故障。

2. 地理信息技术在地理户外教学中的应用发展

将地理信息技术应用于地理户外教学的做法，学界一直存在着广泛的争议。比如，Ford(1998)就认为地理信息技术对户外教学的意义不大，只有在户外活动前的简介，以及户外活动后师生的汇报总结这两个方面会用到地理信息技术。①

但更多的学者则对地理信息技术应用于地理户外教学持积极的态度，Gardiner 与 Unwin (1986)就利用信息技术在户外活动中分析地理现象，并验证了"地理信息技术可以很好地激发学生的学习兴趣"。但他们也指出，在户外教学结束后，重新回到室内课堂，要再次激发学生的学习热情是比较困难的，其中回到室内课堂后，学生们做得最好的就是关于户外活动的汇报。地理信息技术的使用给了学生分析数据、汇报成果的主动权。② Kent (1997)等人提出地理信息技术可以成为任何类型户外教学的组成部分③。Williams(1997)等人组建的虚拟户外课程小组着重研究如何将虚拟环境与真实的户外教学结合起来。④ Fletcher 与 Dodds(2003)等人指出，将真实的地理事物与地图或者其他地理模型对照，把学生亲手搜集、分析的数据与二手数据相结合，这些户外活动中的核心内容都可以通过现代地理信息技术来完成。⑤ France 与 Ribchester (2004)认为，将地理信息技术应用于户外教学的长远优势就是在教学过程中训练了学生的计算机技能，他们把户外教

① Ford C E. Supporting fieldwork using the internet[J]. Computers and Geosciences, 1998,24(7):649-651.

② Gardiner V, Unwin D. Computers and the field class[J]. Journal of Geography in Higher Education,1986(10):169-179.

③ Kent M, Gilbertson D D, Hunt C O. Fieldwork in geography teaching: a critical review of the literature and approaches[J]. Journal of Geography in Higher Education, 1997,21 (3):313-331.

④ Williams N, Jenkins A, Unwin D, et al. What should be the educational functions of a virtual field course[M]. Exeter, UK: Proceedings of Cal'97, 1997:351-354.

⑤ Fletcher S, Dodds W. The use of a virtual learning environment to enhance ICM capacity building[J]. Marine Policy, 2003,27(3): 241-247.

学与地理信息技术的传统角色进行了转化,将地理信息技术应用于户外教学,把它设定为培养学生计算机能力的一种特殊策略。[①]

当前关于地理信息技术在户外活动中的应用最直接的体现就是GPS、电子地图、GIS,把户外活动前的准备,数据的搜集、分析、呈现与地理信息技术相结合,为户外教学提供了很多潜在的优势。全景成像、网络技术、虚拟现实、GIS等现代信息技术在户外教学中的大胆尝试成功地促进了户外教学的发展。此外,学生的反馈对结合地理信息技术开展户外教学也是至关重要的。Boyle(2007)等人指出,大多数学生认为户外教学是有意义的学习经历,这对将地理信息技术应用于户外教学提供了诸多支持。[②]

虽然将地理信息技术应用于地理户外教学有着很多优势,但仍需注意,并不是所有的户外教学都得采用地理信息技术,如果要在户外教学中使用地理信息技术,就表示地理信息技术在该次户外教学中有着独特的价值,并且不加重户外学习的负担。这种教学模式的有效性主要取决于户外教学内容与选择地理信息技术的适切性。

(二)地理信息技术对地理户外教学的意义

1.有利于存储、分析地理野外数据

在地理信息技术普及之前,地理户外活动搜集的大量数据信息只能利用纸笔记录,但由于时间和人力的限制,信息量一旦过多,不易储存且易出错,而且信息采集完后,对信息的分析也很耗时,很多调查报告往往只是数据与文字的堆积,缺乏特色鲜明的专题地图,很难有说服力。

随着计算机技术的发展,GIS、GPS、RS、各种电子地图等地理信息技术已成为地理户外活动中调查与取样项目中的重要工具,这些技术的合理应用使得更多的地理户外教学活动可以顺利开展,还能节省时间,提高调查结果的精确度。

在地理户外教学中,遥感技术(RS)能为我们提供一系列地球表面事物的空间分布特征及其随时间的变化情况,可以让师生对户外教学环境有一个更具体的了解。全球定位系统(GPS)能对所处位置进行精确定位,并帮

---

① France D, Ribchester C. Producing web sites for assessment: a case study from a level 1 fieldwork Module[J]. Journal of Geography in Higher Education, 2004,28(1): 49-62.

② Fletchers S, France D, Moorek K. Practitioner perspectives on the use of technology in fieldwork teaching[J]. Journal of Geography in Higher Education, 2007,31(2):319-330.

助师生把调查点的位置信息输入地理信息系统(GIS)。地理信息系统(GIS)可以对户外采集的地理数据进行存储、分析，与原来的地理信息融合，并制作出与研究主题相关的专题地图。

2. 有利于培养地理空间思维

空间思维是一种重要的思维，它的三个核心要素是：①空间观念，比如空间坐标、空间尺度等；②空间元素的表示方法，诸如不同符号代表的意义、图例设计的原则等；③推理，比如选取最短路径，借助专题地图估算山体坡度等。① 美国地理学家协会(AAG)对空间思维的核心内容进行了总结，具体如表4-4-1所示。②

表 4-4-1　空间思维的核心内容

空间思维能力	关键问题
位置	在哪个地方？
环境	研究地区有何特点？
联系	地区间是如何联系的？
比较	地区间有哪些相同点与不同点？
区域	附近有哪些地区和研究区域相似？
归类	在较远距离，有哪些地区和研究区域相似？
过渡	区域间的边界发生了什么？
相关性	空间格局是否相似？
扩散	信息是如何在不同区域传播的？
空间建模	地区间是以怎样的过程联系的？

空间思维在数学、物理学、生物学等诸多学科中都有着广泛的应用，结合地理学科又形成了独特的地理空间思维，与数理学科最大的区别是地理学研究是以具体的地理空间为背景的，而不是讨论抽象空间。美国地理学家协会(AAG,2007)指出，地理学分为人文地理与自然地理两个部分，其中

① National Research Council of the National Academies. Learnina to think spatially [M]. Washington,D. C：The National Academies Press,2006：12.

② Association of American Geographers (AAG). Project Geo START：Geo-Spatial thinking activities and resources for teachers of geography and earth science[EB/OL]. [2016-02-13]. http://www. aag. org/GeoSTART/ GeoStart_ Teachers_Guide. pdf.

人文地理涉及人类生存的空间,包括人类的生产活动在空间上是如何分布的,人类是怎样利用和感知空间的,以及如何改变和维持地球表面的;自然地理涉及自然环境和自然现象,比如气候、土地类型的空间分布。①

要在户外环境中有效开展地理教学,就必须让师生都熟悉户外地理环境,让师生能感知自己所处的地理环境,知道"它在哪里""它是什么样子的""它是什么时候发生的""它为什么在那里"等问题,因此培养地理空间思维能力显得格外重要。在地理户外教学中,面对各种地理现象与地理事物,仅仅利用传统的教学手段诸如纸质地图或图片,学生很难理解,老师也难以讲解。可借助一些专业的现代地理信息技术,让学生利用一手数据,培养数据分析、解决问题的能力,训练空间思维。学生在用现代方法分析数据的同时,也更容易发现地理事物的空间关系,诸如利用 GIS 分析环境因素对动植物群落分布的影响②、电子地图的定位功能。美国地理学家协会(AAG)对现代地理信息技术在培养地理空间思维方面的作用进行了详细的罗列(见表 4-4-2)③。

在地理户外教学中,学生可根据不同主题,利用 GIS 制作不同类型的区域地图,再让地图与各种属性数据表结合,生成相关的空间分布图。其间,房屋建筑、街道、湖泊、河流等地理事物都能在 GIS 或电子地图中呈现出来,利用 3D 可视化还能生成地形模型,能形象地帮助学生记忆、理解、推导户外环境中不同地理事物、地理现象在空间中的联系,这能明显提高学生的地理空间思维能力与地理推导能力。其中使用空间数据库和生成专题地图是传统手段难以完成的,这也是现代地理信息技术在地理户外教学中很明显的优势。

①　Hung R, Stables A. Lost in space? located in place: Geo-phenomenological exploration and school[J]. Educational Philosophy and Theory,2011,43(2):193-203.

②　MaKinster, Trautmann N, Barnett M. Teaching science and investigating environmental issues with geospatial technology[M]. Heidelberg:Springer,2014.

③　National Research Council of the National Academies. Learning to think spatially [M]. Washington,D.C:The National Academies Press,2006:12.

表 4-4-2 地理信息技术对培养地理空间思维的作用

功能		地理信息系统（GIS）与遥感（RS）	地球科学分析系统（Geoscience analytical systems）	计算机辅助设计系统
空间化	地理空间参照与地图投影	√	√	○
	融合不同类型的空间数据	√	√	√
	允许非空间数据的空间化	○	○	×
可视化	制作高质量的地图	√	○	○
	能显示实时模型	×	○	×
	支持多种媒体(声音、视频)	×	×	×
操作功能	支持数据转化	○	○	○
	空间分析	√	√	×

注：√表示绝大多数地理技术有该功能；○表示部分地理技术有该功能；×表示基本没有地理技术具备相关功能。

3. 提高户外教学的安全系数，节省时间

开展任何学科的户外教学，其最大阻力就是安全问题。虽然户外教学场地往往都事先由老师勘察过，但很多情况下，无论是野外自然环境还是人文环境中依然有很多不确定因素，诸如迷路失踪、活动过程中受伤，以及一些自然灾害（比如山体滑坡）等。在中小学生的户外教学场所中，一般不太会出现自然灾害，最主要的问题是迷路走失。在过去的一些户外活动中，参与者往往只带一个指南针，虽然方向知道了，却依然找不到路线，现在师生可以借助现代地理信息技术，比如利用 GPS 或电子地图便能及时对师生位置进行大致定位，一旦迷路了，也可以缩小搜救人员的搜索范围，提高搜救效率。此外，各种电子地图如 Google Earth、百度地图都可以提供导航服务。

除了以上功能外，在户外教学中，师生还可以利用地理信息技术，事先设计好交通线路，尽可能地考虑到一些突发事件，事先准备好应急方案，在提高安全系数的同时，也能节省不少时间。

4. 实现不同空间尺度的地理户外探究

利用地理信息技术还可以实现不同空间尺度的地理户外探究。例如，一般中学地理户外学习活动受时间、空间、经费等的限制是点状的，但通过地理信息技术可以有效实现小尺度探究和大尺度探究的有机结合。

（三）信息化地理户外教学与传统地理户外教学的比较

对比信息化地理户外教学与传统地理户外教学，可以发现，信息化的地理户外教学有以下四个特点。[①]

1.针对性

基于地理信息技术的地理户外教学有两个设计意图：其一是在户外教学过程中降低学生的学习难度，提高学生的学习效率；其二是只为特定的学习内容服务，不是所有的户外教学都适合使用地理信息技术。

2.灵活性

基于地理信息技术的户外教学，可在一定程度上突破空间与时间的限制，空间尺度可放大或缩小，时间尺度上可搜集不同时期某区域的地理概况信息。地理资源也更为丰富，能将各种地理数据及图片、视频应用于教学之中。

3.开放性

学习过程中可以即时获得对学习有帮助的地理信息，比如利用 Google Earth 可获得最新的建筑物布局模式，利用百度地图可获得国内最新的路况信息。

4.共享性

信息化的户外教学更有利于教学参与人员进行资源共享，利用现代信息技术，师生能在教学过程中更快捷地交换各种地理数据。

三、教学设计的依据与注意事项

（一）教学设计的依据

1.地理户外教学的类型

在地理户外教学中，是否适合利用地理信息技术辅助教学，首先要分析户外教学的具体类型与特点，要根据其中最重要的几个方面，以及实际教学内容，对户外教学的类型进行判断。户外教学的分类方法有很多，目前被认为比较实用的分类方法主要是由 Kent(1997)等人提出的，地理户外教学的

---

① 赵文强.地理信息技术支持下的地理教学模式创新研究——以自然地理教学为例[D].武汉：华中师范大学，2014.

分类也可遵循该分类方法，将地理户外教学分为以下几类。①

（1）观察型

观察型的户外教学有利于学生了解陌生的区域，但主要限制就是参与程度的问题，学生往往除了注意带队人员指出的观察要点，自己很难发现新问题。

【教学案例】

水质的监测

以美国堪萨斯州一所高中的数学教师 Steve Obenhaus 为例。② Obenhaus 在当地一所大学仅接受了两个星期的非正规 GIS 课程培训，便能应用 GIS 的一些基本功能，随后他就和其他老师把 GIS 引入高中的地球科学、生物学和数学等课程，并取得了很好的效果。其间，他们也遇到很多问题，主要通过 ArcViewonline 和一些专业人士的帮助，或者请大学教师到高中授课来解决。在 Obenhaus 的教学中，他非常注重让学生从空间角度思考问题，培养学生的空间思维。Obenhaus 虽然是数学老师，但他综合数学与地理知识，利用 GIS 设计了很有意义的地理户外活动。他让学生搜集当地河流在一个建筑项目开工前、施工时、竣工后三个阶段的水质数据，他们利用 GIS 从空间与时间两个维度观察河流水质的变化。另外，他还和学生 Elizabeth Vidaurre 远赴海地，帮助当地居民选择适合打井的水源地，最终他们使用 ArcGIS 将关于水质的图层与当地人口分布图层结合，成功制订了水井选址计划。

【教学案例】

得克萨斯州禽流感传播路线的预测

在禽流感爆发的时候，得克萨斯州卢博克市一所学校的老师 Penny

---

① Maskall J, Stokes A. Designing effective fieldwork for the environmental and natural sciences[M]. Plymouth, UK: Higher Education Academy Subject Centre for Geography, Earth and Environmental Sciences, 2008.

② Obenhauss S. Teacher inspires students to use GIS to solve real problems[J]. ArcUser, 2009: 66-69.

Carpenter 发现可以利用 GIS 预测和监视禽流感的爆发与传染,她认为这对学生而言是一个难得的机会。Carpenter 在激发起学生的研究兴趣之后,首先和学生利用专题地图观察哪些州和市已经有确认的禽流感病例;然后从得克萨斯州的健康医疗网站上搜集每个地区每天的禽流感监控数据,学生绘制出关于得克萨斯州各地区禽流感病例数的表格;接着学生用 ArcGIS 制作包含得克萨斯州各市的地图,在地图的属性数据表中依次加入各地区对应的禽流感监控数据,在确定数据的间隔范围后,用不同颜色表示禽流感疫情的严重程度,给地图上色。其间,学生还加入了关于道路与机场的图层,探寻何种交通方式最易导致禽流感的扩散。Carpenter 与她的学生利用 GIS 技术,制作了对整个得克萨斯州都有参考意义的专题系列地图。她认为在该教学活动中,不仅教会了学生制作地图,而且让学生学会了观察、分析地理数据,培养了学生的地理空间思维能力。

(2)参与式"田野"调查

参与式"田野"调查给了学生更多的机会,具体包括:教师主导活动、教师指导活动、学生分组活动、个人项目等。相比观察型户外教学,参与式"田野"调查更有利于学生的深层次学习,但同时耗时也更多,对于更多的分组,老师监督管理的难度也随之加大。

【教学案例】

美国地理空间夏令营

美国的"海港发现夏令营"把波士顿港作为一个天然的实验室,用来进行科学教育与环境教育,该夏令营将现代地理信息技术与传统夏令营活动相结合,其宗旨是培养学生保护生态环境的意识。夏令营每个星期的课程都围绕一个特定的主题展开,在海洋实验周,GIS 与 GPS 等地理信息技术被引入到夏令营中。为了保证每位夏令营成员都配有手持 GIS 与 GPS 装备,教学班级必须限制在 12 人以内。海洋实验周期间,学生们先在室内学习地理信息技术与研究区域的地理环境,然后与新英格兰地区的海洋生物研究人员、夏令营辅导员一起到海岸考察。研究人员让学生采集数据,然后利用 GIS 分析渔业与海运对北大西洋露脊鲸空间分布的影响,向学生展示了如何将地理信息技术应用到科学研究中。

在学员体验过地理信息技术的应用案例后,研究人员与辅导员对学生进行个别指导，让学生了解地图的必要元素，以及让学生学会如何在 GIS 中加载属性数据与图层。此外，学生还在户外活动中学习了用 GPS 测所在地的经纬度，辅导员指导学生把 GPS 测定的数据输入 GIS，进行地图配准。

在夏令营的后期，为了提高学生对地理信息技术的应用能力，基地开展了一系列环境生态研究。首先是蟹类生态研究，学员被分成多个小组，部分成员搜集关于优势蟹类种群、蟹类的种群密度、雌蟹比例、怀孕雌蟹的比例等数据；其余成员搜集水温、水体 pH 值、盐度、溶解氧等数据。另外还有关于水污染、入侵物种、蟹类与环境变量潜在关系的研究。每天结束时，学生们都把 GPS 采集到的户外数据输入电子表格，将 GPS 格式的数据转化成能输入 ArcGIS 的数据。

（3）师生共同参与式观察

该户外教学类型在人文地理中使用较多，但在自然地理部分也有适合应用的方面。

【教学案例】

荷兰高中地理户外教学项目

荷兰教育专家 Tim Favier 与 Joop van der Schee（2009）[①]曾设计了 4 组适合中学生的地理户外项目，并提出中学生应具备以下地理技能：①获得区域地理知识的能力；②培养地理思考能力，包括发现与解决地理问题；③培养在户外搜集数据、信息的能力，以及在地图上呈现信息的技能；④学会制作简单地图；⑤会设计研究计划，包括系统地阐述研究问题与假设，以及获取数据的途径。

对学生户外项目的具体要求有：①研究问题与研究方法应尽可能接近专业的地理研究；②GIS 在研究中占据核心地位；③学生研究项目的时间应限制在 6 小时之内，包括对 GIS 操作的培训。

4 组中学地理研究项目的主题分别是：①商店与它们的顾客；②市民对他们邻居的意见；③公路交通安全；④微观气候。学生的研究报告包括介绍、数据获取、数据输入、数据可视化、评价、讨论六部分。老师与研究人员

---

① Favier T，Schee J V D. Learning geography by combining fieldwork with GIS[J]. International Research in Geographical and Environmental Education，2009，18（4）：261-274.

给学生提供研究主题的介绍与目的,以及数据获取方法和 ArcGIS 的基本操作。有三所荷兰中学的 14～15 岁的学生参与了本次研究。在研究过程中,中学老师与研究人员为学生提供指导,并由专门的研究人员观察学生的地理户外研究过程,户外考察结束后,对中学老师与学生进行访谈。

【教学案例】

WebGIS 在地理户外教学的应用

日本学者 Noriyoshi Hosoya 与 Kayoko Yamamoto[①] 曾利用 WebGIS 进行了地理户外教学项目的开发、实施与评估。他们为基础教育阶段不同年级的学生开发了不同类型的户外教学项目,利用 WebGIS 提供与分享信息,得到师生与家长的一致好评。该户外教学项目基本内容如下:研究人员与教师事先对户外活动的场地进行视察,通过当面访谈和 GPS 搜集地点与活动路线的地理位置信息。利用 Kashmir 3D[②] 将获得的与户外活动场所相关的地理位置信息附加到地图上,再用 GIS 加载地图,对 Kashmir 3D 创建的数字地图进行编辑,以便插入图片与评论。WebGIS 主要有三个用途,分别是:①研究人员展示编辑过的地图,地图上有关于户外活动的图片与评论,能让学生与家长迅速了解户外教学的特点;②设计户外活动的多条路线,强调沿途可能遇到的危险,该功能主要由 Kashmir 3D 实现;③活动过程中,在研究人员的指导下,可利用 WebGIS 搜寻路线与地点。

2. 户外教学的内容

结合我国中学阶段地理教学的实情,根据课程标准,我国中学地理主要分为自然地理、人文地理、地理信息技术、区域地理这几大块内容,其中单独针对地理信息技术的教学,本书不做讨论。[③] 根据相关学者的研究,笔者把

---

① Hosoya N,Yamamoto K. Web-GIS based outdoor education program for junior high schools[J]. World Academy of Science,Engineering and Technology,2011,5(12):1479-1485;Hosoya N,Yamamoto K. Web-GIS based outdoor education program for elementary schools[J]. World Academy of Science,Engineering and Technology,2010,4(5):956-963.

② Kashmir 3D 是 GIS 的一种辅助软件,主要功能有建立自然景观的三维模型、GPS 数据分析、山体的可视化、实时模拟飞行。

③ 单超. 对"地理信息系统及其应用"内容的不同版本对比和教学建议[J]. 中学地理教学参考,2010(5):15-17.

中学阶段适合使用地理信息技术辅助开展户外教学的内容进行了总结，如表 4-4-3 所示。

表 4-4-3　适合利用地理信息技术辅助教学的户外教学内容

教学模块	户外教学内容
自然地理	地表形态，内力作用与外力作用，自然环境的整体性与差异性
人文地理	农业、工业、交通的区位选择与布局，城市化，人口迁移
区域地理	区域可持续发展

在中学阶段的地理学科中，自然地理部分：关于地球运动的相应内容如进行户外教学，以观察型户外教学较为合适，在这部分内容中，地理信息技术的用处不是很大，不建议使用地理信息技术；地表形态、内外力作用等内容采取参与式"田野"调查较为合适，研究尺度可大可小，地理信息系统、遥感、Google Earth 等均有较大用处；而大气环流、洋流等内容考虑到涉及的空间尺度较大，结合我国很多学校的实情，是否适合开展户外教学或者利用相关地理信息技术开展虚拟户外教学还有待进一步讨论；在人文地理与区域地理部分，因为有的内容与学生生活息息相关，参与式"田野"调查或师生共同参与式观察的户外教学类型均可采用，地理信息系统、Google Earth 都可以辅助教学。

3. 依据地理信息技术与户外教学的适切性

在实际的地理户外教学中，是否选用地理信息技术进行辅助？如果选用地理信息技术，该选择哪些地理信息技术？针对这些问题，除了要考虑户外教学的类型与具体内容之外，还要结合各种地理信息技术的利弊，重点关注各种地理信息技术在户外教学中可能体现的功能，并与传统纸笔工具进行比较后再做选择。

(1)地理信息系统(GIS)与地理户外教学

1)地理信息系统(GIS)的作用与优势。GIS 的一个关键作用就是数据采集与分析，GIS 允许加载不同类型的地理数据，也就是说，无论是纸质地图、GPS 数据、卫星遥感图像还是航拍照片，都能加载到 GIS 中，一些特殊信息比如单独的树木、山体海拔高度只要根据地理坐标参考系校正后，就能被加载到 GIS 中。这种融合地理数据的功能，也是 GIS 其他功能(比如制图、导航或复杂分析)的基础，同时，GIS 还可以创建地理数据库文件，存储海量数据，这给户外地理数据的存储与分析带来了极大的便利。GIS 的另一个重要作用是空间分析，它是 GIS 的核心，其实质就是围绕"GIS 应用某种空间分析方法解决实际问题",其方法基本包含叠加分析、缓冲区分析、网络分析和地形分析。①

根据 GIS 强大的功能,有学者总结出 GIS 在户外教学中的主要作用(见表 4-4-4)。②

表 4-4-4　GIS 在户外教学中的主要作用

项目	具体内容
制订考察计划	位置选择、抽样设计、路线选取
制作简易地图	协助数据采集、路线设计
数据记录与核实	
制作专题地图	反映考察点动植物分布、土地利用、人口密度等地理现象
地图图层	加载和比较不同的数据集
空间运算	加载、叠加图层,缓冲区计算
空间分析	分析空间对象的相关性
模型	利用一些相关空间数据预测另一个相似地理事物的空间特征
监视	记录、分析不同时间段地理现象的变化
结论报告	地图是呈现调查结果的有效方法

依据 GIS 的特点,在地理户外教学中,GIS 的典型功能有以下几个。③

图层空间显示功能。空间特点是地理学中的一个重要内容,GIS 可突破空间尺度的限制,将地图比例尺放大、缩小,小到某个乡镇、居民点等点集;范围亦可扩大到河流的某个流域、某个交通枢纽、某地区城市带状分布等线集;还可放大至全国乃至全球尺度的地理要素分布情况,诸如气候类型的分布、自然带的分布、地形地貌的分布等面集。户外教学的主题无论是自然地理、人文地理还是区域地理,几乎所有内容都涉及地理空间要素,涉及"它在哪儿"这一问题。针对这一问题,不管用多详细的语言描述,都很难讲

①　单超.对"地理信息系统及其应用"内容的不同版本对比和教学建议[J].中学地理教学参考,2010(5):15-17.

②　Teeuw R,Whiteside M,McWilliam N,et al. Field techniques:GIS,GPS and remote sensing[M]. Geography Outdoors Royal Geographical Society,2008.

③　焦华敏.基于 GIS 的高中区域地理教学案例设计与开发[D].呼和浩特:内蒙古师范大学,2015.

清楚,只有借助地图才能给人直观的印象,相比传统的纸质地图,借助 GIS 能同时阐述不同尺度中的地理事物分布,地理事物的分布主要指地理事物的空间位置与事物间的相对位置,比如找出某地灌木丛的位置;除了空间分布外,借助 GIS 还可描述地理事物的特征,主要指事物的形状、大小、命名等,比如描述某地建筑物的布局。像这些问题,可通过将研究区域的一些点、线、面三级图层加载到 GIS 中,根据统一的地理坐标系配准,用点、线、面三级图层的概念来管理和显示数据的空间分布。在进行地理户外教学时,操作者可通过点击某一图层来表示该图层的分布特性,再根据 GIS 的一些功能提取信息,获得答案。

统计功能。在地理户外教学中,地理数据除了具有空间性外,还具有复杂和海量的特征。大量地理数据的堆砌,只会让户外活动参与者感到厌烦,而 GIS 可以利用强大的数据统计功能,把烦冗、海量的地理数据以直方图、柱状图等方式呈现在图层上,给人以直观形象的答案。此外,在关于时间尺度的一些问题上,比如分析某个特定区域地理事物随时间推移而发生的变化,除了实地考察外,还需要搜集不同时间段内研究区域的特定地理信息,比如关于某地绿化情况的变化。如果是采用传统的纸笔户外教学,在分析研究区域地理事物分布与特征的变化时,则需要大量的纸质地图和照片。而利用 GIS 进行辅助,可以把不同时间段的地图和各种地理数据加载到 GIS 中,不再需要携带大量纸质地图和笔记本,只需将各个时间段的地理数据进行统计整理,以时间为线索进行归类、比较、分析。

缓冲区分析功能。基础教育阶段的地理户外教学,原则上不应涉及过于复杂、深奥的内容,若在户外教学中使用地理信息技术,也应尽量避免一些复杂的操作。但考虑到一些探究性问题,可能相关的内容较多,会涉及缓冲区。缓冲区是以点元素、线元素和面元素为基础,向周围延伸所形成的特定区域。具体案例如"新建中学的选址",通过对现有中学、人口分布、土地使用进行评定,为新建中学的选址提供依据。在分析过程中,应用了"中学""人口分布""土地使用"这三个图层,根据 GIS 内部算法,得到图 4-4-2。

地形分析功能。在地理户外教学中,传统纸质地图很难直观表示地形地貌,而一些立体模型又不利于携带。利用 GIS 中的数字高程模型(DEM)(见图 4-4-3),能对各种地形进行一系列可视化表达,如山峰、山谷、山脊、鞍部、陡崖等。高低错落的显示效果给人以强烈的立体感和身临其境的感觉,参与户外活动的师生很容易辨别哪里是高山,哪里是平地,哪里是丘陵,利用该功能,可以让学生在实地户外活动前熟悉户外场所的地形概况。

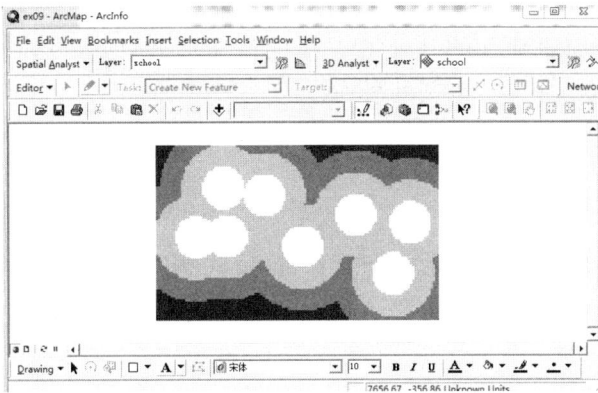

图 4-4-2 缓冲区

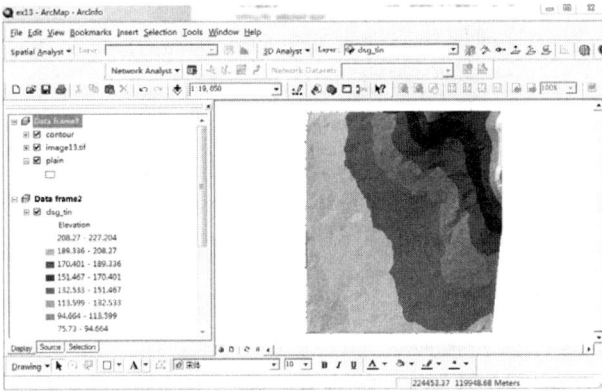

图 4-4-3 数字高程模型(DEM)

(2)地理信息系统(GIS)的缺点。在地理户外教学中使用 GIS 时可能会出现以下几个问题[①]:①地理数据缺乏;②搜集与处理地理数据的时间过短;③数据来源有误差;④对 GIS 操作不熟悉;⑤GIS 的使用偏离教学目标与研究主题。

如果在地理户外教学中使用地理信息系统(GIS),建议遵循以下原则:

1)首先要明确就教学关键内容而言是否有必要使用地理信息系统,比如在自然地理部分,涉及地形地貌,自然环境的整体性与差异性,大气环流时建议使用 GIS,而像地球的运动等内容反而不适合使用 GIS,人文地理与

---

① Wadsworth R，Treweek J. Geographical information systems for ecology：an introduction[M]. Colchester：Essex，1999.

区域地理的户外教学更适合使用 GIS；

2)遵循最简原则，由于受到中学生的认知水平限制，户外教学中若使用 GIS，应尽可能回避一些复杂的操作；

3)尽可能使用现有地理数据或较容易获得的地理数据；

4)做好数据记录特别是元数据的记录，在使用 GIS 的过程中，每步都要及时分析；

5)经常检查从 GIS 获取的结果是否符合逻辑；

6)多向有经验的 GIS 使用者请教数据库管理、数据采集与分析过程的相关内容。

（2）全球定位系统（GPS）与地理户外教学

在地理户外教学中是否选用 GPS 进行辅助，须考虑以下几方面的因素。

1)GPS 自身条件与要求。

GPS 接收器是一种比较坚固耐用的电子仪器，不易损坏，但一旦损坏较难维修，特别是在户外场所，更换、维修极为不便。GPS 适宜工作的温度范围在 $-15℃\sim70℃$ 之间，因此在我国大部分地区的多数时间段不会限制 GPS 的使用，另外在雨天要避免 GPS 受潮。使用前，务必保证充足电。

2)户外教学中使用 GPS 的优势。

① 价格较合理；

② 能比较简便地使用 GPS 搜集户外地理数据；

③ 搜集的数据能直接加载到 GIS 中，无须转换数据格式；

④ 使用范围广；

⑤ 利用导航定位（GPS 最重要的一个作用），可提高户外教学的安全系数。

3)户外教学中使用 GPS 的缺点。

①信号问题。使用 GPS 接收器时必须确保是在开阔的露天场所，以便收到信号。如果是在障碍物较多的地方，比如树林里，无线信号会被阻挡。针对信号问题，如果使用外置天线可以在一定程度上得到缓解，但外置天线往往价格较贵。

②在城市地区，标准 GPS 的精度可能会受限。

③很多 GPS 只能搜集较短时间段的数据。

（3）GIS 与 GPS 在地理户外教学中的融合

Fisher（1991）意识到在 GPS 与 GIS 的融合中，如果把 GPS 接收器与户外使用的计算机结合，可提供一个全新的空间位置与属性数据采集方法。Maguire、Dangermond（1991）与 Rhind 等人（1991）也提出 GPS 可作为 GIS

搜集一手数据和更新 GIS 原有数据库的工具,这也使得传统的地理数据采集与地图制图发生了根本性的变化。[①]

(4)电子地图与地理户外教学

Google Earth、百度地图等电子地图是最容易操作的,也是对普通人而言应用最广的地理信息技术。在地理户外教学中,只要有智能手机,即可使用电子地图。这些电子地图既有传统地图的功能,如对于宏观地理事物,可以查找空间分布、空间位置(经纬度位置、海陆位置、相对位置等);对于微观地理事物,可查询地理空间事物的名称、占地面积、形状、海拔高度、经纬度、方向等,同时它在表达"区域"概念时也有传统地图所无法比拟的优势:传统的纸质地图是静止的,而电子地图的区域在时空上都是动态的。此外,在电子地图中,往往还有卫星遥感图像和部分地区的全景照片,除了可以帮助参与户外活动的师生熟悉户外场所之外,也可以利用电子地图的客户端上传部分实地照片,实现资源共享。[②] 以 Google Earth 为例,下载并安装好 Google Earth 后,可在地理户外教学中完成以下目标。

从不同的空间尺度呈现地理事物。可以以户外教学的场地为基础,将同一区域的地理事物放在不同的比例尺下进行观察,强化学生的空间概念。

呈现地理事物随时间的动态变化。现实中的地理事物往往会随时间发生变化,实地考察只能了解当前的地理情景,而纸质地图与照片只能静态地反映某一时间点的情况。利用 Google Earth 的时间轴,可观察一个区域地理事物随时间发生的动态变化。如图 4-4-4 与图 4-4-5 分别显示了 2000 年和 2015 年杭州火车东站附近土地利用情况的变化。

图 4-4-4 2000 年杭州火车东站附近土地利用情况

图 4-4-5 2015 年杭州火车东站附近土地利用情况

① Maguire D, Dangermond J. The functionality of GIS[J]. In, 1991.

② Thériault M, Miller M. Geographical information systems: principles and applications[C]// and 2, Longman Scientific & Technical. 1991:110-113.

可根据教学主题,添加或删除相应的人文地理要素与自然地理要素,比如在探究交通这一要素时,可在地图上加载道路网;研究水资源分布时,可添加水域(见图 4-4-6 和图 4-4-7)。

图 4-4-6　添加道路网的杭州地区

图 4-4-7　添加水域的浙北地区

呈现三维空间,引进实地图片。Google Earth 能改变三维地图的视角,有街景模式,并能展现部分地点的实地照片,可以让学生在室内就熟悉户外活动场地的景观(见图 4-4-8 与图 4-4-9)。

图 4-4-8　杭州火车东站三维立体地图

图 4-4-9　杭州火车东站实地照片

进入地平面视图模式,开展虚拟地理户外教学。特别是一些难以实际到达的地方,可采用该方式,身临其境,让师生深度体验当地的地理景观(见图 4-4-10)。

图 4-4-10　Google Earth 的地平面视图

从不同的空间尺度与时间尺度综合各地理要素。地形、气候、水文、城市建筑、交通等要素均能在 Google Earth 有较好的呈现。表 4-4-5 总结了 Google Earth 中各个图层与可显示的自然、人文地理要素的对应关系，要注意的是，没有相关图层与土壤这一要素对应，但可以比较直观地从卫星遥感图片上观察其外观属性，而人口、民族等人文地理要素在 Google Earth 上不能显示，表格中亦不涉及。

表 4-4-5 地理要素与 Google Earth 图层的对应关系

地理要素	Google Earth 中对应的图层
地形	Google Earth 具有大量卫星遥感图片，在其界面中可以实时显示鼠标所指出的海拔高度。🔺可显示各地山脉
气候	点击 Google Earth 左侧⚙这一图标，能显示实时的云层、雷达图、天气状况，可帮助师生及时了解户外场地的天气情况
水文	点击🌐，可了解全球的水质变化，▢显示出水域的范围
人文地理要素	Google Earth 还以可显示人口密集程度、城市夜景、交通线路，并对地点进行分类

（二）教学设计的注意事项

首先，需要明确的是地理信息技术是地理户外教学的辅助工具，而不是户外教学的核心内容，师生不能为了使用地理信息技术而使用地理信息技术，在地理户外教学中，师生要避免过度关注地理信息技术的使用形式而忽视了地理户外教学的探究主题。如图 4-4-11 所示，基于地理信息技术的户外教学显然属于"基于地理信息技术的教学"，因此在实际教学中，应确保明确的教学目标与教学核心内容，以免在实际教学中本末倒置。其次，在地理户外教学中，如果使用地理信息技术，要避免过度依赖地理信息技术，户外教学的目的是让学生走出教室，与户外的自然或人文环境接触，切不可因为地理信息技术的使用反而加剧学生与自然的隔阂。

此外，地理信息技术虽然在户外教学中有着诸多优势，但同时也有很多不足之处须引起注意，主要的限制因素有以下几点。[①]

---

① 戴洪圣. Google Earth 在高中地理必修 3 教学应用中的研究[D].上海：上海师范大学，2012.

关于地理信息
技术的教学

基于地理信息
技术的教学

GIS(地理信息系统)
遥感(RS)
数字地球
……

地理科学
地球科学
环境科学
生命科学
数学
……

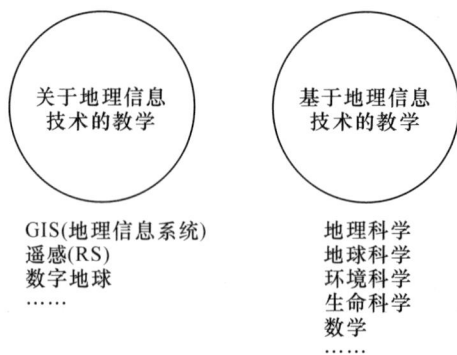

图 4-4-11　和地理信息技术相关的教学

1)户外教学中所需资源与经费的限制。

首先正版 GIS 软件与精度较高的 GPS 的价格都比较贵。此外，户外教学中所需的一些数据(比如高分辨率的遥感影像数据等)，一般学校是很难获得的，学校的经济条件会使得很多现代信息技术的使用受限。很多专家担心地理信息技术的高额成本会使得经费充足的学校与普通学校之间的教学效果产生巨大差距。还有如何将计算机等硬件设备顺利拿到户外教学场所也是一个潜在问题。

2)教师个人能力与时间的限制。

很多基础教育阶段的教师并未接受过系统的地理信息技术操作训练，他们自己也不熟悉 GIS、GPS 等地理信息技术的操作，这就导致教师得花大量时间去学习。如果教师自己也没有兴趣学习地理信息技术的应用，那么学生就很难有机会体验。制定相关的规定保障教师获得必要的地理信息技术应用能力，是将地理信息技术有效地融入户外教学的必备条件，如果没有这样的规定，可能会导致只有少量有兴趣的教师真正将地理信息技术应用于户外教学之中。此外，教师不仅在自己学习地理信息技术上花费的时间较长，在为户外教学备课时也要花费大量时间。假设一个教师已经掌握了 GIS 的操作，要想给学生开展 1 小时的户外活动，需要事先花 10 小时以上的时间去制作图层与搜集属性数据。

3)很多人对地理信息技术的应用效果持怀疑态度。

比如一些专家提出，地理信息技术很有趣，但是与传统教学相比，在课程结束后，学生学习效果是否更好？毋庸置疑，地理信息技术丰富了地理户外教学，但真正起到的效果如何还有待进一步考证。

四、基于地理信息技术的地理户外教学模式

(一)设计思路

1.将地理信息技术作为辅助地理户外教学的工具

在地理户外教学中,应该根据户外教学的主题,依据地理信息技术与户外教学的适切性,与传统教学模式比较、分析使用各种地理信息技术能给户外教学带来哪些帮助,寻求一种有利于学生户外认知学习的平衡状态,以兼顾户外活动与室内理论学习的联系,以及地理信息技术在整个户外教学中的辅助作用。基于地理信息技术的地理户外教学宏观框架如图 4-4-12 所示:该户外教学模式应重点处理好户外教学具体内容、教学场地、师生与地理信息技术这四要素的关系,它们环环相扣,教学场地、教学内容、师生水平都会影响地理信息技术的选择与使用,同时地理信息技术的使用也会反作用于其他各个方面,影响户外教学的效果。

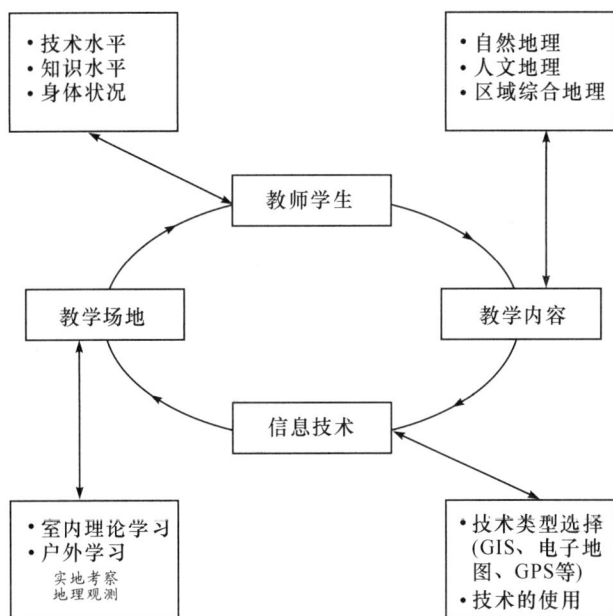

图 4-4-12 基于地理信息技术的地理户外教学宏观框架

需特别指出的是,本书所提的地理信息技术并不局限于 3S 技术,像 Google Earth、百度地图,以及其余各种信息技术,凡是对户外教学有帮助的均可使用。利用地理信息技术辅助户外教学,一方面,可搭建联系户外活动场所与虚拟地理情境的桥梁,有利于师生更全面地了解户外场所的地理概况;另一

方面,可更科学、更快捷地处理各种地理数据,改进地理户外教学的效果。

2.把地理信息技术作为地理户外教学的补充

鉴于时间、经费及安全问题的限制,在中学阶段的地理户外教学中,师生能实地考察的时间与地点均有很大的局限性,利用地理信息技术可以开展虚拟地理户外教学,需要注意的是,虚拟地理户外教学不能完全取代实地户外教学,但可以作为户外教学的一种补充形式。

在实际教学中,教师可把户外活动场地所在的大区域作为补充教学的对象,利用 GIS 或电子地图调整研究区域的空间尺度,将各种航拍照片、卫星图片作为教学材料,学生可从视觉、听觉上体验一些难以实地考察的地方,从模拟的地理环境中讨论分析各种地理要素。总体来说,若要将虚拟户外教学作为实地户外教学的补充,须实现以下几个目标,如表 4-4-6 所示。

表 4-4-6 虚拟户外教学的功能与目标

教学功能	教学目标
补充	● 为学生的实地考察做准备
替代	● 让学生在虚拟环境中感受实地难以到达的地区,诸如一些危险区域或出行成本较高的区域
联系	● 减缓或加速地理过程 ● 观察地理环境的季节性变化 ● 同时观察多个环境,比较不同的环境与地理过程
高效	● 有效利用学生与教师的时间 ● 及时访问学习环境 ● 允许共享数据与知识

3.利用地理信息技术进行户外学习风险评估

在户外教学中,为了确保师生的人身安全,参与教学的人员必须对户外学习全程进行风险评估,然后制定详细的应急措施。对地理户外教学进行风险评估的步骤如下。

(1)风险评估

首先是找出户外场地中有哪些可能威胁师生人身安全或者影响行程的危险因素。在判断风险的时候,要考虑参与人员、出行装备、户外环境三个因素,比如在某山地进行户外考察时,就要依据小组规模、合适的衣着、岩体稳定性进行评估,具体如表 4-4-7 所示。

表 4-4-7　地理户外教学风险评估项目

参与人员	出行装备	户外环境
● 小组规模	● 衣服	● 岩体稳定性
● 户外技能	● 鞋子	● 水文状况
● 知识经验	● 导航装备	● 植被动物
● 健康状况	● 通信装备	● 天气状况
● 心理状况	● 户外信号问题	

在进行户外学习的风险评估时,可使用电子地图在活动路线中依次标记危险地段,这些区域严禁学生在户外实习时涉足。除了考虑潜在危险外,还须根据活动路线各段的拥挤程度适当调整路线,避免拥堵浪费时间,拥挤程度的判断可参考百度地图的热力图。

（2）制定应急措施

制定应急措施,降低风险应从以下几个方面着手。

1）制定安全守则与指导方针。针对具体户外教学的安全手册,可让学生熟悉户外学习的规章制度,使户外教学按照规定程序进行,教师应事先做好安全教育工作。

2）熟悉学生。在户外学习开始前,教师应充分了解全体学生的身心状况。分组后,对各组人数、具体成员要牢记于心,避免组员在危险地段单独行动。

3）装备试用与应急模拟演练。在正式的户外学习中,为了能灵活地应对突发情况,师生需检查、试用各种通讯设备与导航设备,确保没有故障并能熟练操作之后,再针对可能出现的各种紧急情况进行模拟演练,同时还得熟悉户外活动地点附近的医院与公安机构,做到万无一失。

4）户外学习前,应事先通知家长与学校相关领导。

（二）影响设计的因素

大多数户外教学都是依据户外教学的影响因素与组成元素进行设计,地理户外教学亦不例外,其教学设计的影响因素主要有以下几点,具体如图 4-4-13所示;户外教学设计中的组成元素如图 4-4-14 所示。[①] 其中,在户外教学的影响因素方面,基本每个因素都可能涉及地理信息技术,尤其是新技术、专业需求、课程需求、健康与安全这几个方面。而在户外教学设计的组成元素中,应重点从准备工作、户外活动、后续工作这三个阶段考虑。

---

① Fletcher S, France D. Practitioner perspectives on the use of technology in fieldwork teaching. [J]. Journal of Geography in Higher Education, 2007, 31(2):319-330.

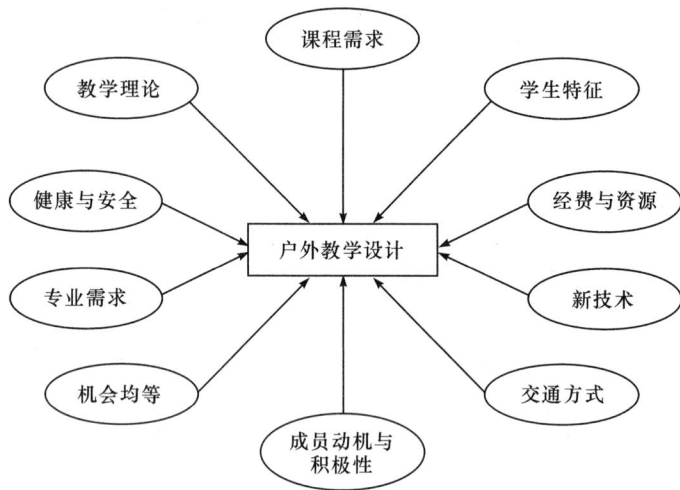

图 4-4-13 户外教学设计的影响因素

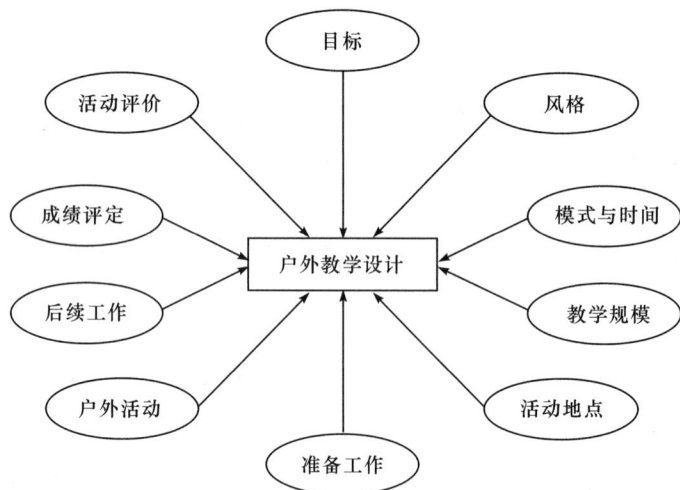

图 4-4-14 户外教学设计的组成元素

在结合地理信息技术设计地理户外教学时,除了考虑经费、时间、安全、学情、硬件设施、教学地点这些问题外,最为重要的是明确教学目标。只有在清晰的教学目标的指引下,方可有效地利用地理信息技术辅助户外教学,结合我国中学教学的实情,以及国外户外教学的经验,可归纳出地理户外教学的目标有以下几点:①培养地理观察能力;②促进经验学习;③训练学生分析地理问题的能力;④树立环境意识;⑤培养团队协作精神。在设计户外教学时,教师应重点围绕上述目标,探讨如何通过地理信息技术的使用让学生在户外教学中获得更多的直接经验,并提高学生分析地理问题的能力,提高地理素养,初步体验地理研究的过程。

(三)学习认知模式

在 3S 技术及其他现代信息技术的支持下,传统的地理户外教学将转化为信息化户外教学,这将直接导致以下几个变化:①户外教学将不再局限于使用传统的纸笔工具,地理信息技术的应用将走向"田野",中学师生可根据教学的需要输入地理数据或从数据库中提取地理数据;②过去的静态纸质地图扩展到动态交互的三维电子地图,借助各种信息技术,可以把各种户外的图像、视频、音频、图表等融入电子地图中,更好地衔接了电子地图与户外实地场景,符合中学生的空间认知规律。

在基于地理信息技术的地理户外教学中,学生的认知模式也不同于传统的户外教学,学生的认知模式如图 4-4-15 所示,认知模式分为三个阶段:第一个阶段是室内体验感悟阶段,学生凭借先前的学习与生活经验,根据教师确定的户外教学主题,利用电子地图或者 GIS 进行虚拟户外教学,将自己头脑中原先的地理情境与虚拟的地理情境进行对比、纠正,初步形成与地理现实相符的心像地图;第二个阶段是户外活动阶段,学生通过实地考察、野外观测、社会调查等各种手段,搜集一手地理数据,加入第一阶段准备好的地理数据库,同时在户外环境中体验真实的地理情境;第三阶段为分析总结反馈阶段,学生借助 GIS 等技术,对各种地理数据进行分析,把分析结果以可视化的方式呈现,比如生成专题地图或统计图表,对头脑中的心像地图进一步修正,形成对户外教学所在区域的空间认知。

这种认知模式的教学过程与传统户外教学区别不大,也是从室内到户外再到室内,其最大的区别在于:①把真实的地理情境与虚拟的地理情境通过地理信息技术形象直观地连接起来,可突破时空的限制,有利于学生把理论上的认知结果迁移到户外场地;②体现了建构主义理论,先让学生自己对比原先的心像地图与虚拟地理情境,再根据实地探究学习,进一步修正心像地图,最后根据对户外地理数据的分析,完善心像地图。①

---

① 苏小兵,薛耀锋,李治洪.支持中学地理研究性学习的电子教学地图设计及应用开发示例[J].电化教育研究,2013(2):111-115.

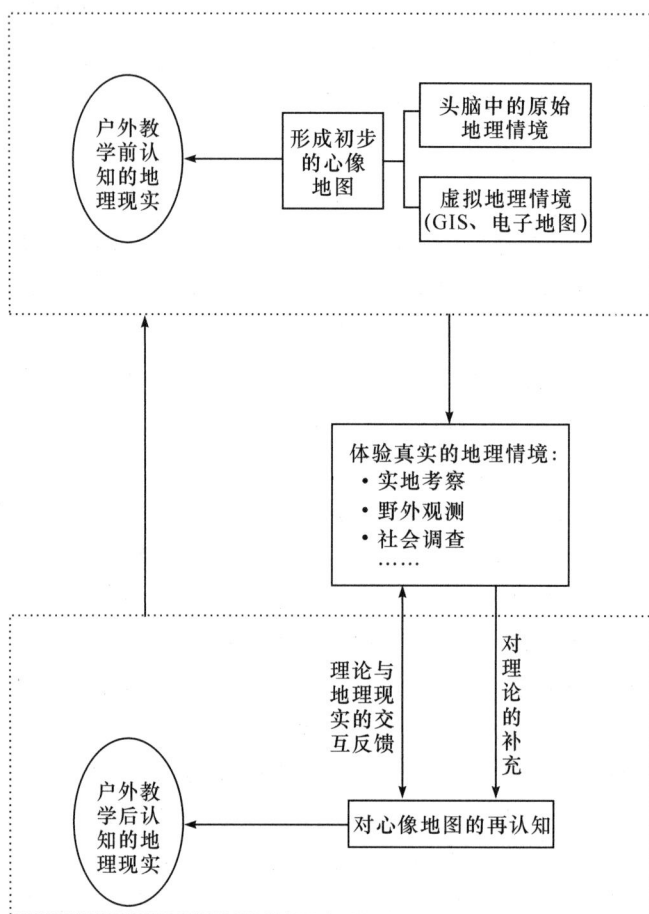

图4-4-15 基于地理信息技术的地理户外教学中学生的认知模式

(四)教学过程

在国外,基于地理信息技术的地理户外教学通常分为三个阶段,分别是户外教学的准备阶段、户外实地学习、后续反馈。[①] 但笔者通过调查发现,我国中学阶段地理信息技术尚未得到很好的普及,地理户外教学也未能广泛开展,为了让学生了解相关基本知识,笔者建议在户外教学正式开展前再添加一个知识技能储备阶段。

---

① Warburton J, Higgitt M. Improving the preparation for fieldwork with "IT"：Two examples from physical geography[J]. Journal of Geography in Higher Education，1997，21 (3)：333-347.

1.知识技能储备阶段

根据我国的现状,在中学阶段如果想结合地理信息技术有效地开展地理户外教学,需在正式开展户外教学前,让学生和地理教师熟悉地理户外教学与地理信息技术的基本内容。鉴于中学阶段的课程设置,很难给户外教学安排单独的课时,因此笔者建议户外教学正式开始前的预备工作应在零散的时间分散进行,比如利用几个星期的选修课,让师生熟悉以下相关内容。

(1)地理户外教学的基本常识

关于这一方面,中学阶段无须深入学习,只要了解地理户外教学的基本类型、作用即可,另外需要特别强调的就是户外教学中的安全问题。

(2)地理信息技术的基本操作

为了更高效地开展地理户外教学,同时考虑到教学实情,建议在户外教学的预备阶段,要求学生掌握以下关于地理信息技术的内容,具体如表 4-4-8 所示。①

表 4-4-8　需掌握的地理信息技术知识

地理信息技术的类型	基本操作
● 全球定位系统(GPS) ● 电子地图(百度地图、Google Earth) ● 地理信息系统(GIS)	● 利用 GPS 确定坐标、导航 ● 能在手机或电脑上使用各种电子地图定位、导航,制定出行路线,确定教学范围 ● 能在 ArcGIS 中加载图层,配准,建立地理数据库

依据现在中学生的特点,绝大多数学生熟悉计算机和手机等电子设备的基本操作,能快速学会电子地图的使用。但是 GIS 的应用对中学生甚至地理教师而言有较大难度,为了克服这一问题,在户外教学的预备阶段,地理教师首先得熟悉 GIS 的常规操作,在自己能熟练操作后,再向学生讲授。鉴于中学生的学习时间和接受能力有限,如果学生未能熟练使用 GIS,则建议在一些共有的功能中尽量使用其他方法,比如定位、选址、出行路线的确定可使用电子地图替代 GIS。同时,考虑到 GIS 强大的分析、展示功能,GIS 在地理户外教学中又有其独特的价值,因此 GIS 不能完全舍弃,其操作可以

---

① Placing K，Fernandez A. Virtual experiences and the NSW stage 6 science syllabuses[J]. Computer Software，2001:6.

以教师为主,学生主要负责采集户外地理数据,至于 GIS 在户外教学中的应用主要在于让学生体验一下其功能,以及改善地理户外教学的质量。

(3)搜集地理户外教学资源

合适的地理户外教学资源也可为基于地理信息技术的地理户外教学提供不少参考。美国 ESRI 公司为地理户外教学提供了以下网络资源,总结如表4-4-9所示。

表 4-4-9　ESRI 提供的网络资源

网络资源网址	资源类型
http://edcommunity.esri.com	教育社区门户
www.esri.com/schools	基础教育网站
www.esri.com/arclessons	可搜索的课程数据库
www.esri.com/educ	ESRI 教学用户会议
www.esri.com/esripress	关于 GIS 软件与应用的书籍
www.esri.com/mapmuseum	为 GIS 用户提供的案例地图
http://training.esri.com	ESRI 培养与教学
www.gisday.com	关于全球公共事件的网站
www.geographynetwork.com	海量 GIS 数据

软件选择和硬件要求则如表 4-4-10 所示。

表 4-4-10　软件选择与硬件要求

软件	操作系统	系统要求
ArcView9 及针对 Windows 的拓展功能	Windows 2000,XP 及以上操作系统	800MHzCPU 及以上,RAM 大于 256MB,磁盘空间大于 1GB
ArcGIS Explorer	Windows 2000,XP 及以上操作系统	800MHzCPU 及以上,RAM 大于 256MB,磁盘空间大于 1GB
ArcExplorer^{TM},Windows 版本	Windows2000,XP;JRE 1.4.2	奔腾或更高级别的处理器,RAM 大于 32MB,磁盘空间大于 25MB
ArcExplore,Macintosh 版本	MacOS 10.2 及以上,JRE 1.4.2	Macintosh G3 或更高级别的处理器,RAM 大于 32MB,磁盘空间大于 25MB

软件	操作系统	系统要求
ArcPad	详见 www.esri.com/arcpad	
ArcGIS Server	详见 www.esri.com/arcgisserver	
ArcIMS	详见 www.esri.com/arcims	

2. 户外教学的准备阶段

在之前的知识技能储备阶段中,学生已经对地理信息技术及户外教学有了一定的了解。接下去就要正式开展地理户外教学,分三个阶段进行,其中有些内容与地理信息技术的使用将贯穿整个户外教学,三个阶段的教学是相辅相成的。基于地理信息技术的地理户外教学的系统架构如图 4-4-16 所示。[①] 地理数据库贯穿了整个教学过程,原始地理数据库是由较易获得的地理数据组成的,以二手数据为主,主要是一些人口数据、土地使用面积等。专题地理数据库是由师生利用在户外采集的一手地理数据,对原始地理数据库进行补充完善后生成的,为专题地图与统计图的制作提供素材。这些地理数据可以通过现代信息技术实现共享。

户外教学的准备阶段要以简介为主,对学生先前的户外经验进行优化,以减少学生的疑惑。有效的地理户外教学简介,应聚焦于实地考察的宗旨与目标,以及户外活动的范围,户外学习的结构化流程和实践性。学生须完成分组,明确学习内容,熟悉户外教学的程序,并确保在户外教学中能顺利地使用相关信息技术,如果有困难,应立刻向教师反馈,以便进一步熟悉地理信息技术的操作,或者取消一些难度确实很大的内容。

在准备阶段,3S 技术与其他信息技术可完成以下内容:

1)介绍学习背景:介绍本次地理户外学习的背景,阐述开展地理户外教学的原因。

2)介绍户外学习的目的与宗旨,开展户外教学的流程,以及评估方法。

3)强调户外教学的安全问题。在准备工作中,要讲清安全装备与适宜衣服、个人健康、危险区域和应对突发事件的应急措施等。

---

① 苏小兵,薛耀锋,李治洪.支持中学地理研究性学习的电子教学地图设计及应用开发示例[J].电化教育研究,2013(2):111-115.

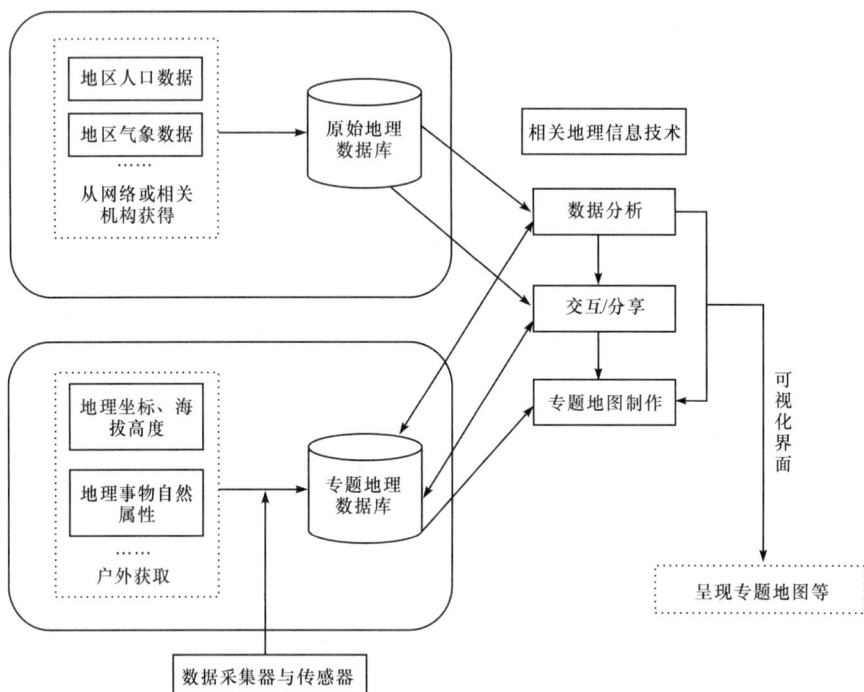

图 4-4-16　基于地理信息技术的地理户外教学系统架构设计

以上三点，均可采用 PPT 与其他电子文档进行阐述，并配以一些示意图。

介绍行动路线及户外活动的地理环境，包括自然环境与人文环境，建立地理数据库。户外活动的地理环境与教学实践直接相关，提前熟悉了户外活动场地，可以降低学生在户外实地学习中的新鲜感，以便学生能集中注意力关注教学主题，减少地理环境中不必要的干扰。教师可以利用电子地图展示户外活动场地的地图，利用电子照片呈现各种实地场景，也就是开展虚拟地理户外教学，可帮助学生建立地理空间的概念，具体操作如下。

第一步，依据户外教学的主题由教师确定地理户外教学的场所或由师生共同选择户外教学地点。将户外教学地点所在的区域利用 Google Earth 等电子地图展示，规划好户外活动区域，使学生形成初步的地理空间概念。同时，也可以利用电子地图的照片功能，展示部分地点的实景照片，以便帮助学生提前熟悉户外场地。

第二步，确定活动路线，制定安全保障措施。在大致熟悉户外教学地点后，可以利用电子地图制定行动路线，在室内以计算机为工具，在电子地图中输入出发点与目的地，便可了解可供选择的行动路线。在路线的选取上，除了考虑时间与经济因素外,最为重要的是安全问题,教师应根据路线,尽可能地考虑周全,在地图上画出危险区域,严禁学生涉足,并制定好应急措施。此外,还要在行动路线中确定几个具体的考察地点,以便实地考察中有更强的针对性。

第三步,建立地理数据库。地理数据库的建立可使用 GIS,推荐使用 ArcGIS,考虑到中学生普遍没接触过 GIS,对学生而言其操作难度较大,因此地理数据库的建立应尽量以教师为主,学生重在体验。地理数据库的建立要满足以下要求:①允许师生按照约定的格式成批导入相关的地理数据;②能根据不同的要求,对各种地理数据进行分析,生成对应的专题地图、统计图等。[①] 地理数据库又可分为地理空间数据库与要素数据库。

3.户外实地考察阶段

户外实地考察是户外教学的关键部分,在基于地理信息技术的地理户外教学实地考察过程中,地理信息技术的具体作用包括地理数据的采集、路线导航、安全保障这些方面。

(1)地理数据的采集

地理数据的采集有以下两个途径。第一,直接在户外采集数据。师生用专用传感器(比如数据线等)连接数据采集器(GPS、手机等),也可使用无线传输的方式将移动设备采集的地理数据输入计算机中。在户外,学生一般都需搜集活动地点的经纬度、海拔高度这些基本的地理空间信息,另外再根据教学主题针对性地搜集其他地理数据,诸如绿化率、水域面积等,这些数据的采集需借助各种电子地图或 GIS 完成计算。如果需搜集地理景观的分布格局、属性特征,可在实地拍摄照片与视频,然后把这些多媒体素材上传到地理数据库中。利用地理信息技术建立的地理数据库除了储存容量大、管理便捷之外,也可以在学生之间或者校际之间快捷地实现资源共享。第二,从一些公共服务部门获取地理数据,比如当地的人口数据、粮食数据、土地规划等,需注意的是很多数据由于成本高、涉及机密,一般学校难以获取,因此教师应事先考虑好需要的数据类型,尽量选择易获取的地理数据作为搜集对象。

(2)路线导航与安全保障

在户外教学的准备阶段已经阐述过路线的制定,在活动过程中,师生可以依据事先制定的路线实地考察,利用合适的电子地图或 GPS 导航,沿途依

---

① 苏小兵,薛耀锋,李治洪.支持中学地理研究性学习的电子教学地图设计及应用开发示例[J].电化教育研究,2013(2):111-115.

次在事先确定好的各个考察点采集地理数据，即时输入地理数据库。

在户外活动的时候，很多风险是可以规避的。在迷路时，师生可以利用 GPS 进行定位，同时携带手机进行通信，而且现在的智能手机和 APP 往往都含有定位功能，可以即时地发送所在位置。在选择工具定位导航时，须考虑两方面的因素。①中学学校的经费有限，不可能购买高精度的 GPS，也不可能做到学生人手一个 GPS，如果能选用手机定位时，尽量使用手机，并且手机也比 GPS 更容易操作。②信号问题，在空旷的野外，GPS 容易接收到信号，而在城市建筑物较多的地方，信号易被阻挡，而手机内部的定位应用比如百度地图、高德地图往往在大城市的定位精度更高，在野外自然环境中，定位效果不好，因此如果户外教学地点在空旷的野外，建议分组时，小组规模尽量大一点，以便使用数量有限的 GPS 定位；如果户外教学地点在城市环境中，分组时小组规模可大可小，除了需要采集精确地理坐标的学生持有 GPS 之外，其余成员可使用手机导航。

4. 后续分析、评价与反馈阶段

在户外实地考察结束后，便要依据在准备阶段制定的目标对搜集的户外资料进行分析，分析结论除了常规的文字报告外，最好能生成相关专题地图或统计图表。进行户外考察的后续分析时，可使用 Excel 对大量地理数据进行统计处理，也可使用 ArcGIS 生成特色鲜明的专题地图、统计图。

此外，还需对户外教学进行评价反馈。评价应包括两方面内容：一方面是针对学生本次学习效果进行评价，另一方面是对本次户外教学的开展情况进行分析，聚焦于地理信息技术在户外教学中的支撑作用，总结本次户外教学有哪些不足之处，有哪些值得借鉴的地方，为今后户外教学的组织提供经验。

【教学案例】

地理户外教学示例

●学情分析

本次地理户外教学的对象是高中学生（以高一、高二学生为主），学生具有一定的地理常识，计算机操作与学习能力较强，但对地理信息技术很陌生，空间分析能力较弱。户外教学过程中需充分利用学生的优势，回避劣势。

●教学内容和选材依据

1. 教学内容

以湘教版高中地理必修二第二章为参考内容，在学习城市化与城市空间结构时,如果时间允许,可以结合所学内容,研究学校所在区域的城市化状况。探究学习内容具体包括:①不同地区人口密度与总量的变化;②城市土地利用类型及其随时间发生的变化。

2.选材依据

(1)户外教学的内容正好与地理教学相符,是课堂教学的延伸;

(2)在实际教学中,在分析人口密度与土地利用类型分类时,对中学生无须提出过高的要求,不会涉及复杂的地理信息技术操作,师生能较快上手。

●教学条件分析

1.教学需要的软硬件要求

(1)几台运行速度较快的台式电脑与笔记本电脑;

(2)ArcGIS9.2或以上版本的GIS软件;

(3)流畅的网络以确保能顺利地在电脑上使用Google Earth、百度地图等电子地图;

(4)GPS及智能手机、数码相机(也可用手机替代)。智能手机上应安装好百度地图等导航应用。

2.师生必备技能

结合实情,现在教师与学生的计算机应用能力与学习能力都比较强,对于电子地图及GPS的使用,稍加学习,普遍能顺利地应用于地理户外教学之中。

但是,GIS对于中学生而言往往是第一次接触,甚至对很多地理教师而言都很难掌握,为了在地理户外教学中能顺利使用地理信息技术,尽量避免GIS中复杂的操作,同时也要尽可能地使用GIS中一些独特的功能。比如在讨论土地利用类型、人口密度时掌握以下基本操作即可。

(1)加载地图底图。

关于熟悉户外教学场所的地理概况,使用电子地图即可,但如果要生成专题地图或统计图,就须使用GIS,首先得加载相关数据图层,再配准。

考虑到Google Earth或百度地图等电子地图下载后,再加载到ArcGIS中对中学师生而言有一定的难度,因此建议在电子地图上对户外活动所在区域进行截图,把栅格图直接加载到ArcGIS中,再配准。

(2)生成专题地图。

这里涉及的内容不是很多,主要包括缓冲区分析、空间属性数据录入、地图数字化等,但对中学生而言难度依然很大,建议地理教师只需确保自己能熟练地操作,以便帮助学生生成特点鲜明的专题地图,学生重在体验GIS

的这些功能。

总体而言,GIS 在地理户外教学中可以使用,但也要考虑到中学生的现有能力,GIS 的使用应以教师为主,学生以观摩体会为主。

●主要教学目标

在地理户外学习过程中通过地理信息技术的使用,能更清晰地描述城市化过程中土地利用格局与人口的变化。

●教学过程

笔者根据实情,以杭州火车东站附近地区为例,设计关于城市化的地理户外教学。具体过程设计如下。

1. 户外考察前的室内准备

(1)利用电子地图查询户外教学地点,制定路线。

这个过程是在室内完成的,可让全班学生观察教师在主机上的演示,如果条件允许,也可学生人手一台电脑,自主查询杭州火车东站的地理位置,以及火车东站附近的地理事物,各种电子地图都可使用。

由于要探究城市土地利用格局的变化,还需了解不同时间火车东站所在区域的土地利用情况,这就需要使用 Google Earth 的时间轴功能,呈现不同时间点杭州火车东站区域的卫星地图,如图 4-4-17～图 4-4-20 所示,并让学生比较 2000 年、2009 年、2011 年和 2015 年杭州火车东站地区的地图,分析这些年来杭州火车东站地区的土地利用发生了哪些变化。活动路线的制定包括两方面的内容:第一,制定从学校到杭州火车东站的交通路线,包括时间安排、就餐、交通方式这些方面;第二,选取特定的考察点,在地图上标出考察点,以便让学生有针对性地搜集户外地理数据,以提高户外考察的效率,如图 4-4-24 所示。

图 4-4-17 2000 年杭州火车东站地区

图 4-4-18 2009 年杭州火车东站地区

图 4-4-19　2011 年杭州火车东站地区

图 4-4-20　2015 年杭州火车东站地区

（2）活动路线的制定

2. 户外实地考察

（1）利用 GPS 采集特定地点的地理坐标，也可通过电子地图查询到相应的经纬度。

（2）用智能手机或相机拍摄实地照片，即在特定地点有选择地拍摄典型地理事物的照片，包括主要植被、建筑物、水域、道路等景观，具体可参照湘教版高中地理必修二第二章第 29 页的"我国土地利用现状分类"表，依据表格中的项目取景。

（3）如果条件允许，可实地测量不同类型的土地面积，当然考虑到测量仪器及中学生的实践能力，土地面积的测量也可以在户外活动结束后，在室内利用 Google Earth 等电子地图或 ArcGIS 测量得出结果。

（4）去有关部门获取当地的人口数据。

3. 后续分析、反馈与评价

（1）地理数据分析。

户外考察结束后，回到室内首先需对搜集的地理户外数据进行进一步的整理归类，主要是继续参照"我国土地利用现状分类"表，对在户外获取的照片进行归类，同时对归类时存在疑问的景观照片在师生讨论的基础上进行判断。然后，利用 ArcGIS 对关于户外活动地点的不同时间段的地图进行数字化、再计算出不同类型的土地面积，生成关于"土地利用变化"和"人口密度及人口变化"的专题地图，ArcGIS 的操作便以教师为主，在生成专题地图后，布置学生根据专题地图完成本次地理户外教学的报告。

（2）反馈与评价。

首先，教师要根据学生在户外教学中的表现情况，以及学生上交的报告进行综合客观的评价。

此外，教师要总结本次地理户外教学中值得借鉴的经验，针对遇到的困难讨论解决措施。为了较客观地分析基于地理信息技术的地理户外教学效果，可让学生在课后回答以下问题（见表 4-4-11），教师依据学生的反馈情况再做改进。①

表 4-4-11　关于户外教学的反馈问题

	问　题
地理内容	● 通过户外学习，能否简单地呈现自己的户外发现 ● 是否知道如何采集一些常见的地理数据 ● 通过户外学习是否能真正学到地理知识
地理信息技术方面	● 能否分析地理数据，生成相应的专题地图、统计图等 ● 能否使用各种电子地图，快速地查找地点、制定路线
地理与地理信息 技术的综合	● 能否分析地理数据，生成相应的专题地图、统计图等 ● 能否使用各种电子地图，快速地查找地点、制定路线

① 　Wechsler S P，Pitts L A. GIS in high school integrates geography with technology： a case study[J]. The California Geographer，2004(44)：38-54.

第五章　地理"田野"学习评价

长期以来,我国地理教学较为注重理论学习、地理实践能力不足的问题广受各方关注。因此,地理实践能力成为当前地理课程改革的关注热点。我国当前地理野外考察等有助于培育学生地理实践力的学习活动难以有效开展,其中一个重要的原因是落后的评价方式制约了地理"田野"学习的有效开展。本章在对国外相关评价理论和实践进行比较研究的基础上,着重构建了地理"田野"学习的表现性评价和纸笔测试评价等方法,以期对解决我国长期以来制约地理"田野"学习有效开展的评价问题进行探索。

第一节　概念界定与文献综述

一、相关概念界定

(一)学习评价

现阶段的学习评价普遍存在较大的问题,而要突破传统评价的束缚,首先要认清几点:评价并不仅仅是一场考试,而考试不应被狭隘地定义为笔试,书面笔试又不应都以客观题型为主。这样,就需要先弄清学习评价的概念。

"评价"一词出现已久,其主要的含义是判断事物的价值,并得出一个合理的结论。① 学习评价主要是基于教学活动中学生所体现的行为和表现，是对学生进行综合的检测，包括知识、技能、态度品德等多方面。因此，学习评价还有诊断问题、反馈信息、调控方向等功能。②

（二）控制评价

控制评价（controlled assessment），是英国中等教育考试制度 GCSE 评价方式的一种，属于内部评价。原被称为"课程作业"（course work），2009年出现了"控制评价"（controlled assessment），③至此，控制评价与课程作业并存，但更多地侧重于控制评价。其分数占考试学科的比例为 20％～35％，地理在该部分所占比例为 25％。④ 控制评价的题目与评价标准都是由各考试委员会确定的，但为保证校内测评的可信度，各考试委员会都会在学校组织"控制评价"时派校外人员参加。各考试委员会对"控制评价"的各个环节（从标准制定到评定）进行监督与管理，并在必要时做出调整，对于校内测试的人员也会给予相应的指导与培训。⑤ 校内评价有时还包括在课程结束时，对学生的表现进行综合评价，主要目的是评价学生对于某门学科的掌握情况，也就是检验学生能否理解与综合运用所学学科的知识与技能。⑥

二、文献综述

（一）我国地理户外学习评价综述

我国对地理学科户外学习评价的研究存在较大空缺，对地理户外学习评价的研究主要是针对高校地理专业学生野外实习成绩评价体系展开的，对于初高中学生地理户外学习评价的研究几乎为空白。高校地理野外实习成绩评价的研究分别进行了不同评价体系的划分，具体总结为表 5-1-1 所示三种体系。

①② 伊娟.优势视角下的初中地理学习评价方法研究[D].武汉：华中师范大学，2013.

③ Ofqual. Review of controlled assessment in GCSEs [R]. London：Ofqual，2013：3.

④ 冯生尧.英国高考中的表现性评价：中心评审课程作业[J].比较教育研究，2006(8)：78-82.

⑤ 王立科.英国高等院校招生考试研究[D].厦门：厦门大学，2007.

⑥ DFEE. A level curriculum will guarantee standards[R]. London：DFEE，1999.

表 5-1-1　研究者对我国高校地理野外实习评价体系的研究

研究者	地理野外实习评价体系	实施方式
吕宜平[①]	过程评价:态度、意志、知识与技能的应用,动手操作能力,获取与处理信息能力,分析与解决问题能力 成果评价:实习总结、技术成果、实习答辩	教师融入学生当中进行情景检查与现场测验,学生撰写实习总结报告
赵怀琼[②]	德:专业思想、道德品质 能:专业技能、专业水平 勤:目的态度、组织纪律 绩:实习报告、思想总结	指导教师组织进行考评,学生自我对照标准进行总结与评定
王小雷[③]	准备阶段:物品、资料、指导书、态度与道德 思想作风:纪律、意识、精神、专业思想 专业素养:操作技能、野外记录、综合能力 实习讨论:问题创新、实习小结 实习效果:实习报告、思想总结	通过自我评定、小组评定、指导教师评定等三种方式对每位同学进行各项指标的问卷调查

我们可以发现,三种评价体系都有根据野外实习制定符合三维目标的评价项目,但缺少对每个评价项目具体细致的评价标准说明,导致评价过程缺乏科学客观的理论依据。并且评价方式多采用总结报告或问卷调查的形式,评价方式较为单一。另外,这些评价研究多是基于开展自然地理野外实习进行的,缺少人文地理方面的户外学习评价研究。总的来说,当前的研究还不够全面,对研究的深入还有较大的空间。

(二)英国中等教育考试制度综述

英国开展户外教学历史悠久,在地理户外学习评价方面已拥有丰富的经验与成果。国外学者对中等教育考试制度中户外学习评价的研究主要是针对其中的"控制评价",也就是课程作业这种评价方式的弊端进行的。比如质疑本已模块化的课程再引入受控评价,可能造成学科内容过分细碎,不利于学生对学科概念的整体把握。[④] 我国对英国中等教育考试制度 GCSE 和 A-level 的研究主要集中于化学与物理学科,对地理学科的研究较少。学

---

①　吕宜平. 地理野外实习的教学模式与评价探讨[J]. 高等理科教育,2006(2):78-82.

②　赵怀琼. 自然地理综合野外实习成绩评价指标体系[J]. 实验室研究与探索,2001(1):119-120.

③　王小雷. 自然地理野外实习模式、实习成绩评价标准及方法研究[J]. 南京晓庄学院学报,2013(5):114-118.

④　QCA. GCSE qualification and subject criteria[R]. London:QCA,2007.

者陈颖斐对英国 GCSE 地理学科中的"控制评价"有所研究,介绍了地理学科"控制评价"三个维度的任务设定、任务执行、任务评价,并对三个准度的控制程度进行了简要说明,如表 5-1-2 所示。[①]

表 5-1-2　地理控制评价三个维度的控制程度

维　度		控制程度
任务设定		高度控制
任务执行	研究与数据的搜集	有限控制
	对发现的事物进行分析和评估	高度控制
任务评价		中等控制

　　除此之外,该学者还对任务执行中数据搜集与分析评价中真实性、反馈、协作、时间和资源等这些方面的操作形式做了进一步说明。[②]

　　学者丁尧清对英国 GCSE 地理课程纲要进行了介绍,内容包括学科目标、学科内容、实地调查与评估、地理技能的使用等。[③] 由此可见,我国学者也逐渐关注英国中等考试制度地理学科的研究,但对地理户外学习所进行的"控制评价"研究甚少。因此,无论是对"控制评价"中的地理户外评价方式、英国地理户外评价的其他方式还是英国 A-level 地理户外学习评价的研究都有进一步研究的必要。

（三）研究评述

　　地理户外学习模式的基本要素与科学探究模式类似,都包括提出问题、进行假设、制订计划、搜集数据、得出结论。虽然我国在户外学习评价方面的研究存在较大空缺,但对科学探究能力评价已有了较丰富的研究。罗国忠教授把科学探究分为两大类:引导性探究和开放性探究。罗教授通过一系列数据对比得出:开放性探究环环相扣,构成一个疑似的产生式系统,适用于评价高级的整体探究能力;引导性探究并没有构成一个产生式系统,适

　　① 陈颖斐.受控评价在英国 GCSE 地理课程中的运用[J].中学地理,2009(1):117-118.

　　② 陈颖斐.浅析英国中学地理课程中新评价模式的运用[J].继续教育研究,2009(2):173-175.

　　③ 丁尧清.英国最新高中地理课程纲要——普通中等教育证书(GCSE)地理学科内容[J].地理教学,2016(8):28-30.

用于评价初级的离散探究能力。[①] 英国中等教育考试制度 GCSE 地理户外学习评价所采用的"控制评价"是一种开放性探究,它并没有提示与引导,需要学生自主探究,最后将过程与结果表示在报告中。

结合对相关文献的梳理,笔者确定了本书的研究方向。首先,针对我国初高中生的身心发展特征找到大致相仿的对象所使用的地理户外学习评价方式,比如英国 GCSE 所采用的"控制评价",IGCSE 和 A-level 所采用的纸笔测试。其次,对这几种评价方式进行深入的研究,包括其中的评价标准、评价内容和评价方法。最后,对以上方式进行评析,从中得出对我国地理户外学习评价的启示。

第二节 纸笔测试

地理户外教学在国外已有悠久的历史,随着我国课程改革的推进,地理户外教学的价值和必要性在我国逐渐得到重视。然而,如何对地理户外学习进行有效评价,尤其是在大规模高利害的考试如中考、高考中体现地理户外学习所习得的知识与能力,一直是影响地理户外教学有效推进的瓶颈。

英国中等教育考试制度的主要特点是以资格证书考试作为运行模式。在经过了几次改革后,现今的中等教育考试制度已逐步成熟与完善。地理作为中等教育的重要学科,对其户外学习评价方法的制定与实行也形成了一套完整的体系。英国中等教育考试制度分为 GCSE 考试和 A-level 考试,本书从这两项考试入手,探究其对地理户外学习评价所采取的主要方式与方法,为我国地理户外学习评价方法的研究提供借鉴与启示。

一、英国 GCSE 考试制度及评析

(一)简介

中等教育普通证书考试(General Certificate of Secondary Education, GCSE),是英国 1988 年开始实施的新的考试制度,它取代了之前实行的普通教育证书一般水平考试(General Certificate of Education Ordinary level, GCE O-level)和中等教育证书考试(Certificate of Secondary Education,

---

① 罗国忠.科学探究能力评价的适切性研究[J].全球教育展望,2011(3):88-91.

CSE),保存至今。① 英国 GCSE 考试制度,是针对所有完成义务教育阶段学生提供的一种比较统一的、公平的考试制度,包括海外学生和成人。英国5~16 岁的青少年都须接受 11 年的义务教育,并且在关键学段 4(Key Stage 4)结束时(最后一年接受义务教育,一般为 16 岁)都须参加 GCSE 考试,每位学生任选 5 门科目参加考试。目前,GCSE 考试共有 A*、A、B、C、D、E、F、G 八个等级(1994 年为成绩优异的学生增设了高于 A 级的 A* 级)。② 其中 A* 至 C 等级为高级等级,D 至 G 等级为基础等级,③ 未达到 G 等级的考生,得不到 GCSE 考试证书。④ 学生在得到五个 A* 至 C 等级后,可继续进行两年的学习,之后再参加三门(或以上)课程的 A-level 考试。成绩合格后方可进入高校深造。

(二)目的与功能

1. GCSE 考试目的

GCSE 考试解决了过去 CSE 和 GCE O-level 两种考试并行时,由于科目、大纲各不相同所带来的种种弊端,使得学生成绩可以相互比较,给学校管理带来便利,可以较准确地评价和检查教学质量,并且指导教师开展教学。用人单位和高一级的学校也较易对考生进行区分,它主要的目的有:①提高参加考试的学生比率,达到 80%~90%。过去 CSE 考试和 GCE O-level 考试是只为能力较高的 40%~60% 的学生准备的。但 GCSE 考试是为所有有意向取得中等教育普通证书的学生设计的。②为全体参加考试的学生提供一种比较公平的考试标准,从而能够较恰当地评价他们的成绩,并提高成绩的可信度。过去,CSE 考试侧重实用性,GCE 考试侧重学术性,而且两种考试有不同的标准。③实行全国统一的考试标准,便于对学校工作进行评价,便于学校与学校之间进行比较和竞争,这样有利于改进教师的教学工作和学校的管理。④CSE 考试和 GCE O-level 考试合并,有利于学校更加合理地安排师资、经费和设备,减少经济支出,提高办学效益。⑤

① 韩家勋,孙玲. 中等教育考试制度比较研究[M]. 北京:人民教育出版社,2002:19.

② 祝怀新. 英国基础教育[M]. 广州:广东教育出版社,2003:86.

③ 韩家勋,孙玲. 中等教育考试制度比较研究[M]. 北京:人民教育出版社,2002:26.

④ 王桂,等. 当代外国教育——教育改革的浪潮与趋势[M]. 北京:人民教育出版社,1995:17.

⑤ 王桂,等. 当代外国教育——教育改革的浪潮与趋势[M]. 北京:人民教育出版社,1995:17.

2.GCSE 考试功能

虽然英国 GCSE 考试制度为义务教育阶段学生的学习成绩、教师的教学水平提供了一个良好的检测平台。但在实际操作过程中,GCSE 考试制度带来的功能却是多方面的,不仅满足了师生家长、教育部门的需求,还为用人单位和高一级学校提供了参考依据。

(1)义务教育结业考试

英国公立学校对所有 5～16 岁的儿童强制实行义务教育,接受义务教育的学生必须在 7、11、14、16 岁时分别参加全国统一的国家考试,GCSE 考试是学生在整个义务教育结束时(一般为 16 岁)所参加的考试。由于义务教育结束后,有部分青少年就进入了劳动市场,这将直接影响英国劳动力队伍的素质。因此,在部分青少年中学毕业面临就业的情况下,义务教育结束后的考试就必须有相对较好的制度来吸引广大青少年继续在校学习。GCSE 考试在此方面也不断进行调整,使之能更加全面客观地评价学生在义务教育阶段的学习情况,并且能够反映学校教学工作的质量,以完善义务教育。

(2)离校考试

在 CSE 考试和 GCE O-level 考试并行时期,只有 40％左右的学生能够参加中等教育证书考试,自从实行了 GCSE 考试制度以后,虽然参加并通过 GCSE 考试进入第六学级学习的考生明显增多了,但依然有很大一部分学生不能升入高一年级继续学习,而是离校参加工作。这样,GCSE 考试就承担了离校考试的功能,学生参加 GCSE 考试所取得的成绩代表了他们在中等学校教育这个阶段的学业水平。GCSE 考试作为一种离校考试制度,不同于选拔型考试,它是一种绝对评价,评价对象与既定的客观标准即考试大纲的规定进行比较,以判定评价对象的优劣。因此,它没有任何合格指标,没有名额限制,考生成绩只要达标,均可获得证书。

(3)升学证明

要想进入第六学级继续学习,就必须获得 GCSE 证书。《GCSE 国家标准》规定 GCSE 考试成绩一律分为 A＊、A、B、C、D、E、F、G 八个等级,未达到 G 等级的考生,得不到 GCSE 考试证书。[①] 第六学级对学生的 GCSE 考试成绩的要求也有不同,一般来说,综合中学的第六学级的要求比文法中学第六学级的要求更低一些。但综合中学可能要求学生用一年时间补习

---

① 韩家勋,孙玲.中等教育考试制度比较研究[M].北京:人民教育出版社,2002:26.

GCSE课程，取得满意的等级后才能继续新课程的学习。GCSE考试成绩也作为英国大学入学的参考，一般来说，第一学位（本科生）入学的最低标准是3门GCSE考试取得C级以上的成绩，然后再参考其A-level考试证书。但由于高校入学竞争激烈，基本上所有学校都要求5～9门的GCSE考试成绩，对于A-level的考试成绩也要求至少2门，名校甚至要求3门以上。这样，也使得招生过程更加透明，对高校的教育质量起到保障作用。

（4）入职证明

GCSE考试在一定程度上相当于就业证明。英国中学生在完成义务教育后，就可以离开学校，合法地开始工作。GCSE考试则给用人单位提供了可供参考的依据。特别是在2003年普遍开设了GCSE职业科课程后，该课程成绩对无法升学直接就业的学生进入社会具有重要作用，也有部分用人单位对GCSE考试成绩做出了明确要求。[①]

（三）GCSE考试标准制定

由于GCSE考试是对义务教育结束时的学生能力和水平的测试，从另一方面来说，GCSE考试也是对英国义务教育质量的检验与评价。因此，要确保考试的科学性与准确性，必须推行全国统一的国家标准。英国政府中学考试委员会（SEC）英国教育和科学部在1985年颁布了《GCSE国家标准》，主要由"总标准"和"学科标准"两部分组成。《GCSE国家标准》是英国教育史上第一次汇集了地方教育局、学科委员会、中学教师、大学教师、企业组织等多方意见，并在中学考试委员会的指导下用了4年多的时间精心编制而成的。因此，《GCSE国家标准》是GCSE考试的最高标准，是英国政府对GCSE考试管理的主要方针政策。

1. 地理学科标准

（1）户外学习内容要求

地理户外学习的阶段主要可以分为几方面：地理知识的鉴定、计划与组织、搜集数据、呈现数据、分析与结论、评价。本书主要对地理学科内容中与户外学习密切相关的学习要求进行说明，并分析归类这些具体内容所对应的户外学习阶段（见表5-2-1）。[②]

---

① 周月俊.英国中等教育普通证书考试及特点研究[D].重庆：西南大学，2009.
② Ofqual. GCSE subject criteria for geography[R]. London：Ofqual，2012：1.

表 5-2-1 户外学习内容要求

户外学习阶段	学科内容
地理知识的鉴定	鉴定相关的地理问题和地理事件
计划与组织	整合地理技能,编制合适的调查步骤,包括询问技能 能够开展野外调查和户外学习,并使用地理技术与查询技能来协助地理调查,比如 GIS
搜集数据	能够从一系列资料中提取信息,说明问题,比如野外调查、地图、绘图、照片、图表等
呈现数据	学习并正确地使用地理词汇 能够用各种方式表达地理信息,包括写作和制作各种不同图形 能够表述、分析、解释搜集到的证据,用以证明结论,并用恰当的方式向目标对象展示这些发现
分析与结论	通过对数据的分析,得出合理的结论
评价	能够评估搜集、呈现、分析资料的方法运用情况,并能对资料和结论的有效性与局限性做出判定

从学科内容可以看出,标准对于地理户外学习的每个阶段都提出了学习要求,本书选取户外学习委员会(Field Studies Council,FSC)设计户外学习案例,分析标准中的学习要求在地理户外学习中的具体体现,详见表5-2-2。①

对于地理户外学习标准中的学习要求在教学中基本都能具体体现,主要还是围绕问题的提出、数据的搜集与呈现、分析与结论、评价进行的。这对我国开展地理户外教学提供了良好的借鉴。

表 5-2-2 FSC 河流地貌户外学习

户外学习阶段	学习要求及说明
地理知识的鉴定	在开始调查之前,学生需要知道河流、流域、分水岭、外力作用(侵蚀、搬运、堆积)、河流地貌(河谷、瀑布等)相关概念与知识 思考户外调查的问题,如河流下游是如何改变的? 为什么河流凸岸多沉积 针对所要调查的问题进行相关假设,比如:河流的宽度从源头开始增加了,河流的流速从源头开始增加了
	说明:这里主要体现了对于地理知识的理解。只有理解相关地理概念与知识,才能为接下来户外调查中制定目标、分析数据、得出结论、评价打下扎实基础。"地理知识的鉴定"主要要求学生思考户外调查相关地理问题并进行相关的假设

① Gcse geography [EB/OL]. (2016-03-22) [2016-12-03]. http://www.geography-fieldwork.org/gcse-geography/river-landscapes.aspx.

续表

户外学习阶段	学习要求及说明
计划与组织	基于本次调查的问题,其调查步骤包括:选择一个合适的户外调查地点;测量河流的流速、深度、宽度、湿周、梯度等;搜集辅助数据;数据呈现;得出结论;评价
	说明:本部分要求学生能够针对所要调查的地理户外目标,制定出内容合理、结构清晰的调查步骤,这是进行一次良好的户外调查所必需的技能
搜集数据	本次户外调查从源头到下游至少需要选择五个不同的调查地点,然后用流速仪或漂浮物测量流速,还需要测量河流的深度、宽度、湿周和梯度等。辅助数据的搜集包括从相关机构的网址、相关的资料中搜集到的数据
	说明:学生基本需要花费一天的时间在户外搜集数据,在户外搜集数据的过程与"户外调查"这一主题最为贴切。学生亲身经历体验户外调查也主要在这一步骤,但要注意搜集数据的技能与方法的科学性,后面的分析才能得出更加合理的结果
呈现数据	数据的呈现主要包括使用表格记录先前五个点的测量情况(河道横截面积、流速、梯度),用折线图记录河流深度的变化,用柱状图记录五个点的横截面积,用饼状图记录推移质的形状大小等
	说明:数据的呈现方式包括表格、线状图、柱状图、饼状图、散点图、带记录的照片等。主要是要能够选择合适的方法,清晰明确地呈现所搜集的数据,并能被不同的对象所理解
分析与结论	说明:根据整合出的数据,从中得出合理的结论,验证假设。这里不仅要求学生能够使用所搜集的数据,还要能联系相关地理知识与技能,科学地分析并得出结论
评价	评价是指学生能够评估搜集、呈现、分析数据的方法的运用情况,并能对数据和结论的有效性与局限性做出判定。如本次数据搜集中,学生发现河流流速的测定结果与先前的假设存在差异,他对自己测流速所用的方法进行评估,发现测量流速所使用的漂浮物在测量的过程中被河流中的石头困住了,导致所测量的流速比真实的流速慢
	说明:评价可以是对数据搜集方法、呈现方法等任何户外调查阶段提出的思考。可以试着从每种方法中发现至少一个问题,评价这种方法的有效性和局限性,并解释每个问题是如何影响结果的

2. 户外学习评价目标

GCSE 与 A-level 地理学科的评价目标(Assessment Objectives,AO)都分为三类:AO1、AO2、AO3,但相对应的要求则有所不同,详见表 5-2-3。

表 5-2-3 GCSE 户外学习评价目标

目标	一维目标	二维目标
AO1	能够回忆、选择、交流关于地方、环境和概念的知识与理解	发展学生的地理知识和对地理概念的理解,并领会这些概念与我们生活的这个变化万千的世界的相关性 理解在发现和解决问题时,态度与价值的重要性
AO2	无论是在熟悉还是不熟悉的背景下,都能应用他们的知识	能够鉴别人与人之间关于世界,以及它的环境、社会和文化的观点相同点与不同点 培养学生成为一名有责任感的地球公民,并意识到如何为可持续发展的未来做贡献 应该使学生在关于更深远的学习机会和职业的选择方面,做出更加周全的决定
AO3	能够选择和使用各种技能、技巧和技术来调查、分析和评价不同的问题	通过野外调查和其他户外教学,使学生能够在真实世界中,应用并发展他们的学习水平。使用地理技能、技术进行调查与分析 学生通过一系列有价值的学习能有所变化,更有灵感,并且能提高地理相关方面的洞察力

评价目标 1(AO1)主要是对地理知识理解的评价,其中也涉及对户外学习的相关地理知识的理解与掌握,不仅影响对地理问题的识别,而且对后期数据的分析与结论的得出也起着关键的作用。评价目标 2(AO2)主要是对地理知识应用的评价,主要包括应用掌握的地理知识为个人的成长、环境的建设、社会与文化的发展进行反思,并做出贡献。评价目标 3(AO3)主要是对使用各种地理技能与技术的评价,更多的是对地理户外学习所必备的基本技能与技巧的掌握。通过户外调查,不仅能加深学生对于所学知识的理解,而且对于学生的能力也有一定的提升作用。

3.评价方案

GCSE 地理考试成绩评定采用成绩授予机构与校内教师相结合的方式:75％的外部评价(external assessment)和 25％的内部评价(internal assessment)。外部评价一般采用正式的纸笔测试,是总结性的标准参照考试。通常由各成绩授予机构组织团队进行阅卷;内部评价一般采用控制评价,其分数占考试学科的比例是 20％～35％,[1]地理在该部分所占比例为 25％。图 5-2-1 展示的是英国 GCSE 考试与成绩授予运行示意图。

---

① 冯生尧.英国高考中的表现性评价:中心评审课程作业[J].比较教育研究,2006(8):78-82.

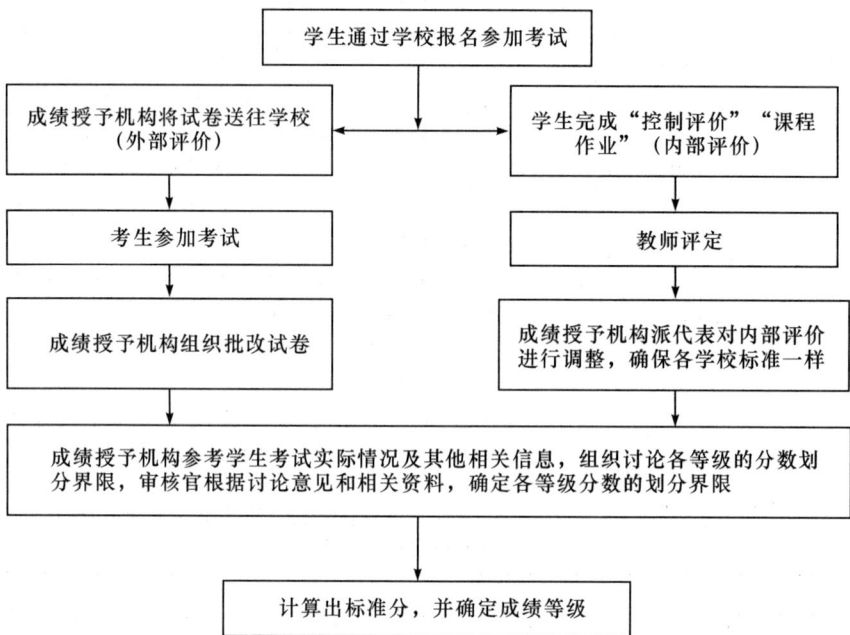

图 5-2-1　英国 GCSE 考试与成绩授予过程

(四)各考试委员会地理户外学习标准研究

GCSE 地理考试依据国家标准有关规定,通常需设置基础水平(foundation tier)和高级水平(higher tier)。若考生只完成基础水平,只能得到 G～C 等级;若考生完成的是高级水平,则能够得到 D～A＊等级。英国大部分考试委员会把 GCSE 地理学科分为地理 A(geography A)和地理 B(geography B)。长久以来地理 B 更加侧重自然地理和自然界,也更加专注它的方法。然而从 2013 年起,由于政府政策的改革,各考试委员会也相应地对地理 A 和地理 B 的标准规范进行了调整,以致这两者之间的差距缩小。现在地理 A 和地理 B 的标准规范已经十分相似,但地理 B 相对于地理 A 来说,仍然更侧重自然地理方面。[①]

1. 控制评价

英国主要的五家考试委员会 AQA(Assessment and Qualifications Alliance)、OCR(Oxford, Cambridge and RSA Examinations)、艾德思、WJEC

① contact us [EB/OL].(2016-02-22)[2016-10-13]. http://www. aqa. org. uk/help-and-contacts 2016-02-22.

(Welsh Joint Education Committee)、CCEA(Council for the Curriculum，Examinations & Assessment)把 GCSE 考试中对野外调查的考察部分采用校内评价，也就是控制评价(controlled assessment)的方式进行。通常 GCSE 地理考试由三至四个单元(unit)组成，最后一个单元(单元三或单元四)为控制评价，前几个单元都为纸笔测试(written paper)。关于地理野外调查的评价部分主要在控制评价中(见表 5-2-4)。

表 5-2-4 英国主要的五家考试委员会的控制评价

考试委员会	地理 A/B	单元	内容简介
AQA	A	单元三：当地野外调查	本部分要求考生采用野外调查的形式调查一个问题或基于当地的假设。主要的数据搜集工作必须在调查中进行
	B	单元三：包括野外调查在内的当地调查和地理事件调查 任务一：包括野外调查在内的当地调查(15%) 任务二：地理事件调查(10%)	控制评价可以在 GCSE 课程中的任意时间进行，但必须确保考生完成了 15% 的野外调查任务和 10% 的调查任务。任务的题目可以通过准确的关键材料获得，考生必须在他们被认证期间完成这项控制评价
OCR	A	单元 A733：当地地理调查	本部分内容采用基于当地的地理调查，要求考生通过应用他们对于地理技能和进程的理解来发展对于当地环境更深层次的意识。要求考生通过户外学习和野外调查发展和应用他们的地理知识
	B	单元 B562：地理调查	本部分由野外调查组成，调查任务为一项假设或一个问题
艾德思	A	单元四：调查地理	学生需要进行一次野外调查并完成报告，他们必须选择完成一项艾德思所提供的主题，主题包括当地可持续发展、河流、海岸、城市土地利用和乡村景观的变化
	B	单元四：调查地理	学生需要进行一次野外调查并完成报告，他们必须选择完成一项艾德思所提供的主题，主题包括沿海环境、河流环境、乡村环境、城市/城镇环境

续表

考试委员会	地理 A/B	单元	内容简介
WJEC	A	单元三：地理调查	任务一：一份基于野外调查的研究（10%）。这是一个基于野外调查，并且需要提供和呈现辅助数据的报告 任务二：一份关于问题解决的决策训练（15%）这一任务基于教师课堂教学和野外工作的个人调查。要求考生从备选核心的主题中挑选相关问题探究，并且用数据展示自己的观点、过程和结论的证明。考生可以选择展示的形式，比如可以是新闻报道、PPT、图片故事、散文或口头描述
	B	单元三：地理调查	考生必须要完成一项基于野外调查和辅助数据的任务，呈现模式是图文并茂的报告
CCEA	不区分	单元三：野外调查报告	考生需从 CCEA 所给的六个选项中，选择一项完成控制评价。这份控制评价需要基于野外调查中搜集到的主要数据完成

英国主要的考试委员会的控制评价大多采用不超过 2000 字的调查报告的形式。考生须从考试委员会所给的几个主题中选择一个完成控制评价，主题每年都会调整，一般情况下，会在考生需要完成控制评价的前两年公布。控制评价虽然属于内部评价，由教师评价完成，但评价标准还是由各考试委员会提供。总的来说，是采用内部评价和外部主导相结合的形式。

对于控制评价所测试的关于地理野外调查的主要技能，除了 AQA 的内容区分地理 A 和地理 B 之外，其余几家主要的考试委员会（见表 5-2-5）均不区分地理 A 和地理 B。

从五家考试委员会的地理户外学习技能要求来看，基本都包括这几个方面：制定调查目标、掌握搜集数据与呈现数据的方法、运用地理知识与技能分析数据、得出合理的结论、评价户外调查过程的有效性和局限性。

表 5-2-5　五家考试委员会控制评价要求的主要技能

考试委员会		主要技能
AQA	A	鉴定一个相关地理问题或假设 整合相关调查技能,并编制一套合理的调查步骤 从一系列不同来源的资料中获得有用信息,包括之前通过野外调查搜集到的数据 描述、分析搜集到的证据,研究和证明结论,并用适当的方式表达结果 评价搜集证据的方法,并提出改进意见。评价证据和研究结论的有效性和局限性
	B	提出恰当的地理问题 从不同来源资料中提取有用信息,比如地图、图表、GIS、教科书、文章、网站、统计数据等 交流发现 呈现并解释发现 用证据得出结论 有效地使用 ICT 展示不同的观点
OCR		鉴定相关地理问题与事件 编制合理的调查步骤 整合包括调查技能在内的地理技能 用不同的方式呈现数据,并得出结论 评价调查中所使用的搜集、呈现、分析资料的方法 评价证据和结论的有效性和局限性
艾德思		鉴定、分析和评价相关地理问题和事件 整合包括野外调查技能在内的地理技能,编制合理的调查步骤 从一系列不同来源的资料中获得有用信息,如地图、照片、绘画、图表,并用这些信息辅助调查 评价搜集证据的方法,并提出改进意见。评价证据和研究结论的有效性和局限性 在地理调查中,使用地理信息系统(GIS)或数字地图等技术
WJEC		鉴定、分析和评价相关地理问题和事件 整合包括野外调查技能在内的地理技能,编制合理的调查步骤 从不同来源的资料中提取有用的信息,包括野外观察、地图、图表、绘图、照片 描述、分析和解释证据,并得出结论。用合适的方式向不同的对象证明结论,交流发现 评价搜集、呈现和分析证据的方法,评价证据和结论的有效性和局限性

续表

考试委员会	主要技能
CCEA	鉴定、分析和评价相关地理问题和事件 整合包括野外调查技能在内的地理技能,编制合理的调查步骤 从不同来源的资料中提取有用的信息,包括野外观察、地图、图表、绘图、照片 评价搜集、呈现和分析证据的方法,评价证据和结论的有效性和局限性

2.传统纸笔测试

在对英国主要考试委员会关于 GCSE 考试中野外调查部分的评价方法研究中,笔者发现在国际中等教育普通证书考试(International General Certificate of Secondary Education,IGCSE)中,对野外调查主要采取传统纸笔测试形式,也就是外部评价。

IGCSE 是目前英国国外 14~16 岁参与人数最多的考试之一,其证书在英语国家均会得到承认。目前这项考试知名度最广的当属剑桥大学国际考试委员会(Cambridge International Examinations,CIE),它和 OCR 同样都是剑桥大学考试委员会(The Cambridge Assessment Group)的组成部分。它所提供的地理野外调查纸笔测试经笔者与其他考试委员会比较,认为有较高的参考性,下面将对 CIE 的地理学科野外调查相关评价标准做详细说明。

CIE 地理 IGCSE 试卷不区分地理 A 和地理 B,分试卷 1、试卷 2、试卷 3 或试卷 4。其中,除试卷 3 为课程作业(coursework),其余都为纸笔测试。试卷 1 和试卷 2 为必考,试卷 3 和试卷 4 任选其一参加。试卷 3 与试卷 4 都涉及野外调查,但试卷 3 课程作业的形式与上文中控制评价类似,都属于内部评价。因此,本部分将主要分析采用纸笔测试的试卷 4 中对野外调查的评价方法说明(见表 5-2-6)。①

---

① CIE, Cambridge IGCSE Geography 0460[R]. London:CIE, 2015.

表 5-2-6 **CIE 地理 IGCSE 试卷 4 户外学习评价方法说明**

试卷 4 考试时间:90 分钟	所占比例:27.5%

考试须回答两个问题,完成一系列基于所给的三个主题的手写任务。问题涉及一系列在野外调查中会使用到的技术与技能。问题主要测试对调查、观察、计算、测量技术的方法的掌握情况,还可能包括对特定主题的适当假设、数据的搜集过程、呈现和分析。它主要是对技能与分析的评价,考生应该对本试卷有一定的认识。对于试卷 4,考生主要是遵循地理调查的路线,试卷 3 中完成课程作业所使用的方法也应该在准备之中

试卷 4 中的调查技能主要有:

制定目标和假设,考生应熟悉户外调查中假设的制定。所考察的假设可能是调查某一地理概念、搜集相关的数据、使用数据分析并得出结论等

搜集数据的调查方法,主要涉及以下方面:询问、观察、计算、测量

数据的呈现技能,包括各种地图、图形和图表

分析。考生必须能够描述数据呈现的形式,这将涉及相关的地理知识和理解,若对这一技能实际操作过,将会提高考生在考试中的准确性

得出结论。考生能够使用搜集到的数据作为证据,判断在任务开始的假设和目标的正确性。同时也需要对所搜集的数据的真实性和搜集数据所使用的方法进行评价

(五)地理户外学习纸笔评价方法及其评析

1. 控制评价

在对比五家考试委员会对控制评价的评价标准后发现,艾德思对于野外调查所需技能的考察有一套较完整和详细的评价标准,分别从调查目标、数据搜集方法、数据呈现方法、分析和结论、评价、计划与组织等六个方面系统地对控制评价进行分段评价。因此,本书选取了艾德思的控制评价为例,分析对户外调查中各方面技能的评价方法。

(1)考试要求

艾德思要求考生在 20 小时的室内与 1 天的户外环境下,完成约 2000 字的控制评价报告。建议时间安排如表 5-2-7 所示。

表 5-2-7 **艾德思对 GCSE 控制评价时间建议**

调查阶段	时间
计划、准备阶段	3 小时
研究、数据搜集阶段(户外)	1 天
研究、数据搜集阶段(室内)	9 小时
分析、总结、评价、完成最终报告	8 小时

(2)评分标准

艾德思的控制评价主要从这几个方面进行考察,包括:调查目标、搜集

数据的方法、数据呈现的方法、分析与得出结论、评价、计划与组织。针对每个方面都有明确的评分标准。具体情况如表 5-2-8～表 5-2-13 所示。

表 5-2-8　"调查目标"评分标准

分值范围	评价详情
0	没有地点与问题的鉴定
1～2	对于问题与事件的鉴定较弱；地点有提及，但不清楚
3～4	对问题和事件有较清晰的鉴定；地点也建立得较好
5～6	对问题和事件表现出明确的中心思想；地点的建立与调查紧密相关

表 5-2-9　"搜集数据的方法"评分标准

分值范围	评价详情
0	没有搜集到数据或搜集的方法
1～3	学生搜集了较少主要的和辅助的数据 缺少对于使用某种搜集数据方法的原因进行说明 学生对主要数据的搜集说明较简略 有限的风险评估 在数据搜集中没有明显体现出对 GIS 的使用
4～6	学生搜集了主要的和辅助的数据，并适当地应用于调查中 适当地对使用某种搜集数据方法的原因进行说明 学生对主要数据的搜集说明较清晰 学生对风险进行了较清晰的评估 在搜集信息中使用了一些 GIS 技术
7～9	主要的和辅助的数据都准确地被搜集，并适当应用于调查中 对使用某种搜集数据方法的原因进行了详细的说明 学生对主要数据的搜集进行了详细的说明 学生对风险的评估做了清晰的参考，并明确地与调查相联系 较好地使用了 GIS 技术，并与所选问题或事件相联系

表 5-2-10　"数据呈现的方法"评分标准

分值范围	评价详情
0	没有数据的呈现
1～4	使用了有限的基本数据呈现方法 方法的使用存在不合适的情况
5～8	使用了较多合适的数据呈现方法 体现出很多的技能 对技能的使用还不能达到较高水平

分值范围	评价详情
9～11	广泛地使用了一系列数据呈现方法,并且十分恰当 体现出很多的技能 对技能的使用体现出较高的水平

表 5-2-11 "分析与得结论"评分标准

分值范围	评价详情
0	没有分析与结论
1～3	提取并描述了数据 对于一些与问题或事件相关的基本结论的描述较模糊
4～6	数据被较详细地分析与解释 在调查报告中,用证据得出了较合理的结论
7～9	通过学生的发现,有详细具体的解释 结论被准确地证明,并使用了适当的正确理论

表 5-2-12 "评价"评分标准

分值范围	评价详情
0	没有评价
1～3	关于调查的评价有限:可能有限地评价了调查的所有方面;也可能是有的方面有评价,有的方面缺少评价
4～6	各方面的评价都能够完成,但仍存在证据搜集的局限性
7～9	对于调查中证据搜集的局限性都能够做出详细的评价

表 5-2-13 "计划与组织"评分标准

分值范围	评价详情
0	调查报告没有任何计划与组织 没有使用地理术语 拼写、语法、标点频繁出错
1～2	调查没有全部完成或者没有完整的逻辑顺序 地理术语的使用不准确或不恰当 拼写、语法、标点频繁出错
3～4	调查报告中能体现逻辑顺序 内容清晰 恰当地使用了地理术语 拼写、语法、标点的使用都较准确

续表

分值范围	评价详情
5～6	调查报告中逻辑顺序清晰,能体现较好的组织与结构 报告中图形的使用配有适当的子标题 恰当地使用了较多的地理术语 拼写、语法、标点的使用几乎没有错误

2. 纸笔测试

CIE 地理试卷 4,作为试卷 3(课程作业)的备选考试,其考试内容涵盖开展野外调查的整个流程。CIE 考试对地理 GCSE 的评价目标有三类:AO1 为对知识的理解;AO2 为技能与分析;AO3 为判断与结论的得出。三种评价目标在试卷 1、试卷 2 和试卷 4 中所占比例也各不相同。

试卷 4 中三种评价目标所占比例情况及三种评价目标中所体现的具体地理野外调查技能如表 5-2-14 所示。

表 5-2-14 CIE 地理 GCSE 户外学习评价标准

	AO1 知识的理解	AO2 技能与分析	AO3 判断与结论的得出	总和
试卷4	5.5%	16.5%	5.5%	27.5%
	对地理问题、事件的鉴定	整合并设计野外调查流程 选择并用适当的方法观察和搜集数据 分析和解释地理数据 选择适当的方法与技术组织呈现数据	得出合理的结论 评价结论和搜集、分析、呈现数据所使用方法的有效性与局限性 提出解决办法	

CIE 地理 GCSE 试卷 4 共有两大题,第一大题主要内容为自然地理,第二大题为人文地理。下面将对试题中所体现的户外学习评价方法进行分析。

【教学案例】

GSCE 试卷地理题

一、圣地亚哥的学生正在研究下游河流的特点,他们想要调查下游河流速度的变化。他们试图测试以下假设:

假设1:下游河流速度增加了。

假设2:河流速度随着河道水力半径的增加而增加。

1.(1)学生选择沿河的五个点进行调查。请提出三个学生在选择调查地点时应该考虑的因素。(3分)

参考答案:这些地点容易获取;与源头的距离,各点之间的距离;远离人类建筑房屋的影响;河水的深度或河道宽度/发生洪水的可能性;速度、急流、水流的强度;是否有危险的野生动物,远离瀑布、急流。(回答三点即可)

评价方法分析:本题主要考查在搜集数据确定考察点的过程中,需要考虑的因素。涉及户外调查中对于搜集数据方法的评价,这些搜集数据的方法要考虑的因素需要相关的地理知识为基础。

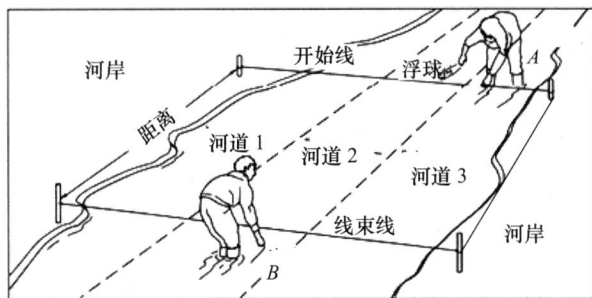

学生测量流速图

2.(1)上图是一位学生绘制的测量速度的方法,请描述这种方法。(3分)

参考答案:把杆子立在河两岸;用绳子跨过河流把相邻的杆子连起来;沿河分别取一个固定的距离(比如10米);学生分别站在固定距离两端;把一漂浮物放入河中;测量漂浮物通过固定距离的时间;在三个河道中重复这一步骤。(回答三点即可)

评价方法分析:本题主要考查学生对数据获取过程的了解情况,涉及评价目标2技能中关于搜集过程中的流程与方法的使用。

（2）另一种测量速度的方法是使用流量计。请描述如何使用流量计。
（3分）

参考答案：把流量计放入河中，需完全浸入河中；螺旋桨必须朝上游的方向；在水中停留适当的（规定的）时间；记录读数；需要获得几次的读数；计算平均值。（回答三点即可）

评价方法分析：本题考查学生对调查中设备的使用情况，涉及评价目标2中，选择适当方法搜集数据，并掌握调查设备的使用。

（4）关于学生的第一个假设"下游河流速度增加了"的结论是什么？用下列数据来支持这一结论。（2分）

下游河流速度变化信息

点	与源头的距离/米	平均速度/（米·秒$^{-1}$）	水力半径/米
1	1.8	0.36	0.05
2	3.2	0.40	0.09
3	5.8	0.62	0.16
4	7.8	0.60	0.28
5	10.5	0.78	0.50

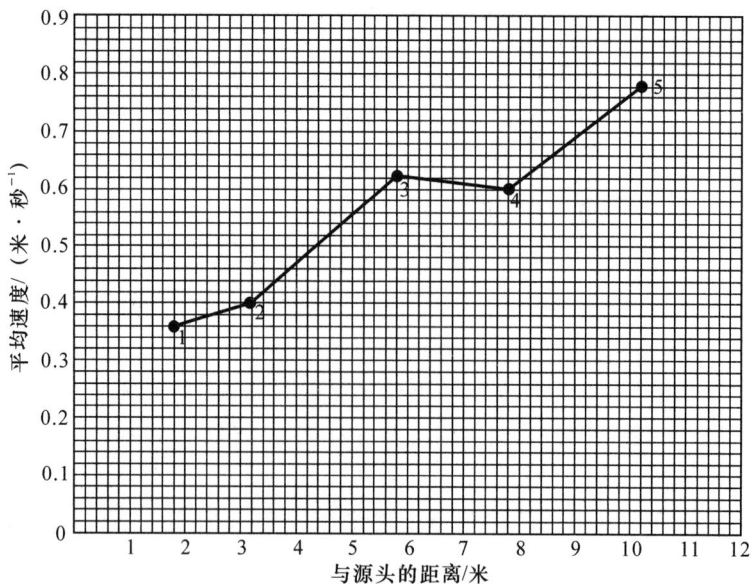

流速与源头距离关系图

参考答案:(1)假设是正确的。整体的速度从 0.36 米/秒增加到 0.78 米/秒,与源头的距离也从 1.8 米增加到 10.5 米;从地点 1 到地点 5,整体速度从 0.36 米/秒增加到 0.78 米/秒;考虑地点 4 的异常,不给分,回答必须支持"假设是正确"这一判定。或者(2)假设是部分正确的。因为在地点 4 发生了异常现象,速度降低了;因此从地点 3 到地点 4 平均速度降低了,或者平均速度从 0.62 米/秒减少到 0.60 米/秒。

评价方法分析:本题不仅考查了学生得出结论的能力,也包括对数据的分析能力,涉及 AO2 技能与分析中分析解释数据和 AO3 中得出的结论。

3.水力半径用于显示河道和流量之间的摩擦力。水力半径的计算公式如下:

$$水力半径＝横截面积/湿周$$

(4)接下来学生要测量湿周。湿周是河流与河道的接触面积。下图显示了测量湿周的一种方法,下表显示的是在学生的野外调查笔记中描述的这种方法。如果要在一条大河中测量,请提出这种方法的两个缺点。(2分)

学生测量湿周图

户外调查笔记

测量湿周

把卷尺放入河道,并穿过河两岸的水面

为了使测量结果更准确,一名学生沿着卷尺横跨过河道

参考答案:河流很深;水流湍急;河流会把卷尺冲走;卷尺不够长;其他不安全因素。(酌情给分)

评价方法分析:本题主要是对测量方法的评价,涉及 AO3 中关于数据获取方法局限性的评价。

二、来自奥克兰的学生正在进行一项关于城市土地利用的研究。下图显示的是土地利用的模型。他们决定通过野外调查来做这项研究。

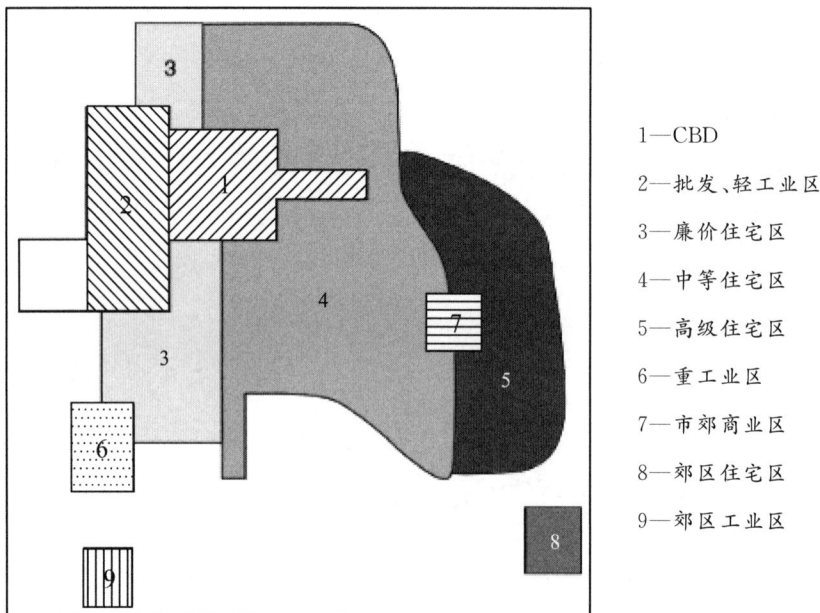

1—CBD

2—批发、轻工业区

3—廉价住宅区

4—中等住宅区

5—高级住宅区

6—重工业区

7—市郊商业区

8—郊区住宅区

9—郊区工业区

土地利用分类模式图

1.(1)为什么在同一个城市有两种不同的土地利用类型,请给出两个原因。(2分)

参考答案:从中心向外发展的传统(规划)政策;自然地理特征,比如河谷、平原或海岸;人文地理特征,比如铁路、公路;土地价格、成本;矿物等自然资源;相冲突的土地利用,比如住宅须远离工业区。(任意两点)

评价方法分析:本题主要考查学生对于图例利用类型相关知识的理解,

以及从图中获取解题相关信息的能力。涉及 AO1 中对于地理知识的理解和 AO2 中从不同资料中获取地理信息的技能。

2.学生决定从中心商务区到城市边缘取三个地区来搜集野外调查数据,证明下列假设。

假设 1:在城市的不同区域分布着不同利用类型的土地。

假设 2:土地利用的主要类型和建筑的高度有关。

(2)学生决定沿着前面的三个地区分别取 10 个调查点搜集数据,结果如下图所示。描述他们选择这些点的一种方法。(2 分)

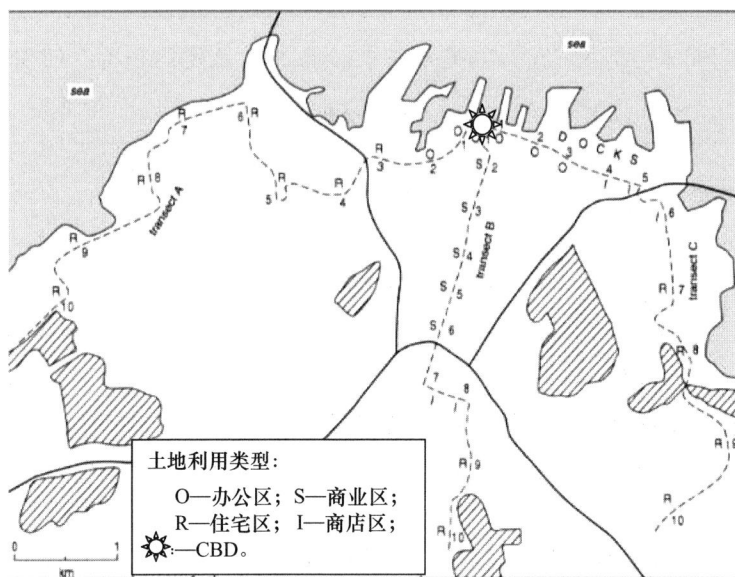

学生调查结果图

参考答案:系统抽样,比如每隔 100 米或某一特定距离;随机抽样,比如从地图中选择任意地点;使用随机数字选择地点。(方法 1 分,描述 1 分)

评价方法分析:本题主要考查学生进行户外调查时,在搜集数据过程中,对地点的选择,主要涉及 AO2 中选择合适的方法与技能搜集数据。

3.在每个采样点上,学生记录了道路两边的五幢建筑的土地使用类型。其中一个采样点的记录结果如下表所示。

A区地点3采样记录结果表

A 区地点 3

道路左侧	道路右侧
住房	住房
公寓	住房
报刊	公寓
旅游信息公司	公寓
保险公司	食品店

(1)利用表中所给的信息,完成下表学生编制的建筑分类。(2分)

建筑利用类型数量表

建筑的利用	该地点的数量
住宅区	
办公区	
商店区	
工业区区	0

参考答案:住宅区 6;办公区 2;商店区 2

评价方法分析:本题考查学生对搜集到的数据的整合与处理能力,设计AO2 中选择适当的方法组织与呈现数据。

(4)下图显示的是学生这次户外调查的结果。学生认为假设1"在城市的不同区域分布着不同利用类型的土地"是正确的,从图中找出证据支持这一观点。(4分)

参考答案:住宅区分布在海滨、城市的边缘、沿 A 区分布;办公区在城市中心、位于或邻近 CBD;商业区沿 B 区分布、在 CBD 的南边;工业区主要分布在码头附近。

评价方法分析:本题考查了学生从地图中获取信息,并通过信息所提供的证据得出结论的能力。

4.为研究第二个假设。学生在记录建筑地面用地类型时,计算了每幢楼层的层数。

(5)城市土地利用类型数据的一个共同的缺点是,只能记录建筑地面的土地利用类型,说明为什么这是一个缺点。(1分)

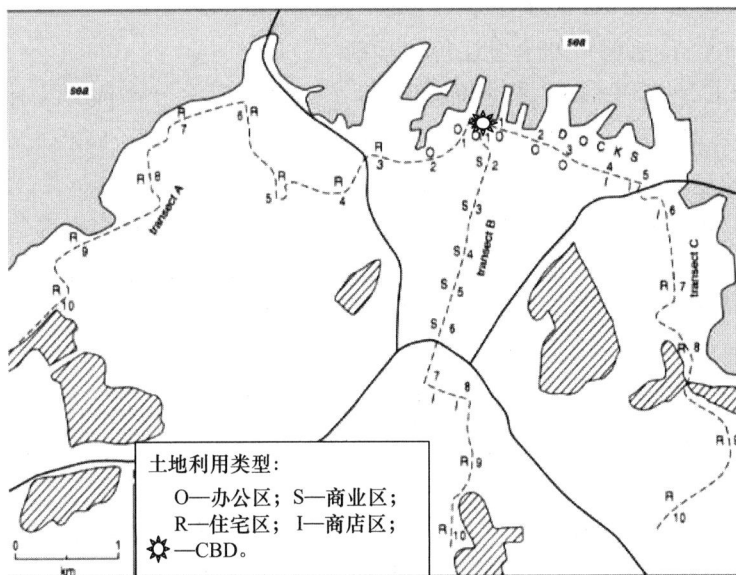

学生调查结果图

参考答案:建筑地面的利用类型通常与其上楼层的利用类型不同,比如建筑地面为商店,其上可能为公寓。

评价方法分析:本题考查学生对调查结论的反思能力,主要涉及对得出结论的有效性和局限性进行评价。

5.有位同学想把他的研究拓展为城市不同地区的环境质量对比。请描述他应该怎么做。(4分)

参考答案:最多两个调查主题,每个主题使用一种方法详细说明。

主题:比如,环境质量(垃圾、空气污染、噪声污染、植被等)调查。

方法:选择城市的不同区域(工业区、住宅区、商业区等);开展调查问卷;采访市民;网上研究必须与主题相关。

评价方法分析:本题主要考查学生对地理问题或事件的调查所设计调查步骤的技能和提出调查目标与假设的能力。

从 GCSE 地理试题中可以看出,对于地理户外调查技能的考查还是比较全面的,但从试题内容来说,相对比较容易完成,可以作为地理户外学习评价较为基础的测试,其中的题型和问题设置方式也可作为借鉴。

3. 对英国 GCSE 地理户外学习评价方法的评析

(1)GCSE 地理户外学习评价的功能

GCSE 地理户外学习评价的功能除了包含一般学习评价所共有的鉴定与检查、反馈与交流之外,还有一项就是它从某方面迫使学生必须亲身体验户外学习。试题对于户外学习的评价采取了控制评价的形式,要求学生在规定的时间内完成一定字数的户外调查报告。对报告内容的要求包括从一开始的制定调查目标,在户外搜集数据,呈现分析数据,到最后得出结论并进行评价,包含了地理户外评价的各个关键环节,并且对各环节报告内容的评分标准也做出了详细的规定。IGCSE 中纸笔测试的试题设计看似简单,但却涵盖了户外学习关键环节中的大小事务,没有亲身经历过户外学习是不能够较好地完成这些试题的。这就要求考生对这次控制评价所准备的户外学习必须是真实地发生在户外,是考生亲身操作体验过的。从另一方面来说,这也对学生参加地理户外学习起到一定的强制作用,使得户外教学开展的初衷——希望学生能够通过亲身感受真实的世界,对抽象教材内容有更加全面深入的认识得以真正实现。

(2)GCSE 地理户外学习评价的组成要素

GCSE 地理户外学习评价试题有控制评价,也有纸笔测试。控制评价这种表现型评价法不只是关注学习的结果,还注重通过学习背景、过程更加准确地评价学习结果,但表达过程中的模糊性和多义性对评价标准和评价人员的素质提出了更高的要求。纸笔测试更加注重每次测量所得数据的变化,而容易忽视过程,但其结果更加精确、客观。定性与定量相结合的评价方式一直是教育评价的发展趋势,在我国当前地理户外学习评价亟待改善之际,如能把控制评价与纸笔测试有效结合起来,将为我国地理户外教学开启一扇全新的大门。另外,纸笔测试中,问题的设计也具有较大启发。如2013 年 CIE 地理试卷 4 第一题"关于河流的调查地点的选择需要考虑的因素分析",学生不仅需要考虑地点的选择与调查问题的相关性,还需要从安全、当地地理环境的角度考虑所选择地点是否合适,这样就需要考生具备多方面的素养与能力,这对在平常的地理教学中提升学生的地理素养尤其是解决真实地理问题的能力有较强的导向作用。

(3)GCSE 地理户外学习评价的评分标准

控制评价是一种表现性评价法,采取的是开放性试题的方式。学生从所给的主题中任选一个地理相关问题开展户外调查,最终形成的调查报告也是种类繁多、形式多样的。如何能对这些控制评价进行有效的判定是地理户外学习评价中至关重要的一步,也是我国目前地理户外学习评价中最需要改进的方面。GCSE 地理户外学习评价采取的控制评价不仅在要求的设计上涵盖了户外学习的各个关键环节,在评分标准的设计上也是评价条理清晰、层次分明。对户外学习主要环节的评价从零分到满分都划分出四个评分段,每个评分段之间都有 2～3 分的差值。对于每个评分段的要求都做了详细且明显的区分,程度从浅入深,对考生的控制评价进行了明确的区分,也保证了评价的信度和效度。

二、英国 A-level 考试制度及评析

(一)简介

英国学生在结束义务教育时,都需参加"中等教育普通证书(GCSE)"考试。之后,有部分学生离开学校直接就业,其他学生则升入"第六学级"(sixth form)继续学习,然后参加普通教育证书高级水平考试(A-level)。英国"第六学级"所开设的课程大多为高等学校专业学习的基础课,因此,英国"第六学级"虽然在学制上相当于我国的普通高中,但实际上更像是高等学校预科教育阶段。"普通教育证书高级水平(General Certificate of Education Advanced Level,A-level)"是英国教育机构提供给学生证明其完成中等教育或者是完成大学预科教育的资格证书。A-level 或同等水平的证书通常是高等学校入学的基本要求。A-level 通常学习时间为两年,可分为两部分。第一部分为普通教育证书高级补充水平(General Certificate of Advanced Subsidiary Level,A1-level 或 AS-level),第二部分被称为 A2-level。A2-level 的内容通常比 AS-level 更加具有学术性,也更加严谨。AS-level 与 A2-level 共同组合成完整的 A-level。[①]

一门 A-level 课程通常被分为两个阶段,AS＋A2,其中 AS 阶段的课程为第一年,难度和深度通常只相当于 A-level 课程的前半部分;A2 相当于 A-level 课程的后半部分。这样设计主要是为了降低课程的难度,学习 A-level 课程的学生通常都要从第一年的 AS 课程开始。如果考生的 AS 考试合格,同时又希望获得 A-level 考试成绩,则可选择参加 A2;如果不继续参加 A2,则只能获得 AS 成绩。[②] 由于就业单位与大学对考生的 A-level 考试科目和

---

① A-level[EB/OL].(2016-01-29)[2016-12-03]. https://en. wikipedia. org/wiki/A-level.

② 赵保钢.英国 GCE 物理课程科学探究能力评价的特点[J].课程・教材・教法,2005(9):93-96.

要求各不相同,考生应根据实际情况选择考试。这样,学生的选择就更加多样化:①他们可以直接选择几门 A-level 课程和考试参加;②可以先选择几门 AS 课程和考试参加,一年后再选择与其对应的 A2 课程和考试参加;③也可以先选择几门 AS 课程和考试参加,一年后再选择几门与其不相对应的 AS 课程和考试参加,两门连续的 AS 课程和考试或者两门不相对应的 AS 课程和考试的成绩之和,相当于一门 A-level 课程的成绩。[①] 学生可以依据自身水平分别报考 AS 与 A2 考试,也可以 AS 与 A2 一起报考。如果对本次考试成绩不满意,下次还可重考,两次取高分记录。AS 考试共有 5 个等级,A、B、C、D、E;A-level 考试共有六个等级,A*、A、B、C、D、E,AS 和 A-level 考试不合格均为 U。英国的高校录取在 GCSE 成绩基础上,主要还是看 A-level 考试成绩。目前,各大学的录取标准通常需要至少三门 A-level 考试成绩。名牌大学大多需要有两年制的 A-level 考试成绩,一般各科成绩至少应达到 B 级及以上。若能获得三门到四门 A 级,就可以申请世界顶尖学府,比如牛津大学、剑桥大学。[②]

(二)目的与功能

由于 A-level 考试属于常模参照性测试,通过此类测试可以使受测者的表现得到最大程度的区分。[③] 常模参照性测试的目的主要是对受测者的水平与能力进行甄别,主要侧重个人之间的比较,用来区分与选拔不同水平与能力的学生。A-level 考试模式就是这样一种常模参照性测试,通过区分不同水平与能力的学生,然后进行甄别选拔,为高等学校的人才选拔与学生的未来发展提供参照和依据。[④] 英国 A-level 考试的功能主要包括社会与个人两个方面。

1.社会功能

作为高等学校录取的主要依据之一,A-level 考试的成绩可谓是重中之重。它影响着个人对于高等教育层次与专业选择,有利于高等教育资源更加公平合理地分配,有利于人力资源的有效开发,促进高等教育资源配置的

---

① 张民选.高校招生考试制度改革研究［M］.上海:上海教育出版社,2008:123-139.

② 项亚光.英国高考中的 A-level 课程及对我国的启示［J］.外国中小学教育,2009(7):39-42.

③ 竺培梁.心理测验分数与常模［J］.外国中小学教育,2002(6):23-25.

④ 李媛.英国普通教育证书 GCE 化学 A 级评价模式的研究［D］.南京:南京师范大学,2011.

效率,促进教育与社会的发展。

2.个体功能

通过 A-level 考试,接受高等教育,能够使个人有机会进入更好的生存空间与环境,促进个人更好地进步和发展。

（三）A-level 考试标准制定

在未实施 GCSE 考试之前,普通教育证书高级水平考试（GCE A-level）主要适用于大学招生,考试标准是由各所大学依据各自的专业要求制定的,各大学的专业要求各不相同,因此考试要求各异,有的大学考试内容偏窄,要求又较高。又因为当时英国政府对课程设置的管理也十分有限,对各大学考试委员会招生考试的内容、难度几乎从不过问,这样给 A-level 考试带来众多弊端。英国政府在 1988 年《教育改革法》中,加强了中央政府对学校基层的实际管理和客观调整控制,并赋予教育和科学大臣制定统一标准的权力,以此促使更多中等教育培养出的人才能为经济社会发展服务,满足其多层次、多方面的需求。[①] 同样,A-level 考试标准也分为"总标准"和"学科标准"。

（四）地理学科标准

1.户外学习内容要求

A-level 地理学科内容中野外调查的相关内容见表 5-2-15,在 A2 中,野外调查的要求则更加深入,包括能够独立进行地理野外调查、用不同的方式分析与整合地理信息、批判性地反思和评价在地理野外调查中所使用的方法。A-level 无论是在开展地理野外调查的范围,以及其中所使用的技术与技能,还是在事后对野外调查的反思上都提出了更高的要求。比如 GCSE 中对新技术 GIS 的使用要求只是"能够使用",在 A-level 中则为要能鉴定地理问题,选择合适的问题进行使用。对于更高要求的 A2,更是要能独立进行野外调查。事后对于整个地理调查的反思,需要用批判性的思维进行。A-level 相对于 GCSE 地理学科内容中的要求之高,在后面的评价方法中也相应有所体现。

---

① 韩家勋.中等教育考试评价制度比较研究[M].北京:人民教育出版社,2002:37.

表 5-2-15　地理 A-level 学科内容

户外学习阶段	学科内容
地理知识的鉴定	为适当的主题开展地理研究，包括野外调查 发展对于地理应用和相关性的理解 鉴定和分析地理不同方面的关系（A2）①
计划与组织	为合适的内容选择适用的现代信息技术，包括 GIS 能够独立调查与研究，包括野外调查（A2）
搜集数据	在地理研究中使用一系列的技能和技术，包括不同比例的地图与图像的使用
呈现数据	从一系列资料中，用不同的方式分析与整合地理信息（A2）
分析与结论	通过对数据的分析，得出合理的结论
评价	批判性地反思和评价在教室内外所使用的方法的潜力与局限性（A2）

注：①（A2）内容为 A2 地理标准中的地理学科内容。

2. 户外学习评价目标（见表 5-2-16）

表 5-2-16　A-level 地理学科评价目标（适用于 AS 和 A2）

	一维目标	二维目标
AO1	展示对于内容、概念和过程的知识与理解	发展和应用他们对于地理概念的理解，并进一步地理解与解释这个变化万千的世界
AO2	分析、解释和评价地理信息、问题和观点，并且在不熟悉的背景下理解应用	努力成为一位具有批判精神和反思能力的学者，并意识到态度、价值和个人的重要性 发展学生关于社会、经济、文化与环境之间关系的复杂性的意识，并能从当地延伸到其他地方甚至全世界 培养学生成为有责任感的地球公民，并能够意识到可持续发展带来的挑战和影响
AO3	选择和使用各种方法、技能和技术（包括新技术的使用）来调查不同的问题，研究结论，并且交流发现	无论是室外还是室内，都能熟练地使用技能和新的技术开展地理研究 希望学生能够受周围事物的启发，在地理学习与研究中获得乐趣与满足，并理解它们的相关性

3.地理 A-level 考试评价方案(见表 5-2-17)

表 5-2-17 A-level 考试评价方案

A-level
评价形式为完全通过外部评价
所有 AS 和 A-level 评价方案必须要求学生用不同的形式展示他们的知识、理解和技能
评价方案的编写必须契合教学内容,成绩授予机构必须规定如下标准:
评价方法的选择必须与标准规定的教学目标和内容相符
规定必须提供一份评价方案的总结,清楚地呈现内容与评价的关系,AS 与 A-level 的关系

(五)地理户外学习标准研究

A-level 考试不区分地理 A 和地理 B,也不区分基础水平和高级水平。但是由于 A-level 考试分为 AS 和 A2,AS 只相当于 A-level 的前半部分。若只完成 AS 课程与考试,仅授予 AS 证书;要得到 A-level 证书,须再完成 A2 的课程与考试。一般来说,整个 A-level 试卷由四个部分组成,单元1、单元2、单元3 和单元4,若参加单元1 和单元2,则拿到的是 AS 证书;若要拿到 A-level 证书,则需要完成 4 个单元的试卷。单元1 和单元2 两份试卷的分值为整个 A-level 试卷分值的 50%。A-level 考试都采用纸笔测试,但不同的考试委员会对不同单元试卷在整份 A-level 试卷中所占的比例规定不同。下面是五大考试委员会 A-level 考试中关于户外学习评价部分的试卷和所占 AS 或 A-level 分值比例说明,详见表 5-2-18。

由于 A-level 考试包括 AS 和 A2,因此对于户外学习评价方法的研究也应该包含这两个部分。CCEA 缺少 A2 部分的评价,OCR 缺少 AS 部分的评价,因此接下来的研究排除这两家考试委员会。在对比了 AQA、艾德思、WJEC 的试卷后,选择了其中内容表示较完整的 AQA 作为研究对象。下面根据 AQA 的地理学科标准,探究其中所体现的地理户外学习评价技能,详见表 5-2-19。

相比 GCSE 地理户外学习技能要求,AQA 的 A-level 户外学习技能评价要求在各方面都有一定的提高,对技能的要求也更加详细具体。

表 5-2-18 五大考试委员会 A-level 地理试卷户外学习评价内容说明

考试委员会	试卷编号	分值比重 *	内容简介
AQA	单元 2 地理技能	30%（AS）15%（A-level）	考试时间为 60 分钟,内容为结构化的技能和常用的野外调查问题。野外调查部分为 25 分,满分 50 分
	单元 4A 地理野外调查	20%（A-level）	考试时间为 90 分钟,内容为考生基于野外调查和野外技能的拓展性问题
OCR	单元 3 地理技能	20%（A-level）	考试时间为 90 分钟,内容基于考生的调查与研究的技能
艾德思	单元 2 地理调查	40%（AS）20%（A-level）	考试时间为 75 分钟,试卷将提供四个可选的主体,考生从 A 部分选择一个自然地理问题,从 B 部分选择一个人文地理问题。每道题有一个分值为 10～15 分与野外调查有关的题目（单元 2 满分 70 分）
	单元 4 地理研究	20%（A-level）	考试时间为 90 分钟,考生从所给的 6 个主题中选择一个与他们调查相关的问题完成
WJEC	单元 1 变化中的自然环境 单元 2 变化中的人文环境	50%（AS）25%（A-level）	考试时间为 90 分钟,共三题,其中第三题考试内容为户外调查,分值为 25 分（单元 1、2 满分 75 分）
	单元 3,B 部分	10%（A-level）	考试时间为 45 分钟,从所给的 10 题中选择 1 题,每题分两小题,分值为 25 分（单元 3 满分 75 分）
CCEA	单元 1 自然地理（包括户外调查）	50%（AS）25%（A-level）	考试时间为 90 分钟,共三个部分,其中第一部分考试内容为野外调查,分值为 30 分（单元 1 满分 90 分）

注:文中分值比重为这份试卷占整个 AS 或 A-level 试卷的分值比重。

表 5-2-19 AQA 地理 A-level 考试对于户外学习技能的规定

1.理解调查目的,并具备相关的空间和概念知识
2.演示对于地理内容、概念和过程的知识和理解
3.计划、构建、开展逻辑清晰的调查步骤
4.展示出所搜集数据和所使用方法的适用性
5.掌握替代和评价的方法
6.用简洁的方式使用信息,并用不同的、容易理解的方式呈现,如图表和地图
7.熟悉数据呈现和处理的替代方法
8.在任何环境下都能分析、解释和评价地理信息、事件和观点

续表

9.对调查内容下结论,并理解其中的有效性、局限性和对研究产生的影响

10.在地理野外调查中,要有安全意识和风险评估

11.选择并使用不同的方法、技能和技术来调查问题和事件,并得出结论进行交流

12.总结并应用自己的野外调查经验

（六）地理户外学习评价方法研究

1.AS 试题研究

AQA 地理 A-level 的试卷对于 AS 考生的评价部分为单元 1 和单元 2,其中单元 2 试卷共分为两大题,针对地理户外学习评价的是第二大题。下面选择了 2014 年 AQA 地理 A-level 试卷单元 2 第二大题进行分析说明。第二大题共有三小题,满分 25 分,占单元 2 试卷总分值的一半。单元 2 试卷的内容是基于"单元 1 自然与人文地理"的前提下进行地理技能的测试,主要技能包括:调查、制图、图解、统计技能。下面为选取的部分试题。

【教学案例】

2014 年 AQA 地理 A-level 试卷单元 2 第二大题部分试题

二、你在本部分课程中已拥有地理户外调查的经历,应用这些经历完成以下各题。

请描述你的户外调查目标:＿＿＿＿＿＿＿＿＿＿＿＿＿＿＿＿＿＿＿＿

1.参照你的调查目标,描述一个主要数据的搜集方法。（5 分）

评分参考:

水平 1(1~3 分)	水平 2(4~5 分)
基本目标不能遵循标准要求	目标清晰地遵循标准要求
方法虽然有描述,但是很难让人理解,可能给人感觉考生并不理解这种方法,或者考生没有操作过这种方法	对方法的描述详细、清楚,并且容易让人理解,可能存在一些漏洞
方法中有重大漏洞	满分要求:能够使没有知识背景的人依据详细描述,完整地复制使用这种方法
没能把方法与目标相联系	目标与方法之间联系明确

评价说明:必须是一个与地理相关的方法,并且必须是考生实际操作中可以完成的方法,调查目标须与单元 1"自然与人文地理"考察内容相关。对方法的描述程度必须达到让读者在没有任何先前知识的前提下,能够重复这种方法,主要考查学生使用地理户外调查数据搜集方法的熟练程度。本

题的关键在于不仅需要描述方法,以及与调查目标的关系,还需要对方法进行足够详细的说明。这都需要学生在理解方法的基础上,将其应用于实践,通过实践,达到对方法的熟练掌握。

3.(2)思考你的调查还能如何完善。(6分)

评分标准:

水平1(1～4分)	水平2(5～6分)
对调查可能需要改进部分只进行粗略的检查 只是对研究因素的简单描述,没有提出实际的改进建议或研究拓展 对于完善措施或研究拓展,过多地描述其局限性	清晰地描述了改进办法或研究拓展 对局限性和改进措施,或研究拓展都进行了适当的描述 对局限性做出进一步明确的建议

评价说明:答案可以包括各个方面,水平较高的考生能够在研究中体现批判性的思维,并提出切实可行的改进办法。回答也可以是对于当前研究的某方面的进一步研究的的延伸与拓展,或者是对结果准确性的质疑与改进。还有对调查框架的反思,或者是假设与结果的关系。本题主要考查学生对地理户外调查的评价与反思,考生要清楚明确地思考过相关问题。考生不仅要能够反思改进或拓展内容,而且能够提出可行性建议。

A-level试卷中AS关于地理户外学习评价试题无论是从题型,还是内容上都比GCSE考试难度有所提高。考查范围更广、考查内容更加细致是A-level户外学习评价相对于GCSE评价的突出特征。当然这也是针对A-level考试对地理户外学习的技能要求提高而变化的。

2. A2试题研究

AQA的单元2试卷共两大题,其中主要是第二大题考察了考生野外调查经历。该题要求学生进行独立的户外调查,并且确保熟练掌握户外调查方法。AQA的单元4A试卷分为A部分和B部分,其中A部分是基于考生为此次考试所进行的野外调查;B部分是通过提供的某个材料,评价考生的野外调查技能。考试时间为90分钟,满分60分。

【教学案例】

2014 年 AQA 地理 A-level 试卷单元 4A 部分试题

A 部分

所有的回答都应根据你为这次测试所准备的户外调查。

请描述你的调查目的：_____

4.说明通过户外调查,你对于调查主题的理解是怎样发展的(8分)

评分标准：

水平 1(1~4 分)	水平 2(5~8 分)
1.只有关于户外调查结果和调查经历的内容,没有关于调查主题的理解发展的内容 2.有适当描述调查结论,但是缺少方法的描述 3.有描述理论,但是没有与调查主题的理解相联系 4.没有证据体现出考生自己的户外调查	1.清楚地体现出考生与调查主题的理解是如何通过户外调查经历得到发展的 2.有基本的理论与主题的理解相联系 3.有将方法与主题的理解相联系 4.确实有参考结论和关于考生自己进行的户外调查内容

评价说明：本题要求考生根据自己的户外调查经历,具体说明对于主题的理解的发展。答案可从多方面考虑,比如考生对于调查主题的个人见解的发展,或者是户外调查经历与预期结论的发展,考生需要熟悉户外调查各个环节,通过对每个环节的成果进行反思,才能较好地完成此题。

B 部分

下面四幅图显示的是关于英国能源的四种信息。

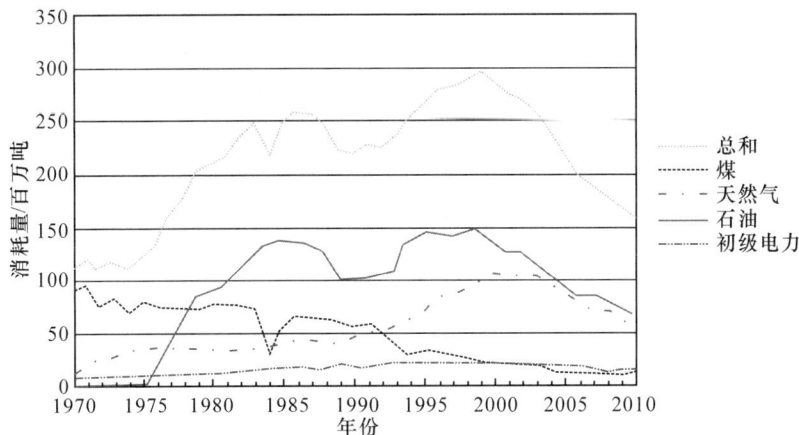

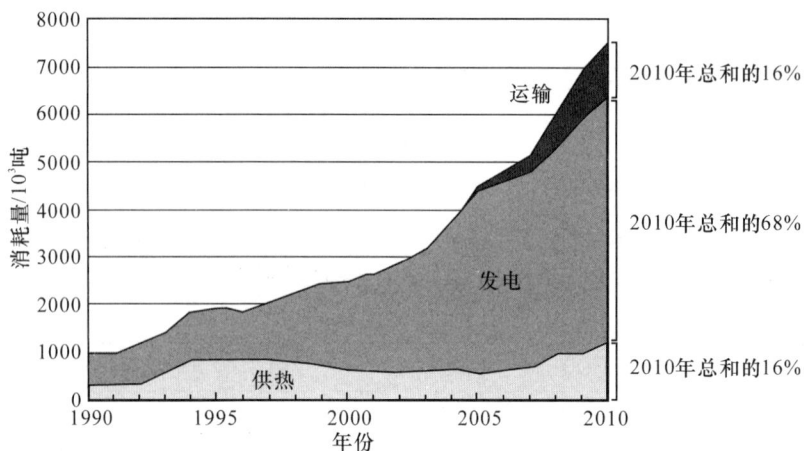

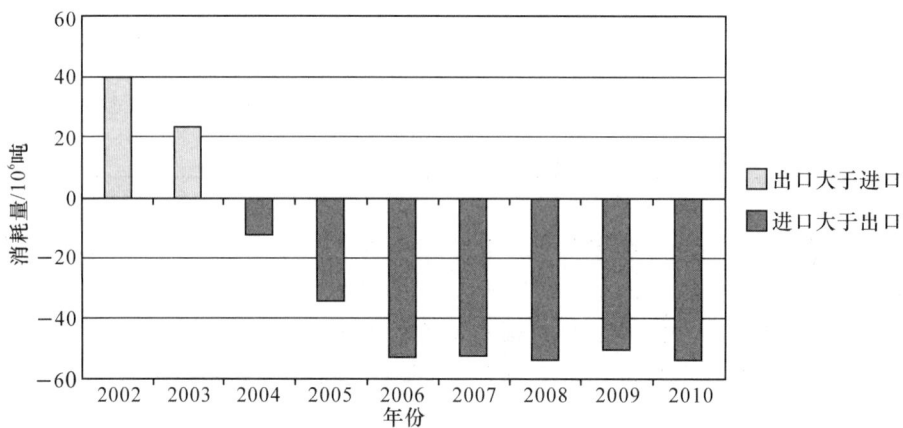

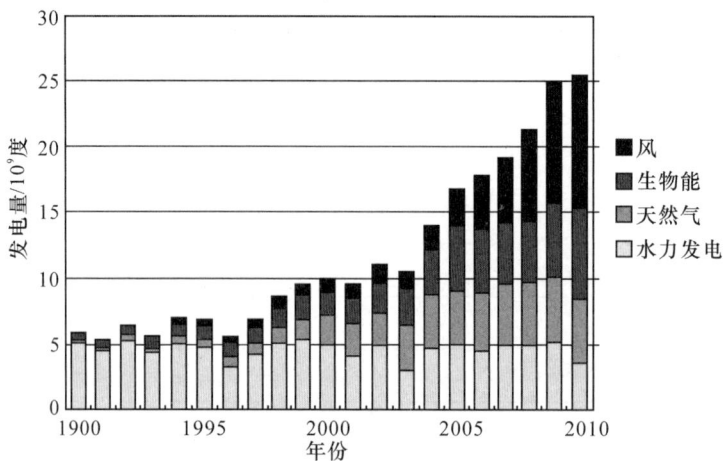

5.(1)选择一种线状图和柱状图,解释说明这种图形在呈现数据时的作用。(8分)

评分标准:

水平1(1~4分)	水平(5~8分)
粗略地描述了两种图形的选择 对一种说明太多,另一种说明太少 对数据呈现方法实用性(优缺点)的说明有限 没有对图形进行详细说明 没有从线状图和柱状图中各选一个,而是两个都是线状图或柱状图	对于所选择的两种图形的实用性(优缺点)进行了详细而清晰的解释说明 对两种图形说明的详细程度差不多 对两种图形的应用说明清晰而具体

评价说明:回答须包括方法对所呈现内容适切性(优缺点)的评价,也可以对比各方法进行说明。本题主要考查考生对各种户外调查数据呈现方法的掌握程度,包括对方法的选择和应用。因为图形不仅是一种数据呈现方法,对于数据的分析也能起到一定作用。

A2的试卷与AS的试卷在设置上,题型基本相同,但分值普遍提高。当然,这也与两份试卷在AS和A-level中所占比例的不同有关。A2与AS试卷中最大的不同就是增加了B部分,对所给材料中涉及的技能进行评价,这对考生全面掌握地理户外调查技能提出了新要求。

3.英国A-level地理户外学习评价方法的评析

(1)A-level地理户外学习评价的功能

与GCSE相似的是,A-level地理户外学习评价除了具备基本的学习评价功能和GCSE特有的"强制性"功能外,还有一个伴随要求提高所独有的功能,就是迫使学生独立开展地理户外学习。这是在亲身体验地理户外学习的基础上,进而能够掌握每个户外学习步骤,并且需要对这些步骤的操作达到一定的熟练程度。这就要求学生不止一次参加地理户外学习,而且要通过多次练习,在户外学习中扮演不同的角色,承担不同的任务,才能具备独立开展地理户外学习的能力。

(2)A-level地理户外学习评价的要素

A-level地理户外学习评价方法都是采用纸笔测试的形式,但试题内容的组成都为开放性试题。从试题的内容来看,试题的设计涵盖了地理户外学习的每个环节,并且注重试题之间的关联性,以及户外调查的层次递进。

例如,2014 年 AQA 地理 A-level 单元 2 的试卷中,试题内容包括户外调查目标的设计、数据搜集与呈现的方法、得出结论与评价。与 GCSE 不同的是,题目不再提供户外调查背景资料与相关信息和数据,而是某个环节的具体内容都需要考生依据题目要求给出完整的回答。另外,在 A2 地理户外学习评价试题中更多地涉及对于户外调查每个环节的思考与评价。例如,2014 年 AQA 地理 A-level 单元 4A 的 A 部分试卷中,第一题要求对所选调查目标进行思考,第二题和第三题分别是对数据搜集方法和数据分析方法的评价。相对于 AS(单元 2 试卷)更多地侧重调查技能的评价,A2 要求学生用批判性思维反思和评价户外学习中所使用方法的有效性和局限性。

(3)A-level 地理户外学习评价的评分标准

对于 A-level 地理户外学习评价采用的开放性试题,各考试委员会也编制了具体的评分细则,一般可分为两个评分段(水平 1 和水平 2),不同水平之间的区分也进行了较详细的说明,确保这种开放性试题评价的科学性与合理性。

三、对我国地理户外学习评价的启示

(一)评价形式应多样化

从前面对英国 GCSE 和 A-level 地理学科标准与试卷的户外学习评价部分研究中可见,这两大考试的评价方式有针对 16 岁学生的 GCSE 的控制评价和 IGCSE 的纸笔测试、A-level 的纸笔测试,还有针对 17 岁考生的 AS 和 18 岁考生的 A2 考试。从年龄层面来说,与我国高中生年龄相符,可根据不同户外学习水平的学习采用不同的评价方法。无论采用哪种形式,都可以对考生的地理户外学习水平进行一个较为客观全面的检测。

(二)增强评价内容选择性

GCSE 地理试卷有基础水平和高级水平之分,相应得到的等级也有区别。参加基础水平的考生得到的等级为 G~C,参加高级水平的考生得到的等级为 D~A*。由于 GCSE 考试的多重功能性,考生可根据自身日后规划需要,选择参加不同水平的考试。A-level 考试是由 AS 和 A2 组合而成,考生完成一年的学习后可参加 AS 的考试,成绩合格后得到 AS 证书,然后可以根据自身需要选择是否继续参加 A2 考试,以得到 A-level 证书。两种考试都可以让考生根据自身的需要进行选择。

(三)重视对过程的评价

无论是 GCSE 的考试,还是 A-level 考试,都对学生的地理户外调查的

实践能力提出了要求。A-level 甚至要求考生能够独立开展户外调查,并熟悉其中的各个环节,以及所使用的技能。这些要求都没有停留在理论基础的层面,还要求提高考生的实践能力,评价的是考生开展地理户外调查的整个过程。这就要求无论是教师教学,还是学生学习,都应该重视对地理户外学习过程的掌握程度。通过对地理户外学习过程的评价,来衡量学生对于地理户外学习的水平与能力。

(四)注重考查学生的多种技能

从上文分析的标准和试题内容来看,GCSE 和 A-level 考试对考生地理户外调查能力的要求主要有:对地理知识的理解、地理问题的设置、户外调查的设计、数据的搜集与呈现、数据分析、得出结论、反思与评价的能力,几乎涵盖了地理户外调查中所有的技能。这启示我们在设计我国中学生地理户外学习评价方法时,应注重对考生多种技能的评价。

第三节　表现性评价

对于什么是表现性评价,斯蒂金斯(Stiggins)和威金斯(Wiggins)提出了明确的观点。斯蒂金斯认为,"表现性评价"是为测量学习者运用先前所获得的知识解决新的问题或完成具体任务的能力的一系列尝试。在表现性评价中,常常运用真实的或模拟的情境来引发学生的反应,而后由高水平的评价者按照一定的标准对学生的这些反应进行观察、评判。表现性评价的形式包括演讲、实验、操作、书面报告、资料搜集和作品展示,等等。威金斯则是强调学生在真实的情境中去表现其知识与技能,通过学生完成一个活动,或制作一个作品以证明其知识与技能。综合两种观点,不难发现表现性评价强调"实践"与"表现"。①

综上所述,表现性评价是指学生完成一定知识的学习后,通过让学生完成某一实际任务来评价学生的学习状况,包括表现性任务和对任务的评价。② 表现性评价一般具有以下特点:设置真实的情景,通过安排有意义的教学活动让学生亲自动手实践某一过程;由人工评分、评判,而非机器评分。

---

① 李小英.表现性评价与学生发展之研究[D].广州:华南师范大学,2007.
② 李家清.新理念地理教学论(第二版)[M].北京:北京大学出版社,2013:205.

目前在世界上许多国家,表现性评价都是学生评价的重要组成部分,熟知的表现性评价有观察式评价和工作单式评价两种。

一、观察式评价

观察式评价是评价者根据学生在地理学习中的行为表现等的观察记录,对照事先准备的标准进行评价以得出结论的方法。[①]

（一）优劣势

观察式评价的优势在于,与考试相比,观察法可以直接获得有价值的第一手资料。观察法的应用范围较广,尤其适用于对学生的地理学习态度、兴趣、方法、习惯、情感、创造性等方面的评价。

其劣势表现为成本较高,在大规模评价中,受直接观察所需的人力、物力、时间等高成本限制,观察的往往是一些花时间少的部分过程,很少观察完整的学生的行为过程。例如,在英国,有大规模评价科学探究能力的传统,但也主要是通过观察来评价学生低水平的操作和观察技能。[②] 此外,观察评价受主观影响较大。不同的评价主体制定的观察指标、评分标准及其具体程度都不一样,因而观察式评价的可迁移性与可信度也会发生差异。

（二）设计过程

运用观察式评价时应注意如下要求:①做好观察前的准备工作,包括制订观察计划和提纲,明确观察的内容,选择恰当的观察方式和方法等;②确定观察的目的和项目;③要及时、客观、真实、全面、具体地做好观察记录;④观察要在真实自然的状态下进行,尽量不被观察对象察觉,防止观察对象有意迎合评价者的需要,使评价信息失真。[③]

（三）具体案例

下面以一个案例（有关噪声污染问题的调查与讨论）的形式表示如何操作观察式评价。[④]

---

①　Buchan AS, Jenkins EW. The internal assessment of practical skills in science in England and wales,1960～1991 some issues in historical perspective [J]. International Journal of Scienceeducation,1992(14):367-380.

②　段玉山.地理新课程测量评价[M].北京:高等教育出版社,2003:167.

③　赫兴无.地理研究性学习课程评价初探[J].中学地理教学参考,2003(3):55-56.

④　蔡文艺.科学探究教学中基于工作单的课堂评价[J].当代教育科学,2012(2):25-28.

第一步,确定评价目标。

主要包括以下几个方面:促进学生积极参与;培养学生的创造性思维;培养学生良好的心理素质和合作能力;促进学生关注人和自然。

第二步,制定评价内容标准,见表 5-3-1。

第三步,搜集评价信息。主要是观察学生在活动中的表现,记录陈述讨论的结果。

第四步,组织实施评价。组织学生进行自评、互评,同时地理教师给予评价。评价包括等级评价和描述性评价。综合考虑自评、互评、师评成绩,给出单项等级和综合等级。

第五步,分析评价结果。根据评价结果,确定学生对地理知识的掌握程度和探究活动的水平。

第六步,制订改进计划。针对学生在调查讨论活动中存在的问题,改进指导方案,调整教学计划。

表 5-3-1　"有关噪声污染问题的调查与讨论"活动的评价内容标准

评价内容标准	等级评价				描述性评价
	自我评价	小组评价	教师评价	总评	
1.知道声音污染的概念,能列举出噪音污染的来源,了解噪音污染对人类和生物的危害					自评:
2.能利用各种途径获得有关噪音污染的信息					
3. 积极参与有关噪音污染问题的讨论,能提供有说服力的有关噪音污染的证据,以及控制噪音污染的方法并能清楚流利地表达出来					组评:
4.积极参与调查与讨论活动					
5.积极与其他同学合作完成任务					
6.具有积极创新的干劲,能就噪音污染的控制问题提出有新意的建议					师评:
7. 在活动中能利用各种方法克服困难,并能持之以恒地完成任务					综合等级
8.能依据对噪音污染问题的深刻认识,指出要加强对噪音污染危害的宣传,以及提出一系列合理建议以控制噪音					

说明:等级评价为定量评价,分为 A、B、C、D 四等;描述性评价为定性评价,是等级评价的具体化。

二、工作单式评价

工作单是表现性评价的一种形式，它的效度和成本介于纸笔测验和现场观察之间。工作单是针对一个具体的教学环节活动给学生开出的任务清单，学生按照上面的要求和指示动手完成探究并把过程和结果填写在单子上，教师根据其报告的形成过程和结果进行评价。具体落实到地理"田野"教育中，就是提供给学生一定的问题情景，让学生在"田野"教学活动中实际动手，同时将操作过程和结果写在一张单子上，然后由评价主体依据一定的评分标准对单子的内容进行延时评分。

（一）类别及优劣势

在工作单上，通常会有关于教学实践活动的背景知识、过程等信息，能给学生一定程度的提示，根据提示程度的不同，把工作单划分为 3 种类型：①开放性工作单，只给出活动任务，在没有任何提示的情况下，学生在工作单上把实践过程和结果记录下来；②结构性工作单，又称一般提示工作单，学生按照工作单提示的一般性框架结构来描述过程和结果；③引导性工作单，又称充分提示工作单，给出实践过程的具体操作步骤，学生在工作单详细的引导下进行实践活动并记录。开放性工作单给了学生很大的创造、发挥空间，但同时对学生的要求也较高，而且教师也难以统一评分；引导性工作单就像一份详细的说明书，学生只需按部就班操作，过程简单，而且也可以体现出学生的能力，暴露他们存在的问题；结构性工作单给了学生一定的框架，让学生在框架内进行自主实践活动，既能较好地完成活动任务，又不妨碍学生能力的发挥，三种工作单各自有其优缺点。①

（二）设计过程

工作单式评价需要：①编制工作单。根据评价的内容和目标，选择恰当的工作单类型，在工作单上适当呈现关于教学实践活动的背景知识及过程，提供学生一定程度的提示。②编制评价量表。针对特定的评价任务，通过分析能力结构来设计匹配的评价量表。③实施评价。运用工作单评价学生，包括选取被试样本，准备材料和工作单，陈述注意事项，施测，回收工作单和材料，评分。

---

① 　李丽萍. 美国纽约州 AASP 项目的地理探究能力评价[J]. 上海教育科研，2009：(3)47-49.

（三）具体案例

"地壳下沉"是 AASP（Alternative Assessment in Science Project）开发的一个地理探究任务。在该任务中，学生构建"试管在液体中的下沉快慢"的模型，通过该模型来模拟研究地壳和地幔的相互作用。这项任务可评价学生的某些探究能力和运用地质知识的能力。

"地壳下沉"的工作单为引导性工作单，即在某些步骤或阶段提供引导性的指导。因此，该工作单分为两部分，工作单（1）（见表 5-3-2）为操作性工作单，提供了操作方向的引导，学生在引导下进行独立操作；工作单（2）（见表 5-3-3）为问题工作单，需要学生记录、组织数据，并回答有关问题。探究在 30 分钟内完成，结束后只需上交工作单（2）。

该任务所用的烧杯、铁架台、试管夹和试管均可在实验室找到，试管上的刻度可以自己标上；流体在实验室没有现成的，需要教师或学生事先配置。配置方法也很简单，把硼砂、白乳胶和水混合，搅拌均匀即可。按不同比例混合硼砂、白乳胶和水，可得到不同稠度的流体；添加一些食用色素，还可增加可视度。流体配置好后，装在密闭容器中并冷藏起来，以备后用。在安装器材时，要注意试管夹的开口大小和方向要合适，使试管能在其中上下自由移动，在自身重力作用下沉陷入流体。

探究器材和材料装配完毕，便可进行实验。要求学生搜集、记录和组织数据，用图形描绘数据，从模型中推断山脉下沉的快慢及原因，并说明该模型不能解释的其他因素。

从表 5-3-4 可以看到，在"地壳下沉"任务中，AASP 主要评价数据、描图、相关模型、地壳厚度和其他因素 5 个项目。每个项目又分为若干指标，对于"数据"项目，包括数据完整性、数据准确性等指标。AASP 对每个指标都给出满分的标准，不同指标的满分值不同，视其复杂程度而定。对于简单指标，达到满分标准者得 1 分，否则 0 分；对于复杂指标，完全达到满分标准者得 2 分，部分达到者得 1 分，否则 0 分。如对于"描图"项目中的"描数据点"指标，准确描 7～10 个数据点得 2 分，准确描 2～6 个数据点得 1 分，准确描 2 个以下数据点者得 0 分。为了评分方便，AASP 还对"地壳厚度"和"其他因素"项目给出了满分的样例，评分者可参考样例来评分。

表 5-3-2　工作单(1)

一、任务：

你将制作一个模型,以此观察和分析地球的地壳和上地幔之间的相互作用。

二、器材：

一个 250 毫升的烧杯、流体(自己配置)、铁架台、试管夹、有刻度的试管(自己标上刻度)、计时器。

三、背景：

一些地质学家相信,地球表面下有一个 100～300 公里的半流体层,在高温高压下,这些区域的岩石会像固体和液体一样缓慢运动,导致上地壳的变化和地球表面的折断。你将利用模型,显示这些变化是怎样产生的。

四、说明：

1. 根据右图,安装器材。

2. 把试管夹安装在铁架台时,调整其开口方向和大小,以便试管在其中能顺畅移动。注意:试管夹不是用来固定试管的,而是用来引导试管运动的。

3. 把试管放在试管夹内,先维持在流体上方,不要让它接触流体。

4. 仔细控制试管,使试管底部刚好触及流体的表面,这时试管的零刻度与试管夹的底边持平。

5. 释放试管,并开始计时。

6. 在 5 分钟内,每半分钟都计一次数。

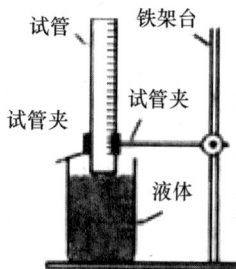

表 5-3-3　工作单(2)

7. 在表格中记录读数。在坐标图中标上时间和试管沉陷深度,以及合适的单位,然后描一条线图。

时间/分钟	试管沉陷深度/毫米
0.0	0
0.5	
1.0	
1.5	
2.0	
2.5	
3.0	
3.5	
4.0	
4.5	
5.0	

8. 假设你的模型能模拟山脉的行为,并且数据是准确的。那么,山脉的发展早期与发展晚期相比,哪个时期的下沉会更快呢？

9. 地壳通常被挤进早期发展的山脉下更深的地里。请根据模型的数据,解释其中一个可能性因素。

10. 至少还有其他三个因素无法用模型来解释,但却确实存在于自然世界中。请你列出这些因素。

表 5-3-4 评分量表

项目	标准	指标
数据	准确测量,并记录在表格中	A. 数据完整(2分) 在 5 分钟内,每半分钟记录一个数据(1分);所有记录点的数据都连贯一致(1分) B. 数据准确(1分) 记录的数据准确到毫米(1分)
描图	正确标示坐标轴的变量,准确描数据点并连成线图	A. 坐标轴的标示正确(1分) B. 坐标轴的单位正确(1分) C. 坐标轴的标度适当(1分) D. 准确描数据点(2分) 准确描 7~10 个数据点(2分) 准确描 2~6 个数据点(1分) 准确描 2 个以下数据点(0分) E. 准确把数据点描成线图(1分)
相关模型	将模型与地质知识联系	下沉快慢的改变与描图一致,并提到山脉或陆地的下沉快慢(2分) 答案与描图一致,但不完整(1分)
地壳厚度	在模型的观测基础上,解释地质变化的原因和过程	解释合理,并把山脉知识与模型联系起来(2分) 解释较合理,但不完整(1分) 样例: 地壳通常被压到发展早期的山脉下面更深的地方,因为这种山已经存在更长时间。试管随着时间的推移,会沉陷更深 地壳会被压到发展早期的山脉下面更深的地方,但随着时间的推移,下沉可能会减慢,这类似于图中的倾斜线
其他因素	除了模型揭示的因素,找出其他三个因素	三个合理因素(3分) 两个合理因素(2分) 一个合理因素(1分) 样例:侵蚀、风化、火山、断层等

第六章　地理教育走向"田野"的保障

第一节　地理"田野"教育的课程资源建设

　　初、高中地理课程标准均设有专题阐述"课程资源的开发利用"。《地理课程标准解读》明确提出,地理课程资源的丰富性和适切性程度决定着地理课程目标实现的范围和水平。而对于地理"田野"教育而言,课程资源的开发与环境建设是其开展的重要保障。

　　从广义来看,地理课程资源是指有利于实现地理课程目标的所有因素和条件的总和。地理课程资源是教学的主要工具,包括在教学活动中会用到的一切物质的、精神的、校内的、校外的事物。狭义的地理课程资源则指形成地理课程因素的直接因素来源,如地理课程、教材、教师、教学设备、活动方式、活动场所等。① 本书将从地理"田野"教育的教学环境、授课时机、条件支撑及安全保障等四个方面进行论述。

一、地理"田野"教育的教学环境

　　走向"田野"的地理教育是指在教室以外的其他场所所进行的地理教育。从空间上看,是将学生在教室内的地理学习拓展到教室以外的空间,包括自然的野外,也包括社区等,如田野、工厂、家庭、科技馆、社区等场所。地

---

　　① 黄京鸿.新课程地理教学论[M].重庆:西南师范大学出版社,2011:254.

理"田野"教育的教学环境,是由地理学科性质所决定的。《地理教育国际宪章》指出:地理学是一门旨在揭示地区特征,以及人类和事物在地球上出现、发展和分布情况的科学。为了达到教学目的,很多教学任务需要在课外进行。认识地形、气候、居民点、工农业生产、交通,进行乡土地理调查等,都必须走出教室到课堂外实地进行。[①]

　　地理"田野"教育的教学环境的选择,受预期教学目标、师资条件、作息制度、当地自然条件和经济状况等多种因素影响,类别繁多(见图 6-1-1)。按照空间分布来划分,可以分为校内教学环境与校外教学环境。校内教学环境是指走出普通教室的其他教学场所,如地理专用教室、地理园、草坪、操场等;校外教学环境,包括青少年集体活动场所、社区、自然环境、乡土地理实践基地,等等。

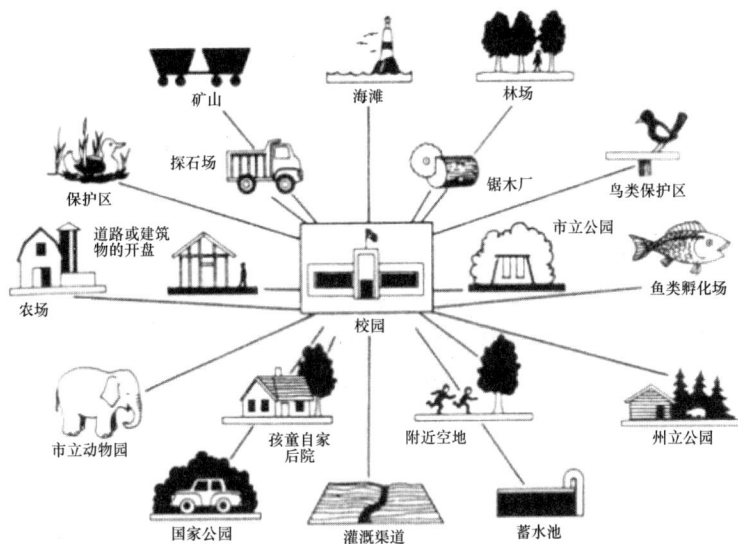

图 6-1-1　地理"田野"教育的教学环境

(一)校内教学环境

1.地理专用教室

　　地理专用教室即多媒体网络化特征突出并兼具多种地理活动设备设施的地理教室,是开展地理"田野"教育在校内的重要阵地(见图 6-1-2)。它能完成地理教学实践与应用的要求,具有落实地理观察、地理观测、地理演示、

---

① 陈澄.新编地理教学论[M].上海:华东师范大学出版社,2007:241.

地理实验和制作等功能；革新地理课堂"教"与"学"的方式，其配备的现代化地理教学设施，为学生创设地理学习的情境，提供获取最新地理信息的条件，满足学生进行自主学习、合作学习、探究学习的需要；创设网络化合作学习环境；提供地理学习情境，从地理教学内容涉及的范围和涉及的对象看，地理教学内容具有时间和空间跨度大的特点，许多教学内容具有"不可见"性。地理教学内容的特点，要求地理专用教室能够提供地理学习情境，具备展示新近地理信息，展示与教学内容同步的相关信息的功能。①

学校可根据自身经济条件，建设不同规模配置的地理专用教室。

（1）配置方案一（详配，此方案供经济条件较好的地区参考）

该配置由四部分组成，分别是：①多媒体教学系统：整合了现阶段各类电教设备，包括数字星球系统、旋转天体星象仪、多媒体中控台与计算机、电子交互电子白板、实物投影机及音响系统等设备；②常规模型，包括中国立体地形模型、世界立体地形模型、18种地形地貌模型、平面中国与世界地图、三球仪（日、地、月运行仪）、政区/地形地球仪、教学沙盘、气象与环保仪器、实物标本、中学地理教学挂图一套；③专用教室其他设备，如仪器储存柜、仪器展示柜、小型书架与展板、学生桌椅等；④教学软件资料，包括地理及相关学科的杂志、报纸、书籍、画报、课件、光盘等。

图 6-1-2　地理专用教室

---

①　赵雪.浅谈中学地理专用教室的设计[C]//第五届中国教育技术装备论坛获奖论文集(下).2014:7.

（2）配置方案二（简配，此方案供经济条件一般的地区参考）

可利用教室目前现有的多媒体设备及课桌椅，再配置旋转天体星象仪和下列模型及资料：中国立体地形模型、世界立体地形模型、18 种地形地貌模型、平面中国政区图、平面世界政治地图、政区/地形地球仪（教师用地球仪一个，学生用地球仪 30 个）、学生用中国政区拼接模型、中学地理教学挂图一套、小型书架、仪器展示柜、教学软件资料等。

地理专用教室一般包括两大区，即教学准备区（教师备课用的独立房间、贵重仪器、教具存放间等）和教学区（讲台教学演示区、中心学习活动区、地理网络学习区、四周教学用具陈列区、地理信息展示区、地理习作展示区、地理书刊陈列区等）。

2.地理园

地理园是在学校内（或附近）的开阔地，由人工建立起来的能反映多种地理现象和特征并能进行地理观测、实习、演示、实验等活动的场所。地理园的特点：形象逼真，科学性强；化大为小，一目了然；化繁为简，特点凸显；化书为物，便于理解。它是理想的辅助教学和进行"田野"式地理教学的重要场所。地理园建设要结合地理教学的客观实际、学校场地的实际进行设计。

有条件的学校可以建设地理园，在设计地理园时一般要注意以下内容。[①]

地理园的场址最好选择在校内或学校附近地势稍高的空旷地上，四周不宜有高大的树木或建筑物遮挡。面积以不小于 21 米×12 米为宜，也可以根据学校条件适当扩大或缩小，园内平铺浅草，四周应有不高于 1.5 米的围栏，以便保管园内设施。

地理园设计布局时，首先要考虑方位。东、南、西、北四个方位定准后，还可以从中央引出东南、东北、西北、西南四条方位线，最后用有色小石子嵌铺，便于学生识别。

地理园内的设施，观测仪器部分可安置气象观测仪器，如风力风向仪、风速仪、雨量筒、蒸发皿、百叶箱、土壤温度计、测雪标等；天文观测仪器，如测定太阳时的赤道日晷，观测北极星以确定地理纬度的斜度测角器等。有条件的学校还可安置天文望远镜。人造地形地物部分，可堆造坡度有缓有陡的小丘，以向学生讲解缓坡、陡坡、坡地、坡顶及海拔、相对高度、等高线等

---

①　黄京鸿.新课程地理教学论［M］.重庆:西南师范大学出版社,2011:257-258.

地理名词和概念。另外，在小丘的缓坡面上，可开挖"河流"及"支流"汇入"湖泊"或"海洋"，使学生识别河流的上游、中游和下游，以及沙岸、岩岸、港湾、沙洲、三角洲、岛屿等。在园内可设置岩石、土壤标本架，让学生认识各种岩石和土壤；设置沙盘，让学生自由堆造各种地形地物。

实践性地理园中设置的气象、天文等观测仪器，地形地物等实体模型，为学生开展地理活动创造了实践条件。模拟性地理园内的模拟地形，模拟山、河、湖等，其逼真性虽不如自然山水，但人工塑成的某些特征更为突出，为学生理解、掌握一些地理概念、地理原理提供了方便。地理园的建设要量力而行。地理园内许多设置的项目，师生可以就地取材，动手制作，同样会丰富生动，充满意趣。

图 6-1-3　地理园

（二）校外教学环境①

1. 青少年集体活动场所

（1）青少年活动中心、图书馆、科技馆、资料馆

青少年活动中心是青少年校外教育活动阵地和公益性服务机构，用于开展青少年科技、艺术、文化主题活动。地理"田野"教育应充分利用青少年

---

① 黄成林.地理教学论[M].合肥：安徽人民出版社，2007：188-193.

活动中心这一公共资源,挖掘地理户外教育资源,使其成为开展地理"田野"地理教育的良好环境。

在科技馆,通过参与和互动的形式,学生可以直观地了解或理解科学原理、科技产品的功能,体验科学的乐趣,激发探索的热情,开拓创造性的思维,提高发现问题和解决问题的能力,在潜移默化中培养科技意识和科学精神,因而它极大地拉近了人与科学的距离,达到提高学生科学素养的目的。

图书馆是专门搜集、整理、保存、传播文献并提供利用的科学、文化、教育和科研机构。文献是图书馆开展一切工作的物质基础,地理教学和学习中的大量资料和数据离不开图书馆。

为了扩展学生的知识范围,可鼓励学生参与各种各样的科技活动,搜集所需地理资料,组织学生开展一些地理专题研究。

（2）地理教育基地、天文台、地震台、气象台、水文站

这些基地和台站,专业设施较为齐备,拥有系列科研资料,一般有专业人员进行专题讲解,非常有利于开展地理"田野"教育,扩展地理问题研究深度,帮助学生深入了解地理现象。

（3）博物馆、展览馆、陈列馆、主题公园、植物园、动物园

在这些场馆学生能够仔细观察日常生活中难以接触到的一些地理事物,比如矿物和岩石标本、珍稀植物、历史文物、生物群落等,通过阅读有关说明或者借助讲解、观察过程,学生可以建立起系统的地理学科及相关学科的知识框架,有助于了解地理事物的内在机制和来龙去脉。

2. 学校附近的社区

包括有关工业企业、示范农场、商业中心、大专院校、科研机构、高新技术开发区等。在有条件的地方,校方可以组织学生参观、服务和劳动,增加学生的实践经验,培养学生为公众服务的意识;到有关大专院校实验室参观学习。

此外,学校周边的街道社区也都能成为开展"田野"式地理教育的场所。乡土地理调查是地理"田野"教学活动的重要组成部分,包括:①了解家乡的自然条件;②调查家乡的社会经济状况;③调查家乡的环境状况;④通过调查访问了解家乡近期和远期的发展规划。通过有目的、有计划的乡土地理调查活动,使学生了解、认识家乡的地理环境,运用已学的地理知识认识自己的家乡,提出建设家乡的建议,从而培养学生热爱家乡、关心家乡建设的情感。①

---

① 陈澄.新编地理教学论[M].上海:华东师范大学出版社,2007:244-245.

对于属于教育系统的地理课程资源，有关教育行政主管部门要给予必要的支持；对于非教育系统的地理课程资源，应与其建立必要的业务联系。

3.学校附近的自然环境

校外的自然课程资源主要包括三大类。

1）地理环境类，如地质、地貌、水文、土壤、植被、气象、气候等。

2）自然资源类，如土地资源、水资源、矿产资源、动植物资源、气象气候资源等。

3）自然风景类，如山岳、河流、泉瀑、溶洞、峡谷、沙滩、岛礁、自然遗产、地质公园等。

学生了解并认识自然环境的方式主要有：①在教师的带领下，结合地理课程内容开展专题性的野外地理考察活动；②在家长的带领下外出旅游，根据学生本人的实际体会，写成地理旅行报告；③组织地理活动小组，对学校附近的自然地理状况进行系统调查，比如了解地形、气候、河流、植被、动物、矿产等方面的情况，并写出专门的调研报告或小论文。了解学校附近的自然地理课程资源，一般要在教师或家长的指导下进行，在野外活动时务必要注意安全，防范各种风险和意外事故。

二、地理"田野"教育的授课时机

（一）地理"田野"教学活动的规划与计划

通常在学期、学年之初，地理教师要根据地理课程标准要求及教学实际需要、学生意愿等做好地理"田野"教学活动总规划，如活动类型及方法、活动次数、具体时间及组织形式等。计划相比规划更细致周密，一般有活动目的、活动组织（成员、分工）、活动内容、活动程序方法、活动时间地点、活动成果要求及评价等。地理"田野"教学活动计划制订好后，对于野外考察等项目，往往需要现场勘探，以确保安全。还有必要对参与学生进行全员动员，并做好相应心理准备和物资准备。

（二）地理"田野"教学活动的教学时间

地理"田野"教学活动的开展，受学校师资条件、设备条件、作息制度、当地自然条件和经济状况，以及地理"田野"教学活动本身的内容等多种因素影响，其活动场所和方式十分灵活多样，因而导致其教学时间跨度差异较大。活动场所包括地理专用教室、地理园、学校草坪、校外社区，以及校外自然环境。活动方式则视具体的活动类型而异，有定期活动的（如阅读小组、教具制作小组的活动），有不定期活动的（如举办图片展览、观看地理影视片、出地理壁报等),有长期轮流活动的(如气象观测、地震测报等),还有根据天气状况临时组织活动的(如天象观测、观察云或特殊天气现象等)。有的是全班集体活动,如举行地理晚会之类,有的又是分散个别活动的,如地质考察、采集标本、撰写小论文等。地理"田野"教学活动是个开放的教学系统,在空间上具有广阔性,在活动客体上具有多样性、复杂性,在时间上具有持续性及灵活性,因而,其所花费的时间可以从几分钟、1小时、半天、整天,到一星期甚至更久。

要将学生带到户外,单纯依托每周三课时的地理课是很难实现的。一些富有探索精神的地理教师,会利用短暂的地理课时,在校园内进行简短的地理"田野"教学。但实施起来也非常困难,一个知识点一节地理课可以讲清楚的,实施户外教学则需要三个课时甚至更长。教学时间不足,成为阻碍我国中学地理"田野"教育发展的重要原因之一。根据地理"田野"教育活动场所、活动方式及教学实践的多样性,中学地理"田野"教育的持续时间可以是十几分钟、几个小时、几天甚至几周;时间安排上可以是社团活动、综合实践课程、选修课、寒暑假、秋游、春游等。因此,增强教学时间的弹性,将地理"田野"教学灵活地与其他校园活动结合起来,将为地理"田野"教育开辟另一个舞台。

(三)"田野"式地理教学活动的最佳授课时机

在"田野"式地理教学活动中,即便是经过严密组织计划,有时也会出现非原有计划里的稀有而令人振奋的时间。[①] 例如,一群学生和其指导者在某小湖畔进行探测地质岩层的活动,发现邻近湖水边缘有一整团乌黑、胶状的卵。再仔细观察,发现每颗像大理石的卵里都有一只幼年蝌蚪。其中一个学生仔细地将少许卵转移至装满湖水的容器里,以便让所有的学生都可以进行观察。之后,这些卵开始孵化,幼年蝌蚪冲破它们周围泡沫似的禁锢,飞奔入水里。几分钟后,每颗卵都蜕变成蝌蚪,每个学生皆目睹了大自然界最动人的景象之一——出生,然后小心地将这些蝌蚪放回它们天然的居所,并在继续当日活动之前,观察它们在大自然里的动态。这场在湖边上演的片段,反映出所谓的"最佳授课时机"。虽然并非事先规划,对于学生来说,却成为日常活动里最精彩的部分。

---

① Hammerman D R, Hammerman W M, Hammerman E L. 户外教学[M]. 周儒,吕建政,译. 台北:五南图书出版公司,1999:68-80.

当学生参与一连串解决问题的活动,而对于所研究的领域发展出好奇心时,也可能出现最佳授课时机。例如,一群学生正应用数学来解决户外的一些问题。他们对于数学公式自然十分熟悉,但现在所面对的却是可以实际看到的空间和距离的问题。教师所设计的练习包括测量天地的大小、确定木材的体积。当学生经过一条河流,回到他们会合的区域时,他们开始提出问题:"这条河流究竟有多宽?""这条河到底流向何处?""这条河的流速有多快呢?"不出几分钟,学生便完全提出了一连串与原先设计相关的问题。教师帮助学生发展技巧,来解决他们提出与河流相关的问题。

在传统教室教学中,教师常常苦于难以调动学生积极性,无法引导组织学生自己发现问题、提出假设、制订计划并得出结论。而在地理"田野"教学中,学生身处大自然,对外界的好奇将大大激发起探究的兴趣与欲望。学生质疑或提问的时间,常常成为最令人难忘的回忆,提供了地理"田野"教学的最佳授课时机。

三、地理"田野"教育的条件支撑

(一)智力支持

从 1866 年开始,户外教育就出现在芬兰的教育体系中,随着社会和教育的发展,户外教育一直是学校正规教育的一个组成部分。在英国,各个学术团体各司其职,以政策支持、资源投入、师资培训等形式保障地理户外实践教学活动的开展。地理协会(Geographical Association)和英国皇家地理学会(Royal Geographical Society)是在英国乃至全世界地理教学都有着巨大影响力的学术团体,组织地理各界人士召开地理年会,开展各类地理活动,积极推动地理教学的发展。英国地理户外教学协会(Council for Learning Outside the Classroom)主要负责地理户外教学活动的开展。国家"田野"教育工作者协会(National Association of Field Studies Officers)为户外实践的教育工作者提供最先进的实践指导。英国国家土地使用指导委员会(The National Steering Committee for Land Use-UK)在"观点与愿景计划"(Views and Visions Project)中采用层级模式(专家→代表教师→教师→学生)对教师进行技能培训。青年旅社协会(Youth Hostel Association)负责解决户外实践过程中教师与学生的食宿问题。"田野"教育委员会(Field Studies Council)负责对户外实践进行风险评估和安全性分析。在美国,美国户外教育学校(NOLS)是全国最具规模、最为专业的社会户外教育机构,它与美国许多学校展开合作,进行学分认证,许多学生在 NOLS 所学课程可以置换学生所在学校学分,在美国还有很多类似于 NOLS 这样与学校展开合作的户外教育机构。[①] 例如,美国博物馆协会、美国营地协会、体验教育协会、美国童子军、北美环境教育协会、美国户外作家协会、荒野教育协会、美国休闲与游憩协会,等等。

中学地理"田野"教育的组织者不应该只有学校,还应有教育部门、旅行社、家长,以及这些组织者的联合组织。参与组织的人员可以是地理教师,也可以是学校的其他工作人员,如其他科目的教师、班主任、行政管理人员;在职的工作人员,如教育部门或旅行社的工作人员;其他人员,如学生家长、高校的学生、社会各行各业的志愿者等。对学校附近的"田野"式教学,可以由教师自行组织;对于长途的野外考察和调查,学校可以联合家长,以及旅行社进行。另外,学校也可以与公益性组织联合,目前我国大部分地区相关的公益性组织尚未兴起,但在上海、北京等地已经初现锋芒。因此,在中学地理"田野"式教学的实施中,要拓宽教学组织方式的思路,联合社会各方面的力量组织教学,建立网络平台,促进相互支持与沟通,整合资源,才能共同得到更好的发展。

(二)经费支持

没有资金作后盾的户外教育,其成功率是较低的。在开展户外教育活动前,要做好户外教育实践活动的资金预算。户外教育基金筹措的方式有多种,包括社会各界的资助、学校资金、政府拨款等。

政府及有关职能部门,应该积极倡导开展户外教育,在政策、资金方面给予支持,有计划、有步骤地建设一批地理户外教育中心,作为非营利设施,向青少年提供服务。尝试让有条件的企、事业单位、社会团体和个人,出资兴建野外活动场所,向社会各界提供服务。同时,这些活动场所也能成为广大群众双休日的好去处。[②]

此外,开展"田野"式地理教学活动,要积极展开合作计划。教育不是孤立存在的,在建立"田野"式地理教育的一系列体系时,就应当考虑到户外教育的可能合作伙伴,共同发展。例如,户外教育与其他教育形式如网络教育的合作,学校与某些环境保护区的合作,与其他学校的合作,与社会非教育机构的合作,与国外优秀的教育机构合作等。通过合作计划,将有限的资源

①　余昭炜,兰自力,孙辉.国外学校户外教育研究[J].广州体育学院学报,2015(3):121-124.

②　余方云.国外野外活动的发展和我国发展现状、原因,以及推广野外活动的前景与意义[J].体育与科学,1996(3):104-108.

最大效率化,获取资金支持,更好地开展"田野"式地理教学活动。

四、地理"田野"教育的安全保障

（一）转变观念,做好各方思想工作

我国地理课程标准强调"学习对生活有用的地理""重视对地理问题的探究",然而我国现实的地理教学并没有走出教室,走向"田野"。究其原因是多方面的,但教学观念的保守是无法忽视的重要因素。一方面,教师自身由应试教育培养而来,多数教师的观念也带着深厚的应试教育的影子;另一方面,社会媒体报道的户外教育安全事件给学校和家长无形中带来很多压力。通常,许多教师不愿意为孩子组织户外教学活动,他们要面对相当多的风险,害怕出现意外。学校管理层也会建议教师不要到户外进行教学活动。家长害怕给孩子带来危险,对孩子采取过度保护的措施。

在这样的社会氛围下,地理"田野"教育成为了课程标准中的空头口号,质疑的声音压抑着中学地理"田野"式教学的发展。因此,转变观念,将课标中对"田野"式教学的建议真正落实到教学实践之中,是发展地理"田野"教育的第一步。教师在进行教学时,不能一味将知识灌输给学生,造成学生的被动学习现象,要让教师改变教学策略,适当增加户外教育活动,让学生快乐学习。学生方面,需要树立正确的思想意识。户外教育不等于娱乐,认清这一点,就更容易达到教学目的。同时也要做通家长的思想工作,尽可能地得到学生家长的支持,鼓励一部分学生家长在可能的前提下,参与学校的校外活动,协同教师指导学生开展"田野"式地理教学活动。①

（二）构建安全保障体系

构建一个科学合理的安全保障体系,是确保"田野"式地理教育顺利开展的重要一环(见图6-1-4)。要着重强调:①如何预防户外教育安全事故的发生;②当事故发生时,如何最快最有效地自救和营救;③安全事故发生后如何处理法律责任问题。福建师范大学李传兵等人对户外运动安全保障体系进行了构建,该体系由安全教育、监督预警、应急救护和政法责究四个子系统相互联系组成。②

---

① 马翼虹.美国当代中小学户外教育实践模式研究[D].兰州:西北师范大学,2006.

② 李传兵,许昌.高校户外运动课程安全教育与安全保障体系构建[J].体育成人教育学刊,2012(5):69-71.

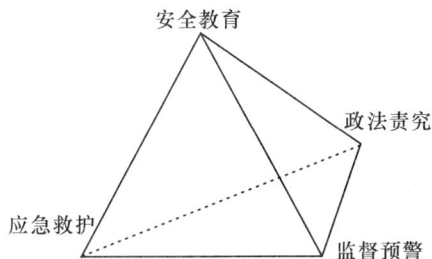

图 6-1-4　安全保障体系结构

第二节　地理"田野"教育的教师能力建设

2012 年 2 月 10 日,教育部下发的《中学教师专业标准(试行)》中明确指出:"中学教师是履行中学教育工作职责的专业人员,需要经过严格的培养与培训,具有良好的职业道德,掌握系统的专业知识和专业技能。"尽管当前教师入职的门槛不断增高,看似对于教师的智力和知识水平的要求不断提高,然而在中学的实际教学中,即便是给教师提供了充足的教学时间,"田野"式的地理教学仍然很难开展。[①] 为什么"田野"式地理教学实施起来困难重重? 这其中,基于"田野"式教学的教师能力的不足,无疑是制约其实施的重要因素之一。据调查,目前我国中学地理大部分仅局限于室内教学,对地理教学走向"田野"的研究也多局限于一线教师的经验之谈。[②] 在这样的背景下,对于地理"田野"教育教师能力的研究成为一个亟待解决的问题。

一、地理"田野"教育教师能力的构建

我国一些学者围绕地理教师能力结构已经进行了一定的分析。例如,2001 年由袁书琪主编的《地理教育学》中提出,地理教师的专业能力素质主要包括:执教能力、教育科研能力和社会活动能力三方面,心理活动调节能力则融汇于所有活动中。[③]

---

① 蔡平,蒋惠民.中学地理活动课实践效果的调查和思考[J].中学地理教学参考,2007(10):9-10.

② 赵小漫.高中地理实践活动教学研究[D].武汉:华中师范大学,2011.

③ 袁书琪.地理教育学[M].北京:高等教育出版社,2001.

夏志芳主编的《地理课程与教学论》(2003)中提出,地理教师的能力主要分为基础能力、职业能力和自我完善能力三个方面。其中,基础能力包括思维能力、信息技术能力、表达能力、审美能力、处理人际关系的能力;职业能力包括教学设计能力、课堂教学组织管理能力、教育技术能力、教学评价能力;自我完善能力包括了自学能力、教育科研能力及自我反思能力。[①]

王民主编的《地理新课程教学论》(2003)中提出,地理教师应具备教育实践能力,包括教育活动组织能力、教育性反应意识、教育监控能力、对学生的指导能力,创设有利学生发展的环境。并以"基本功"的形式,提出了地理教师应该具备的能力,包括了解学生、分析教材、编写教案、运用教学语言、设计教学板书、应用现代化教学技术,以及地理学科专项基本功。[②]

2007年由陈澄主编的《新编地理教学论》中提出,地理教师能力结构包括与地理学科有关的能力、地理教学设计能力、地理教学实施能力和地理教学评价能力,其具体的能力结构如表 6-2-1 所示。[③]

表 6-2-1　地理教师能力结构(陈澄)

核心能力	子能力
与地理学科有关的能力	①地理认知能力;②地理推理能力;③地理空间思维能力;④地理应用能力;⑤地理创新能力;⑥地理信息加工能力
地理教学设计能力	①分析学生特点,优化组合教学内容;②制定教学目标;③选择教学方法;④预测课堂情形变化
地理教学实施能力	①地理教学语言表达能力;②地理板书能力;③绘制地理版图和版画的能力;④制作、搜集教具的能力;⑤开展地理实验的能力
地理教学评价能力	①科学编制学生学业评价工具;②有效实施诊断性评价、形成性评价和总结性评价;③同行专业素养发展的互评;④自我反思

2013年由李家清主编的《新理念地理教学论(第二版)》中提到,地理教师的能力标准应当包含语言表达能力,地理思维能力,地理教学设计能力,地理板书、版图、版画能力,选择和制作地理教具的能力,开展地理教学实验的能力,以及地理教学评价能力等方面。

此外,还有一些地理教学专业研究生在其硕士论文中架构了新的地理

① 夏志芳.地理课程与教学论[M].杭州:浙江教育出版社,2003.
② 王民.地理新课程教学论[M].北京:高等教育出版社,2003.
③ 陈澄.新编地理教学论[M].上海:华东师范大学出版社,2007.

教师能力结构,如分为一般性能力、地理教师专业性能力、地理教师发展性能力三个方面,或者又分为一般教师能力和地理教师专业能力两个方面。

综上可见,在不同时代背景下,出自不同标准和目的,学者在地理教学论相关的专著中提出的地理教师能力结构都有所不同。2003年,由夏志芳等提出的地理教师能力结构将一般教师能力结构与地理教师能力结构进行了结合,而2007年由陈澄等人提出的地理教师能力结构则更注重地理专业能力的细化。

鉴于目前地理教师的能力结构还没有一个统一的结论,笔者根据对教师能力的相关理论分析,并结合现有地理专家、学者提出的地理教师能力结构,进行了综合分析,在此基础上添加"田野"能力,以求建构出比较完整、符合地理"田野"教育需求的地理教师的能力结构。地理"田野"教育教师能力结构分为三个核心能力,即基础能力、发展能力及专业能力,三个核心能力又可细分多个子能力,其中"田野能力"作为专业能力中若干子能力的"复合能力",级别低于核心能力却又高于子能力。具体如图6-2-1所示。

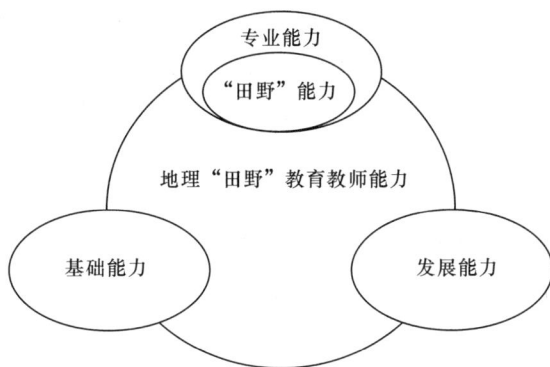

图6-2-1 地理"田野"教育教师能力结构

(一)基础能力

地理教师的基础能力,是指支撑教师能力的最具基础性的能力,是教师在教育教学活动中必须具备的能力,是教师作为一个专门化的职业必须具备的能力。

地理教师的基础能力包括了以下八个子能力。

1.思维能力

思维能力,指大脑对客观事物进行分析、综合、判断、推理和反映的能力。教师是脑力劳动者,脑力劳动者的核心是思维。因此,教师工作从根本上说就是思维的活动过程。思维能力强弱与教师的工作水平和效率关系至密。

2.语言表达能力

地理教师的语言表达能力,不仅包括运用口头语言进行讲解,还包括运用肢体语言传递信息,也包括了运用图像来表达信息。

3.教学设计能力

教学设计能力是指教师在课前根据地理课程标准、教材和学生特点,对地理内容进行组织加工,并选择恰当的教学方法,设计出年度、单元和课时教学计划,以取得最佳教学效果的能力。

4.课堂教学组织能力

课堂教学组织能力是指在课堂教学中,教师通过管理课堂秩序,集中学生注意力,激发学生学习兴趣,调动学生学习积极性,来创设适宜的教学情景,提高教学效率,达到教学目标的一种能力。

5.教学实施能力

教学实施是指教师实践事先设计好的教学方案的全过程,涵盖了课堂内外的所有教学行为。教师的教学实施能力是实现教学目标的关键,是教师综合素质的体现。有效的教学实施应该更加关注教师教育理念的更新、教学策略的运用和学习环境的营造。

6.教育技术能力

教育技术能力是指利用技术手段(特别是信息技术手段)优化教育教学过程,从而达到提高教育教学效果、效益与效率这一目标的能力。

7.审美能力

审美能力包括欣赏美的能力和创造美的能力两个方面。对于地理教师而言,应该通过教学活动,如展示优美景观图片或者进行野外考察,来培养学生在自然界发现美、欣赏美、创造美的能力。

8.人际交往能力

首先,地理教师要处理好与学生的关系;其次,地理教师在学校中还要处理好同事间的关系;最后,地理教师还要处理好与校外人员的关系。特别是开展地理"田野"教育的地理教师,如何紧密联系校外优质地理课程资源,并且同时能处理好与各方面的关系,是非常重要的一环。

(二)发展能力

地理教师发展能力是地理教师自我完善和发展的能力,是现代教师应当具备的能促使自己的思想、业务及人格不断趋于完善、不断有所发展的能力,是在终身学习理念下地理教师要达到自身的专业化发展所具备的能力。

地理教师发展能力包括以下六个子能力。

1.自学能力

自学能力是教师"自我更新"专业化发展所应具备的最基本的能力。教师要适应教育的发展,了解本学科的发展,必须具备自学能力。随着教育的发展,教师应通过自学,并通过教育教学实践的体验,更新自己的教育观念,改进自己的教学方法。

2.自我反思能力

反思既是教师本身的思想方法,也是教学行动中的具体能力。自我反思要求地理教师善于对自己的所作所为做出严肃的反观与内省。自我反思既是孕育新的教育思路,调整新的教育实践方向的过程,也是结合实际进行理论学习、开展教育科研的过程。

3.教学评价能力

教学评价能力主要指教师开展学生学业评价和同行评价与自评的能力,具体包括科学编制学生学业评价工具,有效实施诊断性评价、形成性评价和总结性评价,同行间专业素养发展的互评及自我评价等。

4.教育科研能力

教育科研能力是指教师在教育教学过程中,从事与教育教学有关的各种课题、研究与发明创造的能力,包括发现问题、确立主题、设计课题、文献搜集、理论研究、开展实验、调查统计、进行实证、结题撰文等能力。

5.开拓创新能力

开始创新能力是指教师在现代教育观指导下,能进行教育教学探索和科研实践活动,从而创造出符合教育规律且能产生积极效益的新理论、新方法的能力。

6.课程开发能力

新课程改革给教师以极大的发挥个人能力的空间和提升自身素质的机会。教师作为学校教育的实践者,最了解学生的知识量、能力水平、兴趣等,并能按学生的需要设计教育活动,而校本课程的开发要求教师具有较强的课程开发能力。对于地理"田野"教育的教师而言,如何去挖掘校外优质地理课程资源,建设野外考察基地,都对其课程开发能力提出了更高的要求。

(三)专业能力

地理教师专业能力是地理教师围绕地理学科的与其相关的能力,也叫地理能力，是地理教师区别于与其他科目教师的最为明显的教师能力。

地理教师专业能力包括以下十项子能力。

1. 地理认知能力

地理认知能力主要指对地理事物的观察、认识、记忆等方面的能力。包括识别地理事物、地理数据、地理图标及景观图的能力，对地理描述、地理文献的理解能力，对地理事实及地名的记忆能力，等等。

2. 地理工具使用能力

地理工具使用能力是指能够熟练运用各种地理工具（地图、罗盘、GPS等）确定方位，获取所处的环境信息的能力。

3. 地理推理能力

地理推理能力主要指在掌握地理材料的基础上，运用地理规律及理论的能力，包括：确定与概括地理特征的能力、综合分析区域特征的能力、比较区域差异的能力及解释地理成因的能力和地理过程分析预测的能力。

4. 地理空间思维能力

地理空间思维能力主要指以空间位置关系分析地理事物的思维能力，包括：理解空间分布规律的能力、判断地理位置的准确性等能力。

5. 地理应用能力

地理应用能力主要指参与地理实践活动的能力，包括：地理口头表达能力，地理书面表述能力，绘制地图、图表的能力，运用地理知识控制自己行为的能力。

6. 地理创新能力

地理创新能力主要指运用地理知识从事创造性活动的能力，包括：对指定地区的地理环境进行评价，对地区资源配置提出合理化建议、对指定地域的区域规划提出意见等能力。

7. 地理信息加工能力

地理信息加工能力主要指提出地理问题、搜集地理信息、整理地理信息的能力，分析地理信息的能力，处理地理信息的能力等。

8. 生存教育能力

生存教育能力指地理教师自身已经具备并引导学生在野外环境中，运用地理眼光选择生存营地（气候、地形、水源等视角），防避自然灾害，具有积极自信的环境适应、独立生活和自我认知能力的能力。

9. 地理实验能力

地理教师要具备开展地理演示实验和指导学生进行实验的能力。地理教师要能够设计自然规律原理模拟演示实验方案,能够引导学生设计水土流失等环境问题模拟演示方案,并进一步借助实验室环境,完成科学探究过程。

10.制作、搜集地理教具的能力

地理教师应能根据教学需求和学校条件设计制作各种地理教具和学具,以及组织指导学生制作地理模型、绘制地图等,并且注意搜集地理教学所需的挂图、模型、标本、实验器材等。

其中,地理教师的"田野"能力涉及地理认知能力、地理工具使用能力、地理推理能力、地理空间思维能力、地理应用能力、地理创新能力、地理信息加工能力及生存教育能力八项子能力。可见,地理教师的"田野"能力要求高、范围广,而这正是当前中学地理教师难以有效开展"田野"教育的症结所在。

二、地理教师"田野"能力的提升途径

地理教师的"田野"能力涵盖了地理认知能力、地理工具使用能力、地理推理能力、地理空间思维能力、地理应用能力、地理创新能力、地理信息加工能力及生存教育能力八项子能力,因而提升地理教师的"田野"能力也应从这八项子能力入手。

(一)地理认知能力的提升途径

地理认知能力指一般地理能力,也称地理智力,包括地理观察力、地理记忆力、地理想象力、地理思维力等。

地理认知能力的提升途径有以下几条。

1.地理观察力的培养

地理观察力是对地理事物有目的、有计划的知觉能力。地理观察,是获取地理感性知识的手段,是智力活动的门户。地理观察力需要长期的培养和训练,作为地理教师首先要根据实际情况确立具体的观察目的,培养浓厚的地理观察兴趣,并养成良好的观察习惯,掌握良好的地理观察方法。地理观察的形式,除野外地理观察和地理调查之外,还包括通过对地理模型或模拟制品的观察和各种地图、示意图、地理画片、照片、图表、幻灯片、电影、录像、光盘等观察活动。

2.地理记忆力的培养

地理记忆力是对地理知识记忆、保持、回忆的能力。在地理教学中,地理记忆力主要是在对地理事物、地理概念、地名、地理数据、地理规律等的记忆过程中体现出来。由于地理记忆中有些知识之间的内部联系不甚紧密，因此，地理教师可以采取一些有效的措施，通过积极的引导，利用多种"联系通道"，调动有意识的记忆，培养和提高地理记忆力。

3. 地理想象力的培养

地理想象力是在头脑中创造出没有感知过的地理事物和地理现象的能力。可以通过观察各种地理图像、模型等，运用类比法、分析法、综合法进行各种想象活动，使头脑中形成相关的地理表象。

4. 地理思维力的培养

地理思维力在地理认识活动中，表现为运用概念、判断和推理等思维形式，进行比较、分析、综合、抽象、概括等思维活动的心理品质。地理思维力的培养途径较为复杂且综合，它需要地理教师在地理教学活动中，在提出地理问题、搜集地理信息、整理地理信息、分析地理信息等一系列环节中，提升自身的地理思维。

（二）地理工具使用能力的提升途径

地理教师如若开展"田野"教育活动，那么对于地理工具的使用便是必不可少的。例如，在野外环境中运用地图、指南针、GPS 来确定方位，运用地质罗盘来测量岩层产状要素，通过移动终端的 Google Earth 来获取地图影像，等等。

提升地理工具使用能力的途径主要有以下几条。

1. 学生在课程中学习理论，野外考察中锻炼实践

学生通过在校课程，学习地理工具使用的理论知识，接着依靠学校的设备仪器，利用野外考察的机会，来掌握地理工具使用方法。

2. 地理教师自主学习理论，教学活动中锻炼实践

地理教师通过自主网络学习、在职培训或者阅读相关书籍来学习地理工具使用的理论知识，继而在教学实践活动中进行实操，从而提升自身的地理工具使用能力。

（三）地理推理能力的提升途径

地理推理能力的构成包括了地理概念、地理判断和地理推理，三者之间的关系又可以表述为：地理概念之间的联结形成地理判断，再由地理判断得出相异的地理判断的思维过程就是地理推理，各个地理判断之间的逻辑关系一般用"因为""所以"来表述。

地理推理能力又可以分为归纳推理、演绎推理和类比推理三种能力。

中学地理教学中有很多关乎地理推理的内容,如对地理成因的分析,都是涉及地理推理的,地理原理和地理规律也离不开地理推理。所以地理教师的地理推理能力是地理教学活动顺利有效进行不可或缺的一部分。

提升地理推理能力的途径主要有以下几条。

1.地理教师要养成总结归纳的习惯

地理知识中有很多零散的、相互又有关联的知识内容,地理教师要养成对知识进行总结归纳的习惯,在总结归纳的过程中提升地理推理能力。

2.地理教师要养成知识迁移运用的习惯

知识的迁移与运用旨在提升地理推理能力中的地理类比能力。

3.构建地理教师交流平台

定期组织研讨会,对中学地理教学内容中涉及地理推理的部分进行演绎推理,以提高地理教师的地理推理能力。

（四）地理空间思维能力的提升途径

地理事物的空间分布和空间联系是地理学的重要研究内容,地理学的研究也一直致力于揭示地理事物的空间运用、空间变化的规律,因此,地理空间思维能力的培养是地理教师专业能力培养中最为基础的一项,同时也是作为地理教师田野能力中必不可少的一项子能力。

地理空间思维能力的提升途径主要有以下几条。

1.要充分锻炼读图、析图的能力

地理图像是地理空间思维的载体,因此,读图、析图的过程也就是地理空间概念的建立过程。

2.要充分锻炼制图能力

现有地理专业课程培养体系中已开设的地图学基础课程即是为地理专业学生学习地图的制作过程而设立的,学生应该抓住在校学习机会,经常练习制作地图,体会制图过程,来培养地理空间思维能力。地理教师在野外考察期间也应该经常绘制、记录所看到的地理事物,来锻炼自己的空间思维能力。

3.要经常阅读相关地理模型书籍

学习地理模型的构建过程有助于地理教师对地理模型的理解和分析,从而提升地理教师的空间思维能力。

4.对 Google Earth 等软件的利用

Google Earth 是一款针对普通民众设计的地理图像软件,主要基于遥感和地理信息系统的地理图像,以准确、有立体性为特点。学习使用 Google Earth 软件不仅能够帮助地理教师提升地理空间感知,而且能够在地理教学中给学生更直观的地理事物展示。

（五）地理应用能力的提升途径

地理应用能力是应用地理知识,分析和解决各种地理问题的能力。综观地理新课程标准,对地理应用能力的要求比比皆是,如新课程提倡学生学习"对生活有用的地理",就是要求学生将所学到的地理知识应用到生活中去,分析和解决生活中的地理问题。所以,地理应用能力的培养成为当前地理新课程改革需要加强的一个方面。在此背景下,地理教师的地理应用能力水平成为培养学生地理应用能力的首要关注点。

提升地理应用能力的途径主要有以下几条。

1.地理教师要加强地理知识的学习

地理科学的研究成果不断更新,不断学习、更新地理知识,都是地理教师应该养成的习惯。只有扎实的理论基础,才能保证地理知识在实际问题中的应用。

2.在地理实践中提升

任何能力的形成和发展都是在知识的基础上不断地实践并结合思维的锻炼而得到不断提升的,地理教师要提升地理应用能力就必须把地理知识应用到实际生活中去,如地理教研组成员之间可以成立问题讨论组,探讨身边的地理问题。通过解决和分析生活中的地理问题,才能实现地理应用能力的提升。

（六）地理创新能力的途径主要有以下几条

要提升地理教师的创新能力,除了需要有良好的外部条件支持外,更需要教师自身的努力。

提升地理创新能力的途径主要有以下几条。

1.要树立现代教育观念和创造性思维

有什么样的教育观,就有什么样的教育行为。教师要明确,学生学习的内容,不仅是书本知识,还有最新鲜的社会生活;不仅是学知识,还要学习如何学习,如何与人交往,如何做人;学习的手段,不仅是用脑,还要视、听、触多种感官参与;学习过程,也不是只在人生某个阶段进行,而是持续性、终身性的。因此,教师应当重视现代教育思想的学习,重视教育观念的更新,树立与经济、社会发展相适应的现代教育观。

2. 要富有创新精神,勇于创新实践

要把对创新的清醒认识变为创新的实际行动,必须有一种发自内心的创新激情,这便是创新精神。素质教育内容的丰富性和形式的多样化,为教师的创新实践提供了广阔的空间。只要教师坚持正确的方向,又有锲而不舍的精神,就一定会有所发明,有所创新。教师的教育创新实践可以表现在能创造新的教育教学方法、能优化教育教学过程、能创造新的教育教学模式、能创设新课型等方面。

(七)地理信息加工能力的提升途径

信息技术领域中,信息加工是指计算机对输入的信息进行编码、储存、提取利用等加工处理的过程。在人的思维活动中,信息加工也是人类获得结论的前提,是人类思维过程中的重要环节。

对地理信息的加工处理是得出地理结论的前提条件,包括:提出地理问题、搜集地理信息、整理地理信息的能力,分析地理信息的能力,处理地理信息的能力等。

地理教师可通过调查、分析来解决、验证地理问题,同时,地理课题的研究也为地理教师之间提供了信息加工方式方法的交流平台,通过研究过程的相互对比,发现地理教师自身在地理信息加工方面的差异,从而达到提升地理信息加工能力的目的。

(八)生存教育能力的提升途径

生存教育是指为使学生适应社会发展需要而进行的生存意识、生存能力的培养过程。学生的生存能力主要体现在三方面:生理健康,并善于保护自己;心理健康,且善于和他人合作;道德健康,能处处与人为善。对具体落脚于"田野"教育来说,地理教师应该有能力引导并教会学生在野外环境中,运用地理眼光选择生存营地(气候、地形、水源等视角),防避自然灾害,使学生具有积极自信的环境适应、独立生活和自我认知能力。

生存教育能力的提升途径主要有以下几条。

1. 地理师范生要充分利用野外考察的机会,锻炼自身户外实践能力

在地理师范生培养过程中,一般会开设野外考察实习的课程,由经验丰富的大学教授带领,考察地质、地貌、水文、土壤、植物等自然地理事物,也会考察经济、人口、城市等人文地理现象。地理师范生要紧抓机会,提高自己的野外考察实践能力,以便为日后的"田野"教学打下基础。

2. 地理教师在假期出游时留意生活中的地理事象，挖掘地理素材

部分优秀的中学地理教师在假期出游时，仍是满怀地理的眼光看世界，从而"看山不是山，看水不是水"，充分挖掘身边的地理素材。正是这样的积累，让一部分地理教师能够将学习场所从教室搬到户外，较好地驾驭地理"田野"教育。

3. 多阅读相关著作，学习户外运动与安全的知识

地理"田野"教育的场所通常在教室外，必然涉及学生肢体运动、户外环境安全等一系列考虑要素。因此，地理教师应多阅读有关著作，了解户外运动概论、户外环境与危险识别、户外食品与营养等专项理论知识。

三、基于"田野"教育的地理教师培训策略

有关地理教师素养或者职业能力的培训由来已久。虽然地理的考察与野外观测一直以来是地理学的重要研究方法，但基于"田野"教育的地理教师培训仍然是一个亟待填补的空白。

（一）培训什么

1. 自成体系的系统培训

从宏观的角度看，教师素养是由知识、能力、理念和精神四部分构成，教师能力则由基础能力、发展能力及专业能力组成。它们之间是一个密切联系的有机整体，相互促进。

反思当前教师培训的实践常态，会发现存在比较普遍的拼盘现象。常常培训的内容是依据来讲座的专家设课，而不是根据培训目标、培训项目的需求有针对性地设课，从而出现学员需要在不同的专家个人智慧之间穿梭，跳跃在不同的信息和主题之间的现象。

因此，组织培训的管理人员应当在培训项目启动之前就设计好培训内容之间的逻辑联系，形成基于"田野"教育的知识、能力、理念和精神四位一体的系统的地理教师素养培训。创造机会让参与同一培训项目的专家相互沟通交流，集体研讨和备课。退一步讲，即便培训的组织方没有提供这样的机会，作为参与培训的专家也应该积极地联系培训的组织管理人员，了解培训的背景和过程，以及其他参与培训的专家的授课内容，尽量让整个培训形成体系。

2. 有所侧重的按需培训

第一点是从相对宏观的角度来思考基于"田野"教育的教师培训内容，从微观的角度来看，一个专题或一个讲座的内容又该如何设计，则应该根据

学员的需求有所侧重地进行培训。具体来说,即在一级培训模块的层面,需要有清晰、明确的逻辑性;但每个模块之下放哪些小专题,小专题要从哪些方面展开,这些内容则不必拘泥于逻辑性,而应从参加培训的教师的实际需求出发来安排必要的内容。

(二)怎么培训

1.参与式培训

参与式培训是指培训的形式以教师的参与为主。正如新课程理念中强调的"学生要参与学习的过程",教师的培训也应该让被培训的教师参与到培训之中。传统的培训手段过于单一,一般按照"讲听记"的形式进行,教师的参与少之又少。[①] 针对提升"田野"教学能力的教师培训若仍按照这样的形式,势必直接影响培训的质量和效果。参与式培训重视教师已有的经验,使其在具体的活动中获得亲身的感受与体验,再进行同行间的交流与反思,以及指导老师的总结,以将具体的体验上升到理性的高度。这里"具体的活动"包括:随行观摩"田野"教育活动、以学生的身份参与"田野"教育活动、亲自设计并组织"田野"教育活动等。

参与式培训与传统的培训相比最大的意义,不仅在于参与式培训更有利于教师理解和运用新学的技能,还在于在参与之中,被培训者能学到真实情景下培训教师的隐性理念和精神,这些实实在在感受到的隐性素养更利于教师内化用于自己的教学理念。简言之,参与式培训的核心在于"参与",培训要兼顾基于"田野"教育教师能力素养的各个方面,只有真正地参与后才能更好地兼而获之。

2.以课例为载体的培训

以课例为载体的培训是指教与学双方直接参与,共同对案例中的疑难问题进行讨论的培训方式。这种方法最早用于医生或律师的案例教学,其特点在于能较好地将理论与实践结合,并促进从理论到实践的转移。[②] 课例研究源于 20 世纪 80 年代日本的"授业研究",日本良好的教育发展和经济的巨大成就开始吸引美国人关注日本教育,该教师进修方式被引入西方,"授业研究"逐渐引申为如今的"课例研究"(lesson study)。[③] 日本的课例研

---

① 曾琦.参与式教师培训的理念及实践价值[J].全球教育展望,2005(7):18-20.

② 霍海洪.课例研究在美国:挑战、对策与启示[J].全球教育展望,2009(3):29-34.

③ Lewis C,Perry R,Murata A. How should research contribute to instructional improvement? a case of lesson study [J]. Educational Researcher,2006(35):3-14.

究有不同的规模和主题,但一般都包括以下六个步骤:

　　1)教师合作制作某一堂课的教学设计;

　　2)合作小组中的某一位教师来上课,其他教师观摩;

　　3)对课例进行讨论与反思;

　　4)重新设计这一堂课(选择性的);

　　5)小组中的另一位教师再次执教重新设计这一堂课(选择性的);

　　6)小组再次讨论教学过程中出现的亮点和问题(选择性的)。①

　　对于大多数教师较为陌生的"田野"教育十分需要集体的智慧,通过合作进行教学设计,通过共同观摩与交流来形成一堂出彩的"田野"式教学课。

　　3.基于视频的培训

　　地理"田野"式教学的场所不在教室之内,可能在博物馆、社区、野外或者公园等地;时间可能是 45 分钟、2 小时、一天甚至几天……由于以上特点,受距离、时间和资金等方面的影响,并不是每位被培训教师都有机会参与"田野"教育。而将视频作为培训的学习资源,则可以有效解决以上问题。试想通过视频,重演"田野"教育的整个教学过程,不仅可以让教师学习到视频中的精髓和亮点,在教师对视频进行学习和研讨的过程中还能迸发更多新的思维火花。教师在回归自己的教学岗位时加以完善,能比视频所呈现的"田野"教育做得更出色。这就是基于视频的培训的优势,能不断重演,让学习者反复观察和总结,最终在自己的"田野"教育实践中获得超越。

　　在基于视频的教师培训方面,美国的一项基于视频的地理教师专业发展项目或许能给我们带来一些启示。这一项目名为"地理:跟明星学教学"(Geography:teaching with the stars),是美国得克萨斯州立大学格罗夫纳地理教育中心(Gilbert M. Grosvenor Center For Geographic Education)与国家地理教育基金会(NGEF),以及教学技术机构(AIT)合作,为补充和拓展现有的面对面的教师培训,而面向地理、社会、地球与环境科学教师开发的基于视频(video-based)的教师专业发展工程。② 美国地理教学网上有该项目的详细介绍,这里的明星是指明星教师,也就是在专业领域表现优秀的教师。该工程共有 22 个项目,分别以不同的地理问题为主题。每个项目由

---

　　①　胡庆芳.论日本中小学的校本培训:从课例研究的视角[J].外国中小学教育,2007(2):18-20.

　　②　顾绍琴,卡门·布里希,理查德·布恩.基于视频的教师专业发展新路径——以一项美国地理教师专业发展项目为例[J].全球教育展望,2013(10):86-95.

"明星"老师的个人档案、真实课堂视频、知识内容的强化扩展信息、教学法的强化,以及一些辅助资料组成。[①] 其中,真实的课堂视频包括以下五个片段:①介绍课堂中所使用的教学方法;②说明教学目标是什么,以及为什么这样设计;③展示真实的课堂实践;④展示教师的评论、学生的活动、学生的反馈等对教学目标的评价;⑤教师个人反思。项目主要以在线工作坊和网络群组的方式进行组织,每群组有一名促进者(facilitator),负责张贴讨论的主题,对教师的学习进行引导、评价并进行反馈。参与的教师根据促进者的引导,以书面形式回答促进者所提出的问题,答案以附件的形式上交促进者。

一直以来,视频资源都是一种非常具有潜力的学习资源,但在我国尚未得到大多数教师培训机构的重视。这是因为,视频本身的呈现并不意味着学习和反思的发生。视频研究要达到促进教师专业发展的目的,必须要思考视频的内容编排、结构的设计意图和理念。在看视频的时候,不仅要听视频中的地理知识,记录观察到的细微现象,还要梳理每块知识点所用到的教学方法和理念,思考有哪些地方是可以进一步改进的。最好是能借鉴美国的项目引入"促进者",不断通过提问的方式引导教师的观看重点和思考方向,并对教师做出监督和评价。

将"田野"教育的教学视频资源作为培训的材料,无论是效仿美国的在线培训,还是沿用我国更为普遍的面对面的培训,都将缓解地理教师在时间和经费方面的问题,同时也最大限度地满足基于"田野"教育的教师培训实践性需求较强这一特点。

---

① Geography: teaching with the Stars [EB/OL]. (2014-03-05) [2016-10-13]. www. geoteach. org.

参考文献

[1] Andersen D. Community mapping:putting the pieces together[J]. The Geography Teacher, 2011, 8 (1):4-9.

[2] Buchan A S, Jenkins E W. The internal assessment of practical skills in science in England and wales,1960—1991:some issues in historical perspective [J]. International journal of scienceeducation, 1992, 14(4): 367-380.

[3] Fletcher S, France D. Practitioner perspectives on the use of technology in fieldwork teaching. [J]. Journal of Geography in Higher Education, 2007, 31(2):319-330.

[4] Fletcher S , Dodds W. The use of a virtual learning environment to enhance ICM capacity building[J]. Marine Policy, 2003,27(3):241-247.

[5] Ford C E. Supporting fieldwork using the Internet[J]. Computers and Geosciences, 1998,24(7):649-651.

[6] France D, Ribchester C. Producing web sites for assessment:a case study from a level 1 fieldwork Module[J]. Journal of Geography in Higher Education, 2004,28(1):49-62.

[7] Freeman M. Hahn K:Inspirational, visionary, outdoor and experiential educator[J]. History of Education, 2012, 16(4):1-2.

[8] Gardiner V, Unwin D. Computers and the field class[J]. Journal of Geography in Higher Education, 1986,10(2):169-179.

[9] Jonassen D H. Instructional design models for well-structured and

unstructured problem-solving learning outcomes [J]. Educational Technology:Research and Development , 1997,45 (1):65-94

[10] Kent M, Gilbertson D D, Hunt C O. Fieldwork in geography teaching:a critical review of the literature and approaches[J]. Journal of Geography in Higher Education, 1997,21(3):313-331.

[11] Kolb D A. Experiential learning:experience as the source of learning and development [M]. New Jersey:Prentice-Hall, 1984:41.

[12] Lambert D, Balderstone D. Learning to teach geography in the secondary school[M]. 2 ed. London:Routledge, 2010.

[13] Lewis C, Perry R,Murata A. How should research contribute to instructional improvement? a case of lesson study [J]. Educational Researcher, 2006 (35):3-14.

[14] Louv R. Last child in the woods:saving our children from nature-deficit disorder[M]. North Carolina:Algonquin Books of Chapel Hill,2005.

[15] Nichols D R. Outdoor educators:the need to become credible[J]. Journal of Environmental Education,1982,14(1):1-3.

[16] Priest S. Outdoor leadership around the world:a matter of semantics[J]. Journal of Adventure Education,1988,5(1):9-12.

[17] Rickinson M, et al. A review of research on outdoor learning [M]. London:National Foundation for Educational Research and King's College,2004.

[18] Warburton J, Higgitt M. Improving the preparation for fieldwork with "IT":two examples from physical geography[J]. Journal of Geography in Higher Education, 1997, 21(3):333-347.

[19] Wechsler S P, Pitts L A. GIS in high school integrates geography with technology:a case study[J]. The California Geographer, 2004, 44:38-54.

[20] Welsh K E,et al. Enhancing fieldwork learning with technology: practitioner's perspectives[J]. Journal of Geography in Higher Education, 2013, 37(3):399-415.

[21] William B. The Concept of environmental education[J]. Journal of Environmental Education, 1969,1(1):30-31.

[22] Zhai J. Teaching science in out-of-school settings[M]. Singapore:Springer ,2015.

［23］［美］大卫·库伯.体验学习——让体验成为学习和发展的源泉［M］.王灿明，朱水萍，等译.上海：华东师范大学出版社，2008.

［24］［美］杰弗里·马丁.所有可能的世界地理学思想史［M］.成一农，王雪梅，译.上海：上海世纪出版集团，2005.

［25］［美］苏珊·汉森.改变世界的十大地理思想［M］.肖平，王方雄，李平，译.北京：商务印书馆，2009.

［26］蔡达辉.英国中小学地理教育述评［J］.地理教学，2011（10）：11-12.

［27］蔡平，蒋惠民.中学地理活动课实践效果的调查和思考［J］.中学地理教学参考，2007（10）：9-10.

［28］蔡铁权，姜旭英，胡玫.概念转变的科学教学［M］.北京：教育科学出版社，2009.

［29］蔡旺庆.探究式教学的理论、实践与案例［M］.南京：南京大学出版社，2015.

［30］蔡文艺.科学探究教学中基于工作单的课堂评价［J］.当代教育科学，2012（2）：25-28.

［31］曾琦.参与式教师培训的理念及实践价值［J］.全球教育展望，2005（7）：18-20.

［32］曾玮.英国 KS3 国家新地理课程标准探［J］.全球教育展望，2009（11）：92-94.

［33］陈澄.地理教学论［M］.上海：上海教育出版社，1999.

［34］陈澄.新编地理教学论［M］.上海：华东师范大学出版社，2007.

［35］陈实.我国中学生现代地理实践素养培养研究［D］.武汉：华中师范大学，2014.

［36］陈颖斐.受控评价在英国 GCSE 地理课程中的运用［J］.中学地理，2009（1）：117-118.

［37］陈颖斐.析英国中学地理课程中新评价模式的运用［J］.继续教育研究，2009（2）：173-175.

［38］褚亚平.地理学科教育学［M］.北京：首都师范大学出版社，2000.

［39］崔友兴，蔡林，陈瑞君.问题教学法与探究教学法比较分析［J］.当代教育理论与实践，2011（8）：1-3.

［40］单超.对"地理信息系统及其应用"内容的不同版本对比和教学建议［J］.中学地理教学参考，2010（5）：15-17.

[41] 丁小卒.家庭美学[M].西安:陕西人民出版社,1987.

[42] 段玉山,吴照.信息技术辅助地理教学[M].北京:高等教育出版社,2003.

[43] 段玉山.地理新课程测量评价[M].北京:高等教育出版社,2003.

[44] 范红梅.高中学生地理素养现状与策略研究[D].长春:东北师范大学,2007.

[45] 冯生尧.英国高考中的表现性评价:中心评审课程作业[J].比较教育研究,2006(8):78-82.

[46] 付贵云.实践活动渗入高中地理课堂教学的研究[D].上海:上海师范大学,2009.

[47] 付颖.新课改中学生地理素养的培养问题研究[D].大连:辽宁师范大学,2005.

[48] 顾绍琴,卡门·布里希,理查德·布恩.基于视频的教师专业发展新路径——以一项美国地理教师专业发展项目为例[J].全球教育展望,2013(10):86-95.

[49] 郭庆林,黄远林,郑春燕,等.空间推理与渐进式地图综合[M].武汉:武汉大学出版社,2007.

[50] 韩家勋,孙玲.中等教育考试制度比较研究[M].北京:人民教育出版社,2002.

[51] 韩金荣.基于中学生地理空间素养培育的GE运用策略研究[D].长春:东北师范大学,2009.

[52] 赫兴无.地理研究性学习课程评价初探[J].中学地理教学参考,2003(3):55-56.

[53] 侯燕飞.培养学生的地理空间格局觉察力——提高学生地理素养的探讨[J].探索·反思,2011(13):139.

[54] 胡二伢.借助Google Earth来提高中学生的地理空间素养[J].政史地教学与研究,2010(51):162-163.

[55] 胡庆芳.论日本中小学的校本培训:从课例研究的视角[J].外国中小学教育,2007(2):18-20.

[56] 湖南教育出版社.普通高中地理课程标准实验教科书选修Ⅶ[M].长沙:湖南教育出版社,2005.

[57] 黄成林.地理教学论[M].合肥:安徽人民出版,2007.

[58] 黄京鸿.新课程地理教学论[M].重庆:西南师范大学出版

社,2011.

[59] 黄习.高中生地理空间思维能力的系统培养[J].文教资料,2007(10):98-99.

[60] 霍海洪.课例研究在美国:挑战、对策与启示[J].全球教育展望,2009(3):29-34.

[61] 江晔.地理概念教学的问题与对策[J].课程·教材·教法.2013(33):75-79.

[62] 焦华敏.基于GIS的高中区域地理教学案例设计与开发[D].呼和浩特:内蒙古师范大学,2015.

[63] 靳玉乐.探究教学论[M].重庆:西南师范大学出版社,2001.

[64] 赖灵恩,黄丽贤,林智中.香港中学地理科推行GIS的现状及前景[J].电化教育研究,2007(8):89-93.

[65] 黎加厚.美国第三个国家教育技术计划及其启示[J].远程教育杂志,2005(1):22-26.

[66] 李传兵,许昌.高校户外运动课程安全教育与安全保障体系构建[J].体育成人教育学刊,2012(5):69-71.

[67] 李洪玉,林崇德.中学生空间认知能力结构的研究[J].心理科学,2005(28):269-271.

[68] 李家清.新理念地理教学论[M].2版.北京:北京大学出版社,2013.

[69] 李婧超.读大自然的"天书"——户外教育是获取地理知识的重要途径[J].地理教育,2009(5):35-37.

[70] 李丽.新课程背景下初中地理课堂教学中的地理素养教育探究[D].济南:山东师范大学,2006.

[71] 李丽萍.美国纽约州AASP项目的地理探究能力评价[J].上海教育科研,2009(3):47-49.

[72] 李倩倩.高中地理新教材活动设计初探[J].中学地理教学参考,2002(5):32-33.

[73] 李婧超.中学生户外环境教育与地理知识获取途径探索[D].西安:陕西师范大学,2010.

[74] 李小英.表现性评价与学生发展之研究[D].广州:华南师范大学教育科学学院,2007.

[75] 李炎冰.高中地理课外探究性学习策略研究[D].西安:陕西师范

大学,2013.

[76] 李志伟.地理主题活动的设计、实施与评价[M].广州:广东高等教育出版社,2014:22.

[77] 理查德·洛夫.林间最后的小孩——拯救自然缺失症儿童[M].郝冰,译.长沙:湖南科学技术出版社,2013.

[78] 林崇德,罗良.建设创新型国家与创新人才的培养[J].北京师范大学学报(社会科学版),2007(1):29-34.

[79] 林未延.别让儿童患上自然缺失症[J].科学课,2013(5):96-97.

[80] 刘培育.创新思维导论[M].北京:大众文艺出版社,1999.

[81] 刘文勇.高中地理教学中地理素养的培养[D].大连:辽宁师范大学,2008.

[82] 卢万合.中学生地理空间思维能力及其培养[D].长春:东北师范大学,2005.

[83] 鲁学军,周成虎,龚建华.论地理空间形象思维——空间意象的发展[J].地理学报,1999,54(5):401-408.

[84] 鲁志鲲.结构不良问题解决研究述评[J].首都师范大学学报(社会科学版),2006(4):116-120.

[85] 罗国忠.科学探究能力评价的适切性研究[J].全球教育展望,2011(3):88-91.

[86] 吕宜平,地理野外实习的教学模式与评价探讨[J].高等理科教育,2006(2):78-82.

[87] 马小伟.基于 Google Earth 培育中学生地理空间素养研究[D].武汉:华中师范大学,2012.

[88] 马翼虹.美国当代中小学户外教育实践模式研究[D].西安:西北师范大学,2006.

[89] 孟繁利. 土著传统——澳大利亚土著居民和托雷斯海峡岛民浅谈[J].青年文学家,2014(26):178.

[90] 苏小兵,薛耀锋,李治洪.支持中学地理研究性学习的电子教学地图设计及应用开发示例[J].电化教育研究,2013(2):111-115.

[91] 陶行知.谈生活教育[M].成都:四川教育出版社,1991.

[92] 田军.高中地理探究式教学方法的适用性分析[D].西安:陕西师范大学,2013.

[93] 王桂等.当代外国教育——教育改革的浪潮与趋势[M].北京:人

民教育出版社,1995.

[94] 王立科.英国高等院校招生考试研究[D].厦门:厦门大学,2007.

[95] 王民,袁晶.20 世纪英国地理教科书发展的相关因素分析[J].课程·教材·教法,2005(11):94-96.

[96] 王民.地理新课程教学论[M].北京:高等教育出版社,2003.

[97] 王小雷.自然地理野外实习模式、实习成绩评价标准及方法研究[J].南京晓庄学院学报,2013(5):114-118.

[98] 王小禹,袁孝亭.英国地理教育的衰落及其对我国地理课程改革的借鉴[J].外国中小学教育,2010(1):44-47.

[99] 王晓明,刘瑜,张晶.地理空间认知综述[J].地理与地理信息科学,2005(11):1-10.

[100] 吴麟,张建珍.美国中小学地理田野式教学的现状与启示[J].地理教学,2014(3):7-9.

[101] 夏志芳.地理课程与教学论[M].杭州:浙江教育出版社,2003.

[102] 向朝春.自然缺失视角下的网络学习反思[J].重庆三峡学院学报,2013(4):145-148.

[103] 项亚光,英国高考中的 Alevel 课程及对我国的启示[J].外国中小学教育,2009(7):39-42.

[104] 熊国权.地理探究式教学设计研究[D].武汉:华中师范大学,2008.

[105] 徐志梅.中学生地理空间能力及其培养研究[D].长春:东北师范大学,2011.

[106] 杨东平.重建孩子与自然的联系[J].科学课,2013(5):94-95.

[107] 杨光.2014 澳大利亚义务教育国家地理课程标准评介[J].中学地理教学参考,2015(3):62-65.

[108] 杨慧,马振,黄小赛.浅谈中学地理教师职业能力的发展[J].中国校外教育,2012(9):70.

[109] 姚艺苹.案例教学与中学生地理科学素养的培养[D].福州:福建师范大学,2005.

[110] 伊娟.优势视角下的初中地理学习评价方法研究[D].武汉:华中师范大学,2013.

[111] 易雅丹,谢献春.新课程理念下地理概念教学的意义建构[J].新课程研究,2011(3):64-65.

[112] 余方云.国外野外活动的发展和我国发展现状、原因,及推广野外活动的前景与意义[J].体育与科学,1996(3):104-108.

[113] 余昭炜,兰自力,孙辉.国外学校户外教育研究[J].广州体育学院报,2015(3):121-124.

[114] 俞立中.重建信息时代的地理教育[J].地理教学.2010(10):2-5.

[115] 袁军.国际教育百科全书(3)[M].贵阳:贵州教育出版社,1991.

[116] 袁书琪.地理教育学[M].北京:高等教育出版社,2001.

[117] 袁孝亭,王向东.中学地理素养教育[M].北京:高等教育出版社,2005.

[118] 袁亚兵.中学生地理概念学习心理变量及指导策略研究[J].中学地理教学参考,2005(4):38-39.

[119] 约翰·杜威.学校与社会·明日之学校[M].赵祥麟,译.北京:人民教育出版社,2005.

[120] 岳晓东,龚放.创新思维的形成与创新人才的培养[J].教育研究,1999(10):9-16.

[121] 张华.经验课程论[M].上海:上海教育出版社,2001.

[122] 张建珍,大卫·兰伯特.英国地理课程标准的新近转向[J].课程·教材·教法,2016(10):122-127.

[123] 张建珍,夏志芳.地理教育走向田野:地理学科创新思维能力培养的有效途径[J].地理教学,2011(8):4-7.

[124] 张建珍,夏志芳.《澳大利亚政府可持续发展教育国家行动计划》评析与启示[J].全球教育展望,2010(12):47-52.

[125] 张建珍.科学探究学习视域中的地理主题活动设计研究[D].上海:华东师范大学,2012.

[126] 张丽微.《地理Ⅰ》的野外实践活动案例开发[D].呼和浩特:内蒙古师范大学,2014.

[127] 张良良.浅析高中生地理素养的培养[D].长沙:湖南师范大学,2011.

[128] 张灵华.高中地理新课程"活动"内容教学设计与应用的研究[D].上海:华东师范大学,2007.

[129] 张民选.高校招生考试制度改革研究[M],上海:上海教育出版社,2008.

[130] 张伟贤.浅谈发现教学法的实施[J].江苏广播电视大学学报,

2006(1):95-96.

[131] 张晓芹.高中地理新教材活动系统研究[D].呼和浩特:内蒙古师范大学,2009.

[132] 赵保钢.英国 GCE 物理课程科学探究能力评价的特点[J].课程.教材.教法,2005(9):93-96.

[133] 赵怀琼,自然地理综合野外实习成绩评价指标体系[J].实验室研究与探索,2001(1):119-120.

[134] 赵家骥,杨东.中国当代新教学法大全[M].成都:四川教育出版社,1996.

[135] 赵文强.地理信息技术支持下的地理教学模式创新研究——以自然地理教学为例[D].武汉:华中师范大学,2014.

[136] 赵希凤.用"问题探究法"指导初中学生课外学习活动的尝试[J].物理教学,2011(1):33-34.

[137] 赵小漫.高中地理实践活动教学研究[D].武汉:华中师范大学,2011.

[138] 钟启泉."批判性思维"及其教学[J].全球教育展望,2002(1):33-38.

[139] 周宏主.多元智能[M].北京:中央民族大学出版社,2002.

[140] 周月俊.英国中等教育普通证书考试及特点研究[D].重庆:西南大学,2009.

[141] 朱孟艳.库伯经验学习理论视域下成人学习模式构建研究[D].曲阜:曲阜师范大学,2012.

[142] 竺培梁.心理测验分数常模[J].外国中小学教育,2002(6):23-25.

[143] 祝怀新.英国基础教育[M].广州:广东教育出版社,2003.

索　引

后　记

　　从开始决定将地理"田野"教育作为自己在地理教育领域的主要研究方向至今,已有数年。如今,这本以中学地理"田野"教育为主题的小书终于即将付梓,它虽显稚嫩,却也倾注了我及我的团队数年的努力心血。我们试图寻找一条让中国地理教育真正面向我们所生活的真实世界,培养有地理素养的合格人才的道路。

　　回望这几年走过的路,许多人在我的成长道路上,在我做地理"田野"教育研究的道路上给予了大力的支持和无私的帮助。我的博士生导师夏志芳先生,对我的成长给予了无微不至的关怀和学术引领,让我在地理教育研究的学术道路上满怀信念。我的硕士生导师、浙江师范大学陈立人教授帮我奠定了学术研究的基础,没有他,我就不会走上地理教育研究之路。

　　同时,我在英国访学期间的导师伦敦大学教育科学研究院 David Lambert 教授,积极地将我引入国际地理教育研究的大舞台。我与现任国际地理联合会地理教育专业委员会主席伦敦大学教育科学研究院 Clare Brooks 博士,新加坡南洋理工大学 Chew－Hung Chang 博士,美国得克萨斯州立大学 Michael Solem 博士,荷兰阿姆斯特丹自由大学 Joop van der Schee 教授等世界地理教育知名学者保持了较为密切的学术联系,形成了良好的合作关系。通过东西方地理教育的交流与合作、沟通与互鉴相得益彰,并在中国地理教育走向世界的道路上发挥了重要作用。尤其是我在英国访学期间,David Lambert 教授精心安排了我对英国地理野外学习基地的考察,热情介绍了英国地理"田野"教学的理论研究和实践做法,我对他永远怀着感激之情。

此外,我还要感谢段玉山教授、陈澄教授、徐宝芳教授、仲小敏教授、郭剑峰特级教师、李小冬特级教师、汤国荣特级教师、周红星特级教师、李虹特级教师、郑伟大特级教师等在我从事"田野"教育研究过程中所给予的帮助与支持!感谢我的同事蒋国俊教授、陈建荣教授、吕惠进教授、朱丽东教授、叶玮教授、冯利华教授、李凤全博士、陈雄教授等给予的支持与帮助!感谢我的研究生一直跟随我在中学地理"田野"教育的道路上不断探索,即使毕业后依然在实践中积极探索。

感谢我的家人对我的学术研究始终抱以巨大的支持和鼓励!

2016年12月,国家11部委联合发布了《教育部等11部门关于推进中小学生研学旅行的意见》,让我感受到随着我国课程改革的推进,"田野"教育必将成为我国中小学地理教育的重要组成部分,这更坚定了我在这条道路上继续探索的信念!

张建珍

2017年1月10日于浙江师范大学